写给大家的
中国简史

A BRIEF HISTORY
OF
CHINA

吕思勉 著

天津出版传媒集团
天津人民出版社

图书在版编目（CIP）数据

写给大家的中国简史 / 吕思勉著 . -- 天津 : 天津人民出版社 , 2018.8（2024.4 重印）
ISBN 978-7-201-13907-4

Ⅰ . ①写… Ⅱ . ①吕… Ⅲ . ①中国历史 – 通俗读物 Ⅳ . ① K209

中国版本图书馆 CIP 数据核字 (2018) 第 176456 号

写给大家的中国简史
XIE GEI DAJIA DE ZHONGGUO JIANSHI
吕思勉 著

出　　版　天津人民出版社
出 版 人　刘锦泉
地　　址　天津市和平区西康路 35 号康岳大厦
邮政编码　300051
邮购电话　（022）2332469
电子信箱　reader@tjrmcbs.com

责任编辑　岳　勇
特约编辑　张素梅　李　娜
封面设计　王　鑫

制版印刷　大厂回族自治县德诚印务有限公司
经　　销　新华书店
开　　本　620 毫米 ×899 毫米　1/16
印　　张　25
字　　数　227 千字
版次印次　2018 年 8 月第 1 版　2024 年 4 月第 2 次印刷
定　　价　69.00 元

目录

Contents

第一编 绪论

第二编 上古史

/第三编　中古史/

/第四编　近代史/

/第五编　现代史/

/第六编　结　论/

第一编

绪　论

A BRIEF HISTORY
OF
CHINA

◆ 第一章　历史的定义和价值 ◆

历史是怎样一种学问？究竟有什么用处？

从前的人，常说历史是“前车之鉴”，以为“不知来，视诸往”。前人所做的事情而得，我可奉以为法；所做的事情而失，我可引以为戒。这话粗听似乎有理，细想却就不然。世界是进化的，后来的事情，决不能和以前的事情一样。病情已变而仍服陈方，岂惟无效，更恐不免加重。我们初和西洋人接触，一切交涉就都是坐此而失败的。

又有人说：历史是“据事直书”，使人知所“歆惧”的。因为所做的事情而好，就可以“流芳百世”；所做的事情而坏，就不免“遗臭万年”。然而昏愚的人，未必知道顾惜名誉，强悍的人，就索性连名誉也不顾。况且事情的真相，是很难知道的。稍微重要的事情，众所共知的就不过是其表面；其内幕是永不能与人以共见的。又且事情愈大，则观察愈难。断没有一个人，能周知其全局。若说作史的人，能知其事之真相，而据以直书，那就非愚则诬了。又有一种议论：以为历史是讲褒贬、寓劝惩，以维持社会的正义的。其失亦与此同。

凡讲学问必须知道学和术的区别。学是求明白事情的真相的，术则是措置事情的法子。把旧话说起来，就是“明体”和“达用”。历史是求明白社会的真相的。什么是社会的真相呢？原来不论什么事情，都各有其所以然。我，为什么成为这样的一个我？这绝非偶然的事。我生在怎样的家庭中？受过什么教育？共些什么朋友？做些什么事情？这都与我有关系。合这各方面的总和，才陶铸成这样的一个我。个人如此，国家社会亦然。各地方有各地方的风俗，各种人有各种人的气质。中国人的性质，既不同于欧洲；欧洲人的性质，又不同于日本；凡此都绝非偶然的事。所以要明白一件事情，必须追溯到既往，现在是绝不能解释现在的。而所谓既往，就是历史。

所以从前的人说："史也者，记事者也。"这话自然不错。然而细想起来，却又有毛病。因为事情多着呢！一天的新闻纸，已经看不胜看了。然而所记的，不过是社会上所有的事的千万分之一。现在的历史，又不过是新闻纸的千万分之一。然则历史能记着什么事情呢？须知道：社会上的事情，固然记不胜记，却也不必尽记。我所以成其为我，自然和从前的事情，是有关系的；从前和我有关系的事情，都是使我成其为我的。我何尝都记得？然而我亦并未自忘其为我。然则社会已往的事情，亦用不着尽记；只需记得"使社会成为现在的社会的事情"，就够了。然则从前的历史，所记的事，能否尽合这个标准呢？

怕不能罢？因为往往有一件事，欲求知其所以然而不可得了。一事如此，而况社会的全体？然则从前历史的毛病，又是出在哪里呢？

我可一言以蔽之，说：其病，是由于不知社会的重要。唯不知社会的重要，所以专注重于特殊的人物和特殊的事情。如专描写英雄、记述政治和战役之类。殊不知特殊的事情，总是发生在普通社会上的。有怎样的社会，才发生怎样的事情；而这事情既发生之后，又要影响到社会，而使之改变。特殊的人物和社会的关系，亦是如此。所以不论什么人、什么事，都得求其原因于社会，察其对于社会的结果。否则一切都成空中楼阁了。

从前的人不知道注意于社会，这也无怪其然。因为社会的变迁，是无迹象可见的。正和太阳影子的移动，无一息之停，人却永远不会觉得一样。于是寻常的人就发生一种误解。以为古今许多大人物，所做的事业不同，而其所根据的社会则一。像演剧一般，剧情屡变，演员屡换，而舞台则总是相同。于是以为现在艰难的时局，只要有古代的某某出来，一定能措置裕如，甚而以为只要用某某的方法，就可以措置裕如。遂至执陈方以药新病。殊不知道舞台是死的，社会是活物。

所以现在的研究历史，方法和前人不同。现在的研究，是要重常人、重常事的。因为社会正是在这里头变迁的。常人所做的常事是风化，特殊的人所做特殊的事是山崩。不知道风化，当然不会知道山崩。若明白了风化，则山崩只是当然的结果。

一切可以说明社会变迁的事都取他；一切事，都要把他来说明社会的变迁。社会的变迁，就是进化。所以："历史者，所以说明社会进化的过程者也。"

历史的定义既明，历史的价值，亦即在此。

◆ 第二章　我国民族的形成 ◆

民族和种族不同。种族论肤色，论骨骼，其同异一望可知，然历时稍久，就可以渐趋混合；民族则论语言，论信仰，论风俗，虽然无形可见，然而其为力甚大。同者虽分而必求合，异者虽合而必求分。所以一个伟大的民族，其形成甚难；而民族的大小和民族性的坚强与否，可以决定国家的盛衰。

一国的民族，不宜过于单纯，亦不宜过于复杂。过于复杂，则统治为难。过于单纯，则停滞不进。我们中国，过去之中，曾吸合许多异族。因为时时和异族接触，所以能互相淬砺，采人之长，以补我之短；开化虽早，而光景常新。又因固有的文化极其优越，所以其同化力甚大。虽屡经改变，而仍不失其本来。经过极长久的时间，养成极坚强的民族性，而形成极伟大的民族。

各民族的起源发达，以及互相接触、渐次同化，自然要待后文才能详论。现在且先作一个鸟瞰。

中华最初建国的主人翁，自然是汉族。汉族是从什么地方迁徙到中国来的呢？现在还不甚明白。既入中国以后，则是从黄河流域向长江流域、粤江流域渐次发展的。古代的三苗国，所君临的是九黎之族，而其国君则是姜姓。这大约是汉族开拓长江流域最早的。到春秋时代的楚，而益形进化。同时，沿海一带，有一种断发文身的人，古人称之为越。吴、越的先世，都和此族人杂居。后来秦开广东、广西、福建为郡县，所取的亦是此族人之地。西南一带有濮族。西北一带有氐、羌。西南的开拓，从战国时的楚起，至汉开西南夷而告成。西北一带的开拓，是秦国的功劳。战国时，秦西并羌戎，南取巴、蜀，而现今的甘肃和四川，都大略开辟。

在黄河流域，仍有山戎和猃狁，和汉族杂居。猃狁，亦称为胡，就是后世的匈奴。山戎，大约是东胡之祖。战国时代，黄河流域，和热、察、绥之地，都已开辟。此两族在塞外的，西为匈奴，东为东胡。东胡为匈奴所破，又分为乌桓和鲜卑。胡、羯、鲜卑、氐、羌，汉时有一部分人居中国。短时间不能同化，遂酿成五胡之乱。经过两晋南北朝，才泯然无迹。

隋唐以后，北方新兴的民族为突厥、回纥，现在通称为回族。西南方新兴的民族为吐蕃，现在通称为藏族。东北则满族肇兴，金、元、清三代，都是满族的分支。于是现在的蒙古高原，本为回族所据者，变为蒙古人的根据地，回族则转入新疆。西南一带，苗、越、濮诸族的地方，亦日益开辟。

总而言之：中华的立国，是以汉族为中心。或以政治的力量，统治他族；或以文化的力量，感化他族。即或有时，汉族的政治势力不竞，暂为他族所征服，而以其文化程度之高，异族亦必遵从其治法。经过若干时间，即仍与汉族相同化。现在满、蒙、回、藏和西南诸族，虽未能和汉族完全同化，而亦不相冲突。虽然各族都有其语文，而在政治上、社交上通用最广的，自然是汉语和汉文。宗教则佛教盛行于蒙、藏，回教盛行于回族。满族和西南诸族，亦各有其固有的信仰。汉族则最尊崇孔子。孔子之教，注重于人伦日用之间，以至于治国平天下的方略，不具迷信的色彩。所以数千年来，各种宗教在中国杂然并行，而从没有争教之祸。我国民族的能团结，确不是偶然的。

◆ 第三章　中国疆域的沿革 ◆

普通人往往有一种误解：以为历史上所谓东洋，系指亚洲而言；西洋系指欧洲而言。其实河川、湖泊，本不足为地理上的界线。乌拉山虽长而甚低，高加索山虽峻而甚短，亦不能限制人类的交通。所以历史上东西洋的界限，是亚洲中央的葱岭，而不是欧、亚两洲的界线。葱岭以东的国家和葱岭以西的国家，在历史上俨然成为两个集团；而中国则是历史上东洋的主人翁。

葱岭以东之地，在地势上可分为四区：

（一）中国本部包有黄河、长江、粤江三大流域。

（二）蒙古新疆高原以阿尔泰山系和昆仑山系的北干和青藏高原、中国本部及西伯利亚分界。中间包一大沙漠。

（三）青海西藏高原是亚洲中央山岭蟠结之地。包括前后藏、青海、西康。

（四）关东三省以昆仑北干延长的内兴安岭和蒙古高原分界。在地理上，实当包括清朝咸丰年间割给俄国之地，而以阿尔泰延长的雅布诺威、斯塔诺威和西伯利亚分界。

四区之中，最先发达的，自然是中国本部。古代疆域的记载，最早的是《禹贡》。《禹贡》所载，是否禹时的情形？颇可研究。即使承认他是的，亦只是当时声教所至，而不是实力所及。论实力所及，则西周以前，汉族的重要根据地大抵在黄河流域。至春秋时，楚与吴、越渐强；战国时，巴、蜀为秦所并，而长江流域始大发达。秦取今两广和安南之地，置桂林、南海、象郡，福建之地置闽中郡，而南岭以南，始入中国版图。

其对北方，则战国时，魏有上郡，赵有云中、雁门、代郡，燕开上谷、渔阳、右北平、辽西、辽东五郡，而热、察、绥和辽宁省之地，亦入中国版图。其漠北和新疆省，是汉时才征服的。但此等地方，未能拓为郡县，因国威的张弛，而时有赢缩。

青海，汉时为羌人所据，西藏和中国无甚交涉。唐时，吐蕃强盛，而其交涉始繁。元初征服其地，行政上隶属于宣政院。

总而言之：汉唐盛时，均能包括今之蒙古、新疆。至西藏之属于中国，则系元、清时代之事。但当秦开南越时，我国即已包有后印度半岛的一部。至汉时，并以朝鲜半岛的北部为郡县。唐以后，此两半岛均独立为国，我国迄未能恢复。中国疆域的赢缩，大略如此。

至于政治区划：则据《禹贡》所载，大约今河北、山西，是古代的冀州。山东省分为青、兖二州。江苏、安徽的淮水流域是徐州，江以南为扬州。河南和湖北的一部是豫州。自此南包湖南是荆州。四川是梁州。陕、甘，是雍州。秦时，此等地方和战国时新开之地，分为三十六郡。而桂林、南海、象、闽中四郡在其外。汉时十三部，大略古代的冀州析而为幽、冀、苏三州。关中属司隶校尉。甘肃称凉州。荆、扬、青、徐、兖、豫，疆域略与古同。四川称益州，两广称交州。唐时，今河北省为河北道。山西省为河东道。陕西省为关内道。甘肃、宁夏为陇右道。山东、河南为河南道。江苏、安徽的江以北为淮南道。其江以南及湖南、江西、浙江、福建为江南道。湖北和湖南、四川，陕西的一部分为山南道。四川之大部分为剑南道。两广为岭南道。后来区划又较详，而宋代的分路，大略沿之。元代疆域最广，始创行省之制。现在的河北、山西、直隶于中书省。河南、山东及江苏、安徽的北部、湖北省的大部分为河南省。江苏、安徽的南部和浙江、福建为江浙省。江西和广东为江西省。湖北的一小部分和湖南、广西为湖广省。云南、四川，疆域略和现在相像。陕西包括现在甘肃的大部分，而宁夏和甘肃西北境，别为甘肃省。辽宁为辽阳省。明清两代的区划略和现代相近。不过明代陕甘、苏皖、湘鄂都不分，所以清代所谓十八省者，在明代只有十五。清代将中国本部分成十八省。新疆和关东三省，则系末年始改省制的。其时共得行省二十二。其西康、热河、察哈尔、绥远、宁夏、青海，则到民国才改为省制的。

◆ 第四章　本国史时期的划分 ◆

历史事实，前后相衔。强欲分之，本如“抽刀断流，不可得断”。但是为明了变迁大势起见，把历史划分作几个时期，也是史家常用的法子。

中国的历史，当分几期，这是显而易见的。三代以前，我国还是个列国并立的世界，当划为一期。自秦以后，便入于统一的时代了。自此，直至近世和欧人接触以前，内部的治化，虽时有变迁；对外的形势，亦时有涨缩；然而大体上，总是保守其闭关独立之旧约。这个当划为一期。从中欧交通以后，至民国成立之前，其间年代，虽远较前两期为短；然这是世运的进行，加我以一个新刺戟，使之脱离闭关自守之策，进而列于世界列国之林的，亦当划为一时期。民国成立，至今不过二十二年。却是我国改良旧治化、适应新环境的开始。一切都有更始的精神。以后无穷的希望，都将于此植其基。其当另划为一期，更不待言。

所以自大体言之，我国的历史，可划分为上古、中古、近世、现代四个时期。这是大概的划分。若更求其详，则每一时期中，亦可更分几个小阶段。

在上古期中，巢、燧、羲、农，略见开化的迹象。自黄帝御宇，东征西讨，疆域大拓。自此称为天子的，其世系都有可考。虽然实际还是列国并立，然已有一个众所认为共主的，这是政治情势的一个转变。东周以后，我民族从各方面分歧发展。地丑德齐之国渐多，王朝不复能号令天下。号令之权，移于“狎主齐盟”的霸主。战国时代，霸主的会盟征伐，又不能维系人心了。诸侯各务力征，互相兼并，到底从七国并而为一国。杂居的异族，亦于此竞争剧烈之秋，为我所攘斥，所同化。隆古社会的组织，至此时代，亦起剧烈的变迁。学术思想，在这时代，亦大为发达而放万丈的光焰，遂成上古史的末期。

中古史中，秦汉两代，因内国的统一而转而对外，于是有秦皇汉武的开边。因封建制度的铲除，而前此层累的等级渐次平夷；而君权亦因此扩张。实际上，则因疆域的广大，而政治日趋于疏阔；人民在政治上的自由，日以增加；而社会亦因此而更无统制。竞争既息，人心渐入于宁静。而学术思想，亦由分裂而入于统一。这是第一期。因两汉的开拓，而有异族入居塞内的结果。因疆域广大，乱民蜂起之时，中央政府不能镇压，而地方政府之权不得不加重，于是有后汉末年的州郡握兵，而成三国的分裂。晋代统一未久，又有五胡乱华之祸。卒致分裂为南北朝。直至隋代统一，而其局面乃打破。这是第二期。隋唐之世，从积久战乱之余，骤见统一，民生稍获苏息，国力遂复见充实。对外的武功，回复到秦汉时代的样子。这是第三期。唐中叶以后，军人握权，又入于分裂时代。其结果，则政治上的反动，为宋代的中央集权。而以国力疲敝之政，异族侵入，莫之能御，遂有辽、金、元的相继侵入。明代虽暂告恢复，亦未能十分振作，而清室又相继而来。这是第四期。

近世这一期，是我们现在直接承其余绪而受其影响的。清朝虽亦是异族，然其对于中原的了解，较胡元为深。其治法遵依中原习惯之处，亦较胡元为多。因其能遵依中原的习惯而利用中原的国力，所以当其盛世，武功文治，亦有可观。假使世界而还是中古时期的样子，则我们现在，把这客帝驱除之后，就更无问题了。然而闭关的好梦，已成过去了。欧风美风，相逼而来，再不容我们的鼾睡。自五口通商以后，而门户洞开，而藩属丧失，外人的势力，深入内地。甚至划为势力范围，创作瓜分之论；又继之以均势之说。中国乃处于列强侵略之下，而转冀幸其互相猜忌，维持均势，以偷旦夕之安。经济的侵略，其深刻，既为前此所无；思想的变动，其剧烈，亦非前此所有。于是狂风横雨，日逼于国外，而轩然大波，遂起于国中了。所以近世史可分为两个小期。西力业已东渐，我国还冥然罔觉，政治上、社会上，一切保守其旧样子，为前一期。外力深入，不容我不感觉，不容我不起变化，为后一期。五口通商，就是这前后两期的界线。

现代史是我们受了刺激而起反应的时代。时间虽短，亦可以分作两期。革命之初，徒浮慕共和的美名，一切事都不彻底，所以酿成二十年来的扰乱。自孙中山先生，确定三民主义、五权宪法，为我民族奋斗、国家求治的方针。对内则铲除军阀，以求政治的清明；对外则联合被压迫民族，废除不平等条约，以期国际关系的转变。虽然革命尚未成功，然而曙光已经发现了。所以国民政府的成立，亦当在现代史上，划一个新纪元。

以上只是指示一个大势，以下再举史实以证明之。

第二编

上古史

A BRIEF HISTORY
OF
CHINA

◆ 第一章　我国民族的起源 ◆

我国现在所吸合的民族甚多，而追溯皇古之世，则其为立国之主的，实在是汉族。汉族是从什么地方迁徙到中国来的呢？这个在现在，还是待解决的问题。从前有一派人，相信西来之说。他们说：据《周官·大宗伯》和《典瑞》的郑注：古代的祭地祇，有昆仑之神和神州之神的区别。神州是中国人现居之地，则昆仑必是中国人的故乡了。昆仑在什么地方呢？《史记·大宛列传》说："汉使穷河源，河源出于阗"、"天子案古图书，名河所出山曰昆仑"。这所指，是现在于阗河上源之山。所以有人说：汉族本居中央亚细亚高原，从现在新疆到甘肃的路，入中国本部的。然而郑注原出纬书。纬书起于西汉之末，不尽可信。河源实出青海，不出新疆。指于阗河源为黄河之源，本系汉使之误；汉武帝乃即仍其误，而以古代黄河上源的山名，为于阗河上源的山名，其说之不足信，实在是显而易见的。汉族由来，诸说之中，西来说较强；各种西来说之中，引昆仑为证的，较为有力；而其不足信如此，其他更不必论了。民族最古的事迹，往往史籍无征。我国开化最早，又无他国的史籍可供参考。掘地考古之业，则现在方始萌芽。所以汉族由来的问题，实在还未到解决的机会。与其武断，无宁阙疑了。

现在所能考究的，只是汉族既入中国后的情形。古书所载，类乎神话的史迹很多，现在也还没有深切的研究。其开化迹象，确有可征的，当推三皇五帝。三皇五帝，异说亦颇多。似乎《尚书大传》燧人、伏羲、神农为三皇，《史记·五帝本纪》黄帝、颛顼、帝喾、尧、舜为五帝之说，较为可信。燧人、伏羲皆风姓。神农姜姓。黄帝姬姓。燧人氏，郑注《易纬通卦验》，说他亦称人皇。而《春秋命历序》说：人皇出旸谷，分九河。伏羲氏都陈。神农氏都陈徙鲁。黄帝邑于涿鹿之阿，据地理看来，似乎风姓、姜姓的部落在河南，姬姓则在河北。燧人氏，《韩非子》说他，因"民食果蓏蚌蛤，腥臊多害肠胃"，乃发明钻木取火之法，教民熟食。这明是搜集和渔猎时代的酋长。伏羲氏，亦作庖牺氏。昔人释为"能驯伏牺牲"，又释为"能取牺牲，以充庖厨"，以为是游牧时代的酋长。然而伏羲二字，实在是"下伏而化之"之意，见于《尚书大传》。其事迹，则《易·系辞》明言其作网罟而事佃渔。其为渔猎时代的酋长，亦似无疑义。从前的人，都说人类的经济，是从渔猎进而为游牧，游牧进而为耕农。其实亦不尽然。人类经济的进化，实因其所居之地而异。大抵草原之地，多从渔猎进入游牧；山林川泽之地，则从渔猎进为耕农。

神农氏，亦称烈山氏。"烈山"二字，似即《孟子》"益烈山泽而焚之"的烈山，为今人所谓"伐栽农业"。则我国民族居河南的，似乎并没经过游牧的阶级，乃从渔猎径进于耕农。黄帝，《史记》言其"迁徙往来无常处，以师兵为营卫"，这确是游牧部落的样子。涿鹿附近，地势亦很平坦，而适宜于游牧的。我国民族居河北的，大约是以游牧为业。游牧之民，强悍善战；农耕之民，则爱尚平和；所以阪泉涿鹿之役，炎族遂非黄族之敌了。

阪泉涿鹿，昔人多以为两役。然《史记·五帝本纪》，多同《大戴礼记》的《五帝德》、《帝系姓》两篇，而《大戴礼记》只有黄帝和炎帝战于阪泉之文，更无与蚩尤战于涿鹿之事。而且蚩尤和三苗，昔人都以为是九黎之君。而三苗和炎帝，同是姜姓。又阪泉、涿鹿，说者多以为一地。所以有人怀疑这两役就是一役；蚩尤、炎帝，亦即一人。这个亦未可断定。

然而无论如何，总是姜姓和姬姓的争战。经过此次战役而后，姬姓的部落就大为得势。颛顼、帝喾、尧、舜，称为共主的，莫非黄帝的子孙了。

我国历史，确实的纪年起于共和。共和元年，在民国纪元前二千七百五十二年，公元前八百四十一年。自此以上，据《汉书·律历志》所推，周代尚有一百九十二年，殷代六百二十九年，夏代四百三十二年。尧、舜两代，据《史记·五帝本纪》，尧九十八年，舜三十九年。如此，唐尧元年，在民国纪元前四千一百四十二年，公元前二千二百三十一年；三皇之世，距今当在五千年左右了。

◆ 第二章　太古的文化和社会 ◆

太古的社会，情形毕竟如何？古书所载，有说得极文明的，亦有说得极野蛮的。说得极野蛮的，如《管子》的《君臣篇》等是。说得极文明的，则如《礼记·礼运篇》孔子论大同之语是。二说果孰是？我说都是也，都有所据。

人类的天性，本来是爱好和平的。惟生活不足，则不能无争。而生活所资，食为尤亟。所以社会生计的舒蹙，可以其取得食物的方法定之。搜集和渔猎时代，食物均苦不足。游牧时代，生活虽稍宽裕，而其人性好杀伐，往往以侵掠为事。只有农业时代，生计宽裕；而其所做的事业，又极和平，所以能产生较高的文化。

古代的农业社会，大约是个个独立，彼此之间，不甚相往来的。老子所说："至治之极，邻国相望，鸡狗之声相闻，民各甘其食，美其服，安其俗，乐其业，至老死不相往来。"所想象的，就是此等社会。唯其如此，故其内部的组织，极为安和。孔子所谓："不独亲其亲，不独子其子，使老有所终；壮有所用；幼有所长；鳏寡孤独废疾者，皆有所养。男有分，女有归。货恶其弃于地也，不必藏于己；力恶其不出于身也，不必为己。"所慨慕的，也就是此等社会。内部的组织既然安和如此，其相互之间自然没有斗争。这就是孔子所谓"谋闭而不兴，盗窃乱贼而不作"，这就是所谓"大同"。假使人类的社会都能如此，人口增加了，交通便利了，徐徐的扩大联合起来，再谋合理的组织，岂不是个黄金世界？而无如其不能。有爱平和的，就有爱侵掠的。相遇之时，就免不了战斗。战斗既起，则有征服人的，有被征服于人的。征服者掌握政权，不事生产，成为治人而食于人的阶级；被征服的，则反之而成为食人而治于人的阶级。而前此合理的组织，就渐次破坏了。合理的组织既变，则无复为公众服务，而同时亦即受公众保障的精神。人人各营其私，而贫富亦分等级。自由平等之风，渐成往事了。人与人之间时起冲突，乃不得不靠礼乐刑政等来调和，来维持。社会风气，遂日趋浇薄了。先秦诸子，所以慨叹末俗，怀想古初，都是以此等变迁，为其背景。然而去古未远，古代的良法美意，究竟还破坏未尽。社会的风气也还未十分浇漓。在上者亦未至十分骄侈。虽不能无待于刑政，而刑政也还能修明。这便是孔子所谓小康。大约孔子所慨想的大同之世，总在神农以前；而阶级之治，则起于黄帝以后。《商君书·画策篇》说："神农之世，男耕而食，妇织而衣。刑政不用而治，甲兵不起而王。神农既没，以强胜弱，以众暴寡。故黄帝作为君臣上下之义，父子兄弟之礼，夫妇妃匹之合。内行刀锯，外用甲兵。"可见炎黄之为治，是迥然不同的。而二者之不同，却给我们以农耕之民好平和，游牧之民好战斗的暗示。

以上所说，是社会组织的变迁。至于物质文明，则总是逐渐进步的。《礼运篇》说：

> 昔者先王未有宫室，冬则居营窟，夏则居橧巢。未有火化，食草木之实，鸟兽之肉；饮其血，茹其毛。未有麻丝，衣其羽皮。后圣有作，然后修火之利。范金合土，以为台榭，宫室，牖户。以炮以燔，以烹以炙。

这是说衣食住进化的情形。大约从生食进化到熟食，在燧人之世。

我国的房屋，是以土木二者合成的。土工源于穴居，木工则源于巢居。构木为巢，据《韩非子》说，是在有巢氏之世。其人似尚在黄帝以前。至于能建造栋宇，则大约已在五帝之世。所以《易·系辞传》把“上古穴居而野处，后世圣人易之以宫室”，叙在黄帝、尧、舜之后了。《易·系辞传》又说：“黄帝、尧、舜，垂衣裳而天下治。”《正义》说：“以前衣皮，其制短小。今衣丝麻布帛；所作衣裳，其制长大，故言垂衣裳。”这就是《礼运》所说以麻丝易羽皮之事。此外，《易·系辞传》所说后世圣人所做的事，还有“刳木为舟，剡木为楫”“服牛乘马，引重致远”“重门击柝，以待暴客”“断木为杵，掘地为臼”“弦木为弧，剡木为矢”以及“古之葬者，厚衣之以薪，葬之中野，不封不树，后世圣人易之以棺椁”“上古结绳而治，后世圣人易之以书契”各项。这后世圣人，或说即蒙上黄帝、尧、舜而言，或说不然，现亦无从断定。但这许多事物的进化，大略都在五帝之世，则似乎可信的。

第三章　唐虞的政治

孔子删《书》，断自唐虞，所以这时代史料的流传，又较黄帝、颛顼、帝喾三代为详备。

尧舜都是黄帝之后，其都城则在太原。太原与涿鹿均在冀州之域，可见其亦系河北民族。但唐虞时代的文化似较黄帝时为高。《尧典》载尧分命羲和四子，居于四方，观察日月星辰，以定历法，“敬授民时”，可见其时业以农业为重，和黄帝的迁徙往来无常处大不相同了。这时代，有两件大事足资研究。一为尧、舜、禹的禅让，一为禹的治水。

据《尚书》及《史记》，则尧在位七十载，年老倦勤，欲让位于四岳。四岳辞让。尧命博举贵戚及疏远隐匿的人。于是众人共以虞舜告尧。尧乃妻之以二女，以观其内；使九男事之，以观其外。又试以司徒之职。知其贤，乃命其摄政，而卒授之以天下。尧崩，三年之丧毕，舜避尧之子丹朱于南河之南。诸侯朝觐讼狱的，都不之丹朱而之舜；讴歌的，亦不讴歌丹朱而讴歌舜。舜才回到尧的旧都，即天子位。当尧之时，有洪水之患。尧问于众。众共举鲧，尧使鲧治之。九年而功弗成。及舜摄政，乃殛鲧而用其子禹。禹乃先巡行四方，审定高山大川的形势，然后导江、淮、河、济而注之海。百姓乃得安居，九州亦均来贡。当时辅佐舜诸人，以禹之功为最大。舜乃荐禹于天。舜崩之后，禹亦让避舜之子商均。诸侯亦皆去商均而朝禹，禹乃即天子位。儒家所传，尧、舜、禹禅让和禹治水的事，大略如此。

禅让一事，昔人即有怀疑的，如《史通》的《疑古篇》是。此篇所据，尚系《竹书纪年》等不甚可靠之书。然可信的古书，说尧、舜、禹的传授，不免有争夺之嫌的，亦非无有。他家之说，尚不足以服儒家之心。更就儒家所传之说考之。如《孟子》《尚书大传》和《史记》，都说尧使九男事舜。而《吕氏春秋·去私》《求人》两篇，则说尧有十子。《庄子·盗跖篇》，又说尧杀长子。据俞正燮所考证，则尧被杀的长子名奡，就是《论语·宪问篇》所谓荡舟而不得其死，《书经·皋陶谟篇》所谓"朋淫于家，用殄厥世"的。又《书经·尧典》，说舜"流共工于幽州，放驩兜于崇山，窜三苗于三危，殛鲧于羽山，四罪而天下咸服"。而据宋翔凤所考证，则共工、驩兜和鲧，在尧时实皆居四岳之职。此等岂不可骇。然此尚不过略举；若要一一列举，其可疑的还不止此。儒家所传的话，几千年来，虽然即认为事实，而近人却要怀疑，亦无怪其然了。然古代的天子，究不如后世的尊严。君位继承之法，亦尚未确定。让国之事，即至东周之世，亦非无之。必执舜禹之所为和后世的篡夺无异，亦未必遂是。要之读书当各随其时的事实解之，不必执定成见，亦不必强以异时代的事情相比附。尧、舜、禹的禅让，具体的事实如何？因为书缺有间，已难质言。昔人说："五帝官天下，三王家天下。"我们读史，但知道这时代有一种既非父子、亦非兄弟，而限于同族的相袭法就是了。

治水之事，详见于《尚书》的《禹贡篇》。此篇所述，是否当时之事，亦颇可疑。但当时确有水患，而禹有治水之功，则是无可疑的。《尸子》说当时水患的情形，是"龙门未开，吕梁未凿，河出孟门之上，江淮流通，四海溟涬"。则其患，实遍及于今日的江、河流域。禹的治水，大约以四渎为主。凡小水皆使入大水，而大水则导之入海。未治之前，"草木畅茂，禽兽繁殖""民无所定，下者为巢，上者为营窟"；治水成功，则"人得平土而居之"。佐禹的益、稷，又"烈山泽而焚之""教民稼穑，树艺五谷"，人民就渐得安居乐业了。

舜所命之官，见于《尚书》的，有司空、后稷、司徒、士、共工、朕虞、秩宗、典乐、纳言等。又有四岳、十二牧。四岳，据《郑注》，是掌四方诸侯的。十二牧，则因当时分天下为十二州，命其各主一州之事，《书经》又述当时巡守之制：则天子五年一巡守。二月东巡守，至于东岳之下，朝见东方的诸侯。五月南巡守，至于南岳；八月西巡守，至于西岳；十一月北巡守，至于北岳；其礼皆同。其间四年，则四方诸侯，分朝京师。此所述，是否当时之事？若当时确有此制，则其所谓四岳者，是否是后世所说的泰山、衡山、华山、恒山，亦都足资研究。但当时，确有天子诸侯的等级；而尧、舜、禹等为若干诸侯所认为共主，则似无可疑。当时的政治，似颇注重于教化。除契为司徒，是掌教之官外，据《礼记·王制》所述，则有虞氏有上庠、下庠，夏后氏有东胶、西胶；一以养国老，一以养庶老。古人之教，最重孝弟。养老，正是所以孝弟，而化其犷悍之气的。我国的刑法，最古的是五刑，即墨、劓、刵、宫、大辟。据《书经·吕刑》，则其法始于苗民，而尧采用之。而据《尧典》所载，则又以流宥五刑，鞭作官刑，朴作教刑，金作赎刑。后世所用的刑法，此时都已启其端倪了。

◆ 第四章　夏代的政教 ◆

夏为三代之一，其治法大约在春秋战国之世还未全行湮灭。在当时，孔子是用周道，墨子是用夏政的。我们读《墨子》的《天志》、《明鬼》，可以想见夏代的迷信较后世为深；读《墨子》的《尚同》，可以想见夏代的专制较后世为甚；读《墨子》的《兼爱》，可知夏代的风气较后世为质朴；读《墨子》的《节用》《节葬》和《非乐》可知夏代的生活程度较后世为低，而亦较后世为节俭。墨子之学，《汉书・艺文志》谓其出于清庙之守。清庙即明堂，为一切政令所自出，读《礼记・月令》一篇，可以知其大概。盖古代生活程度尚低，全国之内只有一所讲究的房屋，名为明堂。天子即居其中，所以就是后世的宫殿。祭祀祖宗亦于其中，所以就是后世的宗庙。古代的学校，本来带有宗教色彩的；当时天子典学，亦在这一所房屋之内，所以又是学校。一切机关，并未分设，凡百事件，都在此中商量，所以于一切政教，无所不包。明堂行政的要义，在于顺时行令。一年之中，某月当行某令，某月不可行某令，都一一规定，按照办理，像学校中的校历一般。如其当行而不行，不当行而行，则天降灾异以示罚。《月令》诸书的所述，大概如此。此等政治制度和当时的宗教思想，很有连带的关系。我们读《书经》的《洪范》，知道五行之说，是源于夏代的。什么叫作五行呢？便是“一曰水，二曰火，三曰木，四曰金，五曰土”。盖古人分物质为五类，以为一切物莫非这五种原质所组成。而又将四时的功能比附木火金水四种原质的作用；土则为四时生物之功所凭借。知识幼稚的时代，以为凡事必有一个神以主之。于是造为青、赤、黄、白、黑五帝，以主地上化育之功；而昊天上帝，则居于北辰之中，无所事事。此等思想，现在看起来，固然可笑。然而明堂月令，实在是一个行政的好规模，尤其得重视农业的意思。所以孔子还主张“行夏之时”。

我们看明堂月令，传自夏代；孔子又说：“禹卑宫室而尽力乎沟洫”，可见夏代的农业，已甚发达。然其收税之法，却不甚高明。孟子说：“夏后氏五十而贡。”又引龙子的话说：“贡者，校数岁之中以为常。”这就是以数年收获的平均数，定一年收税的标准。如此，丰年可以多取，而仍少取，百姓未必知道储蓄；凶年不能足额，而亦非足额不可，百姓就大吃其苦了。这想是法制初定之时，没有经验，所以未能尽善。

学校制度：孟子说：“夏曰校，殷曰序，周曰庠；学则三代共之，皆所以明人伦也。”案古代的学校，分大学小学两级。孟子所说的校、序、庠是小学，学是大学。古代的教育，以陶冶德性为主。“序者，射也”，是行乡射礼之地；“庠者，养也”，是行乡饮酒礼之地，都是所以明礼让，示秩序的。然则校之所教，其大致亦可推知了。至于学，则“春秋教以礼乐，冬夏教以诗书”。颇疑亦和宗教有深切的关系。礼乐都是祀神所用，诗是乐的歌辞，书是教中古典。古代所以尊师重道，极其诚敬，亦因其为教中尊宿之故。

夏代凡传十七主；据后人所推算，共历四百余年，而其事迹可考的很少。《史记》说禹有天下后，荐皋陶于天，拟授之以位，而皋陶卒，乃举益，授之政。禹之子启贤，诸侯不归益而归启，启遂即天子位。《韩非子》又说：禹阳授益以天下，而实以启人为吏。禹崩，启与其人攻益而夺之位。古无信史，诸子百家的话，都不免杂以主观。我们只观于此，而知传子之法，至此时渐次确定罢了。启之子太康，为有穷后羿所篡。《史记》但言其失国，而不言其失之之由。《伪古文尚书》谓由太康好畋，殊不足据。据《楚辞》及《墨子》，则由启沉溺于音乐，以致于此。其事实的经过，略见《左氏》襄公四年和哀公元年。据其说：则太康失国之后，后羿自鉏迁于穷石，因夏民以代夏政。羿好田猎，又为其臣寒浞所杀。时太康传弟仲康，至仲康之子相，为寒浞所灭。并灭其同姓之国斟灌、斟寻氏。帝相的皇后，名字唤作缗，方娠，逃归其母家有仍。生子，名少康，后来逃到虞国。虞国的国君，封之于纶。有田一成，有众一旅。夏的遗臣靡，从有鬲氏，收斟灌、斟寻的余众，以灭浞而立少康。并灭寒浞的二子于过、戈。鉏与穷石，《杜注》都不言其地。其释寒国，则谓在今山东潍县。斟灌在山东寿光，斟寻亦在潍县。虞在河南虞城。纶但云虞邑[1]。有鬲氏在山东德县。过在山东掖县。戈在宋、郑之间。其释地，似乎不尽可据。案《左氏》哀公六年引《夏书》，说："惟彼陶唐，帅彼天常，有此冀方。今失其行，乱其纪纲，乃灭而亡。"似指太康失国之事。又定公四年，祝佗说唐叔"封于夏虚"。唐叔所封，是尧的旧都，所以晋国初号为唐而又称之为夏虚，可以见禹之所居，仍系尧之旧都。穷石虽不可考，该距夏都不远，所以能因夏民以代夏政。夏人此时，当退居河南。少康虽灭寒浞，似亦并未迁回河北，所以汤灭桀时，夏之都在阳城了。

[1] 《通典》载："虞城县有纶城，即少康邑。"

◆ 第五章　商代的政教 ◆

商代是兴于西方的。其始祖名契，封于商，即今陕西的商县。传十四世而至成汤。《史记》说：自契至于成汤，八迁。汤始居亳，从先王居。八迁的事实和地点现在不大明了。其比较可靠的：《世本》说契居于蕃；其子昭明，居于砥石，迁于商。《左氏》襄公九年，说昭明子相土，居于商丘。蕃在今陕西华县附近。砥石不可考。商丘，即春秋时的卫国，系今河南濮阳县。殷人禘喾而郊冥，祖契而宗汤。帝喾冢在濮阳，都邑亦当相去不远。惟冥居地无考。汤所从的先王，如其是喾或契，则其所居之亳，该在商或商丘附近了。

这是汤初居之亳，至于后来，其都邑容有迁徙。汤征伐的次序，据《史记》、《诗经》、《孟子》，是首伐葛，次伐韦、顾，次伐昆吾，遂伐桀。《孟子》谓汤居亳，与葛为邻。后儒释葛，谓即汉宁陵县的葛乡，地属今河南宁陵县。因谓汤居亳之亳，必即汉代的薄县，为今河南商丘、夏邑、永城三县之地。葛究在宁陵与否，殊无确据。韦是今河南的滑县，顾是今山东的范县，亦不过因其地有韦城、顾城而言之，未敢决其信否。惟昆吾初居濮阳，后迁旧许，见于《左氏》昭公十二年和哀公十七年，较为可信。桀都阳城，见于《世本》，其说亦当不诬。旧许，即今河南的许昌。阳城，在今河南登封县。《史记》说：桀败于有娀之虚，奔于鸣条。有娀之虚不可考。鸣条则当在南巢附近。南巢，即今安徽的巢县，桀放于此而死。然则汤当是兴于陕西或豫北，向豫南及山东、安徽发展的。

商代传三十一世，王天下六百余年。其制度特异的，为其王位继承之法。商代的继承法，似乎是长兄死后，以次传其同母弟；同母弟既尽，则还立其长兄之子。所以《春秋繁露》说：主天者法商而王，立嗣与子，笃母弟。主地者法夏而王，立嗣与孙，笃世子。我们观此，知商代的习惯，与夏不同，而周朝则与夏相近。又商代之法，“君薨，百官总已，以听于冢宰，三年”。所以古书说“高宗谅暗，三年不言”。观此，则商代的君权，似不十分完全，而受有相当的限制。

此外，商代事迹可考见的，只有其都邑的屡迁。至其治乱兴衰，《史记》虽语焉不详，亦说得一个大概。今节录如下：

【太甲】修德，诸侯咸归殷，百姓以宁。

【雍己】殷道衰，诸侯或不至。

【太戊】殷复兴，诸侯归之。

【仲丁】迁于隞。

【河亶甲】居相。殷复衰。

【祖乙】迁于邢。殷复兴。

【阳甲】自仲丁以来，废适而更立诸弟子，弟子或争，相代立，比九世乱，诸侯莫朝。

【盘庚】涉河南，治亳。殷道复兴，诸侯来朝。

【小辛】殷复衰。

【武丁】修政行德，天下咸欢，殷道复兴。

【帝甲】淫乱，殷复衰。

【武乙】去亳，居河北。

【帝乙】殷益衰。

帝乙的儿子，就是纣了。

公元一八九八、一八九九年间，河南安阳县北的小屯，曾发现龟甲兽骨。有的刻有文字。考古的人，谓其地即《史记·项羽本纪》所谓殷墟，或者是武乙所都。据以研究商代史事和制度的颇多，著书立说的亦不少。但骨甲中杂有伪品，研究亦未充分，所以其所得之说，尚未能据为定论。殷代政教，见于书传，确然可信的，则古书中屡说殷质而周文。可见其时的风气尚较周代为质朴，一切物质文明的发达，亦尚不及周朝。又商人治地之法，名为助法。是把田分别公私。公田所入归公，私田所入，则全归私人所有。但借人民之力，以助耕公田，而不复税其私田，故名为助，这确较夏代的贡法，进步多了。

◆ 第六章　周初的政治 ◆

周代，因其国都的迁徙，而分为西周和东周。东周时代的历史和西周时代判然不同。在西周，还同夏、殷一样，所可考的，只有当时所谓天子之国的史事。到东周时代，则各方面的大国事迹都有可考，而天子之国反若在无足重轻之列。这是世运变迁，各地方均逐渐发达之故。现在且先说西周。

周代是兴于现在的陕西的。其始祖后稷，封于邰。传若干世至不窋，失官，窜于戎狄之间。再传至公刘，复修后稷之业，居于豳。九传至古公亶父，复为戎狄所逼，徙岐山下。《史记》说："古公贬戎狄之俗，营筑城郭宫室，而邑别居之。"又"作五官有司"。可见周朝崎岖戎狄之间，不为所同化，而反能开化戎狄了。周代的王业，实起于亶父，所以后来追尊为太王。太王有三子：长泰伯，次仲雍，因太王欲立季子季历，逃之荆蛮。太王遂立季历，传国至其子昌，是为周文王。文王之时，周益强盛。西伐犬戎、密须。东败耆，又伐邘、伐崇侯虎。作丰邑，自岐下徙都之。时荆、梁、雍、豫、徐、扬六州，都归文王。文王崩，子武王立。观兵至孟津。复归。后二年，乃灭纣。武王灭纣时，周朝对东方的权力，似乎还不甚完全。所以仍以纣地封其子武庚而三分其畿内之地，使自己的兄弟管叔、蔡叔、霍叔监之。武王崩，成王幼，武王弟周公摄政。三监和武庚俱叛。淮夷、徐戎，并起应之。周公东征，定武庚和三叔。又使子鲁公伯禽平淮夷徐戎。营洛邑为东都。周朝在东方的势力，就逐渐巩固了。

成王之后，传子康王，史称“成、康之际，天下安宁，刑措四十余年不用”。这所谓天下，大约实仅指周畿内的地方。孟子说：“文王之治岐也，耕者九一，仕者世禄，关市讥而不征，泽梁无禁，罪人不孥。老而无妻曰鳏，老而无夫曰寡，老而无子曰独，幼而无父曰孤，文王发政施仁，必先斯四者。”第二章说大同时代的制度，到小康时代多少还能保存。依孟子所说，则文王的治岐，实能（一）维持井田制度；（二）山泽之地，还作为公有；（三）商人并不收税；（四）而其分配，也还有论需要而不专论报酬的意思。成、康时代，果能保守这个规模，自然能刑罚清简，称为治世了。然而时移世易，社会的组织暗中改变，此等制度遂暗中逐渐破坏；而在上的政治，亦不能长保其清明；社会的情形，遂觉其每况愈下了。所以孔子论小康之治，至成王、周公而告终；而《史记》亦说昭王以后，王道微缺。

《史记》说：“昭王南巡守，不返，卒于江上。其卒不赴告，讳之也。”案春秋时，齐桓公伐楚，管仲曾以“昭王南征而不复”责问楚人。《左氏》杜注说：此时汉非楚境，所以楚不受罪。然据宋翔凤所考，则楚之初封，实在丹、淅二水之间。是役盖伐楚而败。周初化行江、汉的威风，至此就倒了。昭王崩，子穆王立。史称王室复宁。然又称穆王征犬戎，得四白狼、四白鹿以归，自是荒服者不至，则其对于西戎的威风亦渐倒。穆王之后，再传而至懿王。懿王之时，史称“王室遂衰，诗人作刺”。懿王三传而至厉王，以暴虐侈傲为国人所谤。王得卫巫，使之监谤，“以告则杀之”。国人不能堪。三年，遂相与畔，袭王。王奔于彘，卿士周、召二公当国行政，谓之共和。凡十四年。厉王死，乃立其子宣王。宣王立，侧身修行，号为中兴。然传子幽王，又以宠爱褒姒故，废申后及太子宜臼。申侯和犬戎伐周，弑王于骊山下。诸侯共立宜臼，是为平王，东迁于洛。案周室之兴，本因和戎狄竞争而致。自穆王以后，似乎目以陵夷。再加以西南的中国与之合力，两路夹攻，就不免于灭亡了。平王借前此所营的东都而仅存，然而号令不复能行于列国；而列国中强盛的亦渐多，遂成为“政由方伯”的局面。

◆ 第七章　古代的封建制度 ◆

东周时代，政治的重心，既然不在天子而在列国，则欲知其时的政治，非兼知其时列国的情形不可。而欲知列国的情形，又非先知古代的封建制度不可。

封建制度，当分两层说：古代交通不便，一水一山之隔，其人即不相往来。当此之时，即有强大的部落，亦不过能征服他部落，使之服从于我，来朝或进贡而已。这可称为封建制度的前期。后来强大之国更强大了，交通亦渐方便，征服他国后，可以废其酋长，而改封我的子弟、亲戚、功臣、故旧。则所谓共主的权力更强；而各国之间，关系亦日密。这可称为封建制度的后期。从前期到后期，亦是政治的一个进化。“众建亲戚，以为屏藩”的制度，莫盛于周代。要明白周代的封建制度，又不可不先明白其宗法。

社会的组织，本是起于女系的。所以在文字上，女生两字，合成一个姓字。后来女权渐次坠落，男权日益伸张。权力财产，都以男子为主体，有表明其系统的必要。于是乎姓之外又有所谓氏。所以姓是起于女系，氏是起于男系的。再后来，婚姻的关系，亦论男系而不论女系，于是姓亦改而从男。一族的始祖的姓，即为其子孙的姓，百世而不改。如后稷姓姬，凡后稷的子孙都姓姬之类。是之谓正姓。氏则可随时改变。如鲁桓公系鲁国之君，即以鲁为氏，而其三个儿子，则为孟孙氏、叔孙氏、季孙氏之类。是之谓庶姓。正姓所以表示系统，庶姓则表示这系统内的分支。宗法与封建，是相辅而行的。凡受封的人，除其嫡长子世袭其位外，其次子以下，都别为大宗，大宗的嫡长子为大宗宗子。其次子以下，则别为小宗。小宗宗子直接受大宗宗子的统辖。小宗宗人，则直接受小宗宗子的统辖，间接受大宗宗子的统辖。凡受统辖的人，同时亦得蒙其收恤。小宗宗人，受小宗宗子的统辖和收恤，都以五世为限。大宗宗子则不然。凡同出一祖之后，无不当受其统辖，可蒙其收恤。所以有一大宗宗子，即同出一祖的人，都能团结而不涣散。故其组织极为坚强而悠久。此制为什么必与封建并行呢？因为必如此，然后大宗宗子都是有土之君，才有力量以收恤其族人；而一族中人都与宗子共生息于此封土之上，自必同心翼卫其宗子。而各受封之人之间，亦借此以保存其联络。因为受封的人，在其所封之地固为大宗，若回到其本国，则仍为小宗。如季氏在其封地为大宗，对于鲁国的君，则为小宗；周公在鲁为大宗，对周朝则为小宗是。所以《诗经》说："君之宗之。"而公山不狃称鲁国为宗国。这可见君臣之间，仍有宗族的关系。

不论宗或族的组织，都由古代亲亲之情，限于血统相同或血统上有关系的人之故。而封建制度，则是一族征服他族之后，分据其地，而食其赋入，而治理其人的办法。一族的人分据各处，则可以互相藩卫，而别族的人不易将他推翻。这种精神，要算周代发挥得最为充足。武王克商，封兄弟之国十五，同姓之国四十。还有齐楚等国，或是亲戚，或是功臣故旧。当初原是一族的人，分据各方，以对抗异族，以压制被征服之人。然而数传之后，各国之君，相互之间的关系，已渐疏远；更数传，即同于路人了。而各国的权利，又不能无冲突。于是争斗遂起于国与国之间。这还是说始封之君，彼此本有关系的，若其并无关系，则其争斗的剧烈，自更无待于言了。所以封建制度不废，兵争终无由而息。但是封建制度之废，亦必要待到一定的机运的。

区别诸侯尊卑的是爵，而封地之大小，即因爵而异。《白虎通义》说：周爵五等，殷爵三等，而地则同为三等。地的大小，今文说：公侯皆方百里，伯七十里，子男五十里；不能五十里者，不达于天子，附于诸侯，曰附庸。古文说：公方五百里。侯四百里。伯三百里。子二百里。男一百里。大约今文家所说，是西周以前的旧制。古文家所说，则东周以后，列国都扩大了，立说者乃斟酌其时势以立言。但无论立说定制如何，实行之时，总未必能如此整齐划一；即使能够，后来的开拓和削弱也是不能一定的。所以列国的大小强弱就不一致了。就大概言之，则沿边之国强，而内地之国弱；沿边之国大，而内地之国小。大约由沿边诸国，与戎狄为邻，有竞争磨砺；而又地多荒僻，易于占领开拓之故。

列国的互相并兼，非一朝一夕之故。向来说夏之时万国，殷之时三千，周初千八百，春秋时百四十。这固然是“设法”或“约计”之辞，未必是实数。然而国之由多而少，则是不诬的。以一强遇众弱，可以恣意并吞。若两强相遇，或以一强遇次强，则并吞非旦夕间事，于是互争雄长，而有所谓霸主。小国都被并吞，或仅保存其名号，而实际则等于属地。次国听命于大国，大国则争为霸主。春秋时代的情形，便是如此。到战国时，则次国亦无以自立，大国各以存亡相搏，遂渐趋于统一了。

◆ 第八章　我国民族的滋大 ◆

封建时代的战争看似非常残酷，然而和我国民族的发展很有关系。

古代交通不便，一水一山之隔，其人即不相往来。一个中央政府，鞭长莫及。所以非将同族的人，一起一起的，分布到各处，令其人自为战，无从收拓殖之功。这许多分封出去的人，可以说是我国民族的拓殖使，亦可以说是我国文化的宣传队。只要看东周之世，各方面封建的国，都逐渐强盛起来，就可以见得我国民族滋大的情形了。

【齐】是太公望之后。周初封于营立，在今山东昌乐县。后来迁徙到临淄，就是现在的临淄县。《史记·货殖列传》说：齐初封之时，“地潟卤，人民寡。太公乃劝女工，通鱼盐，极技巧”。于是“齐冠带衣履天下”、“海岱之间，敛袂而往朝焉”。这是东方的大国。

【晋】晋是成王母弟叔虞之后，初封于太原，即唐尧的旧都。后来迁徙到新旧绛。旧绛是今山西省的冀城，新绛则今山西省的闻喜县，现在山西省的大部分是晋国所开拓的。兼有河南北的一部分。

【秦】秦嬴姓，初封于秦，地在今甘肃天水县。不过是个附庸之国，因和西戎竞争，渐次强大。平王东迁后，西都畿内之地，不能顾及。秦襄公力战破戎。周人始命为诸侯。至秦文公，遂尽复周朝的旧地。把岐以东献之周。周朝仍不能有。穆公之世，秦遂东境至河。

【楚】楚国是芈姓，受封的唤做鬻熊。居丹阳。已见前。鬻融之后，数传至熊绎，迁居荆山。在今湖北的南漳县。五传至熊渠，甚得江、汉间民和。熊渠立其三子：一为句亶王，居今江陵。一为鄂王，在今武昌。一为越章王，就是后来的豫章，在今安徽的当涂县。长江中流，全为其所征服了。又十一传至文王，迁都江陵，谓之郢。据江域的沃土，转和北方争衡。今河南省的南部，亦为其所慑服。

齐、晋、秦、楚，是春秋时最大之国。其强盛较晚，而其命运亦较短的，则有吴、越二国。吴是泰伯之后，周得天下，因而封之。越则夏少康之后。因为禹南巡守，奔于会稽，少康封庶子无余于此，以奉禹祀。吴居今江苏的吴县；越居今浙江的绍兴县。其初，都是和断发文身的越族杂居的。久之，乃渐次强盛。吴的地方，到今安徽的中部。越则并有现在江西的大部。

以上诸国，都可称为一等国。此外还有：

【鲁】周公之后，封于曲阜，已见前。

【卫】武王弟康叔，封于朝歌。地在今河南的淇县。春秋时，为狄所破，迁于楚丘。在今河南的滑县。

【曹】武王弟叔振铎，封于陶丘。现今山东的定陶县。

【宋】微子启，纣庶兄，武庚亡后，封于商丘。现在河南的商丘县。

【郑】周宣王之弟友，封于郑。本在今陕西的华县。后来东迁今河南郑县之地，谓之新郑。

【陈】陈胡公，舜之后。封于宛丘。现在河南的淮宁县。

【蔡】蔡叔度之子胡，封于蔡。如今河南的上蔡县。后来曾迁徙到新蔡。最后又迁于州来，则在今安徽的寿县了。

【许】姜姓，舜臣伯夷之后。封于许，今河南许昌县。后来迁于叶，今河南叶县。又迁于夷，今安徽亳县。又迁于析，今河南内乡县。

此诸国虽不能和齐、晋、秦、楚等国比较，然而地方亦数百里。大的有后世一两府，小的亦有数县之地。和初封时的百里、七十里、五十里，极大不过后世一县的，大不相同了。这便是逐渐开拓的成迹。《春秋》之法，

“诸侯用夷礼则夷之，进于中国则中国之”。可见当时列国，亦间有杂用夷礼的。然而从大体上论起来，如鲁卫等国，本居当时所谓中国之地者勿论。即如秦、楚、吴、越等本与异族杂居，在春秋初期还不免视为夷狄的，到后来，也都彬彬然进于冠裳之列了。这又可见我国文化的扩张。所谓民族，本以文化的相同为最要的条件。我国文化的扩张，便是我国民族的滋大。

◆ 第九章　春秋的霸业 ◆

从公元前七二二年起至四八一年止，凡二百四十二年。这期间，孔子因鲁史修《春秋》，后人遂称为春秋时代。

春秋时代，王室已不能号令天下。列国内部有什么问题以及相互之间有什么争端，都由霸主出来声罪致讨或调停其事。霸主为会盟征伐之主。往往能申明约束，使诸侯遵守。列国对于霸主，也有朝贡等礼节；霸主虽有此威力，仍未能“更姓改物”。所以对于周天子，表面上仍甚尊重。王室有难，霸主往往能出来“勤王”。文化程度较低的民族，为文明诸国之患，霸主也要出来设法。所以“尊王攘夷”为霸主的重要事业。所谓霸主，在表面上，亦受天子的锡命。论实际，则由其兵力强盛为诸侯所畏；又有相当的信义为诸侯所服而然。

首出的霸主为齐桓公。其创霸，在前六七九年。这时候，河北省里的山戎，为北燕之患。河南北间的狄人，又连灭邢、卫两国。齐桓公都兴兵救之。其时楚渐强盛，陈、蔡等国都受其威胁，即郑亦生动摇。齐桓公乃合诸侯以伐楚，与楚盟于召陵。孔子说：“桓公九合诸侯，不以兵车。”可见其确有相当的信义，为诸侯所归向了。

齐桓公死后，宋襄公出来主持会盟。然国小，力不足。前六三八年，和楚人战于泓，为楚所败，伤股而卒。虽亦列为五霸之一，实在是有名无实的。

宋襄公死后，楚人的势力大张。适会晋文公出亡返国。用急激的手段训练其民，骤臻强盛。前六三二年，败楚于城濮，称霸。

同时秦穆公，初本与晋和好。晋文公的返国多得其力。后来与晋围郑，听郑人的游说，不但撤兵而退，反还留兵代郑戍守。晋文公死后，穆公又听戍将的话，遣孟明等潜师袭郑，为郑人所觉，无功而还。晋襄公又邀击之于崤，“匹马只轮无返者”。秦穆公仍用孟明，兴师报怨，又为晋人所败。穆公犹用孟明，增修德政。到底把晋国打败。遂霸西戎，辟地千里。亦列为五霸之一。

然而秦国的威权只限于今陕、甘境内。其在东方，还是晋、楚两国争为雄长。晋襄公死后，子灵公无道，势渐陷于不振。而楚国的庄王日强。前五九七年，败晋师于邲，称霸。庄王死后，子共王与晋厉公战于鄢陵，为晋所败。然厉公旋亦被弑。当时的形势，鲁、卫、曹、宋等国，多服于晋；陈、蔡及许，则服于楚；而郑为二国争点。厉王死后，共王仍与晋争郑。直至前五六二年，而郑乃服于晋。晋悼公称为后霸。前五四六年，宋大夫向戍为弭兵之盟，请“晋、楚之从交相见”。于是晋、楚的兵争作一结束，而吴、越继起。

吴本僻处蛮夷，服从于楚的。后来楚国的大夫巫臣，因事奔晋，为晋谋通吴以桡楚。于是巫臣于前五八四年适吴，教以射御战陈之法。吴遂骤强，时时与楚争斗。自今江苏的镇江，上至安徽的巢县，水陆时有战事，楚人不利时多。弭兵盟后，楚灵王因此大会北方的诸侯。向来服从于晋之国都去奔走朝会于楚，表面上看似极盛。然而灵王实是暴虐奢侈的，遂致酿成内乱，被弑。平王定乱自立，又因信谗之故，国势不振。前五〇六年，楚相囊瓦因求贿之故，辱唐、蔡二国之君。蔡侯求援于晋，无效，遂转而求援于吴。吴王阖庐乘之，攻楚，入其都城。楚昭王逃到随国。幸赖其臣申包胥，求救于秦，杀败吴兵，昭王乃得复国。阖庐虽破楚，伐越却不利。败于槜李，受伤而死。子夫差立，兴兵伐越，败之于夫椒。越王勾践，栖于会稽之山以请成，夫差许之。勾践归，卧薪尝胆，以谋报复。而夫差遽骄侈，北伐齐、鲁，与晋争长于黄池。前四七三年，遂为越所灭。勾践北会齐、晋于徐州，称为霸王。然越虽灭吴，不能正江淮之土，其地皆入于楚，所以仍和北方的大局无关。其被灭于楚，在前三三四年，虽已是入战国后一百四十七年，然而其国，则久在无足重轻之列了。宇内的强国，仍是晋、楚、齐、秦。而晋分为韩、赵、魏三国，河北的燕亦日强。天下遂分为战国七，史称为战国时代。

· 第十章　战国的七雄 ·

战国七雄，谁都知道以秦为最强。然而当其初年，实以秦为最弱。秦处关中，本杂戎狄之俗，其文化和生活程度，都较东方诸国为低。而战国初年，秦又时有内乱，魏人因之，攻夺其河西之地；而且北有上郡。现在陕西南部的汉中，则本属于楚。对于江、河两流域，秦人都并无出路。前三六〇年，已是入战国后一百十八年了。秦孝公即位，用商鞅，定变法之令，一其民于农战，秦遂骤强。前三四〇年，秦人出兵攻魏，取河西。魏弃安邑，徙都大梁。秦人又取上郡。于是关中之地，始全为秦人所有。

秦国的民风，本较六国为强悍，而其风气亦较质朴。秦国的政令，又较六国为严肃。所以秦兵一出，而六国都不能敌。于是苏秦说六国之君，合纵以摈秦。然六国心力不齐，纵约不久即解散。张仪又说六国连衡以事秦。然秦人并吞之心，未必以六国服从为满足，而六国亦不能一致到底，六国相互之间，更不能无争战，所以横约的不能持久，亦与纵约同。

秦人灭六国，其出兵的路共有三条：一出函谷关，劫韩包周，此即今日自陕西出潼关到洛阳，而亦即周武王观兵孟津的路；一渡蒲津，北定太原，南攻上党，此即文王戡耆之路；一出武关，取南阳，又出汉中，取巴蜀，沿江汉而下，三道并会于湖北以攻楚。文王当日化行江、汉，亦就是这一条路。

秦既破魏，取河西，后又灭蜀。蜀是天府之国，其人民虽稍弱，而地方则极富饶，于秦人的经济大有裨益。于是秦人的东方经略开始。前三一三年，秦人败楚，取汉中。前三一一年，攻韩，拔宜阳。前二八〇年，秦又伐楚取黔中。于是江、汉两流域，秦人皆据上游之势。前二七五年，白起遂伐楚。取鄢、邓、西陵。明年，又伐楚。拔郢，烧夷陵。楚东北徙都陈。后又徙都寿春。前二六〇年，秦伐韩，拔野王。上党路绝，降赵，秦败赵军于长平，坑降卒四十万。遂拔上党，北定太原。于是韩、赵、魏三国，都在秦人控制之下。前二五七年，秦遂围赵都邯郸。当这六国都岌岌待亡之时，列国虽发兵以救赵，然多畏秦兵之强，不敢进。幸得魏公子无忌，窃其君之兵符，夺魏将晋鄙之军以救赵，击败秦兵于邯郸下。赵国乃得苟延残喘。

然而六国的命运，终于不能久持。前二五六年，久已无声无臭的周朝，其末主赧王，忽而谋合诸侯攻秦。秦人出兵攻周，周人不能抵抗。赧王只得跑到秦国，尽献其地，周室于是灭亡。前二三一年，秦人灭韩。前二二八年，灭赵。这时候，赵人已拓境至代。于是赵公子嘉自立为代王，与燕合兵军上谷。燕太子丹使荆轲入秦，谋刺秦王，不克。秦大发兵围燕。燕王奔辽东。前二二五年，秦灭魏。前二二三年，灭楚。明年，大发兵攻辽东，灭燕，还灭代。又明年，自燕南袭齐，灭之。于是六国尽亡。其春秋时代较小的国：则许先灭于郑。郑亡于韩。曹灭于宋。宋在战国时，其王偃曾一强盛，然不久即灭于齐。陈、蔡及鲁，则均亡于楚。惟卫国最后亡。直到秦二世元年，即前二〇九年，才迁其君而绝其祀。然而偌大一个中国，区区一卫算得什么？所以当民国纪元前二一三二年，即公元前二二一年，秦始皇灭齐之岁，史家就算他是中国一统。

◆ 第十一章　中原文化的广播和疆域的拓展 ◆

中国为什么会成为东方的大国？这个与其说是兵力的盛强，还不如说是文化的优越。

神州大陆之上，古代杂居的异族多着呢！为什么我国民族终成为神州大陆的主人翁？原来初民的开化，受地理的影响最大。古代文明的中心是黄河流域。黄河流域之北便是蒙古高原，地味较瘠薄，气候亦较寒冷。其民久滞于游牧的境界，不能发生高度的文明。黄河流域之南便是长江流域，其地味过于腴沃，气候亦太温暖，其人受天惠太觉优厚，于人事未免有所不尽。而且平原较小，在古代，沿泽沮洳之地又特多，交通亦不十分便利。只有黄河流域，气候寒暖适中，地味不过腴，亦不过瘠。懒惰便不能生存，而只要你肯勤劳，亦不怕自然界对你没有酬报，而且平原广大，易于指挥统驭。所以较高的文明、较大的国家都发生于此，而成为古代文化的中心。

从以前各章所述，伏羲、神农是在今山东的西部、河南的东部的。黄帝、尧、舜，则在今河北山西的中部。夏朝是从山西迁徙到河南的西部的。商、周两朝都起于陕西的中部。商朝沿着黄河东进。周朝亦自长安跨据洛阳。所以从泰岱以西，太原、涿鹿以南，丰、镐以东，阳城以北，这黄河流域的中游，便是古代所谓中原之地。我国文化，即以此为中心而广播于四方，而疆域亦即随之而拓展。今以汉族以外各种民族做纲领，述其开化的次第，便可见得中原文化的广播和疆域拓展的情形。

古代汉族以外的民族，最强悍的要算獯鬻，亦称猃狁，就是后世的匈奴，与汉族杂居于黄河流域。自黄帝以至周朝，历代都和他有交涉。因其地居北方，所以古书上多称为狄。到春秋时，狄人还很强盛。后又分为赤狄、白狄，大抵为秦、晋二国所征服。战国时，秦、赵、燕三国，各筑长城以防之。魏有河西、上郡，赵有云中、雁门、代郡，秦有陇西、北地，以与戎界边。此诸郡以内，就都成为中国之地了。

次之则是山戎和涉貉。其居地，大约在今河北、辽宁、热河三省之交。从燕开五郡而我国的文化广播于东北。辽宁和热河大体都入中国的版图。

再次之则是氐、羌。这两族很为接近。大约羌中最进化的一支为氐，居今嘉陵江流域，就是古所谓巴。其余，则蔓延于四川和甘肃一带。秦人开拓今甘肃之地，直到渭水上源。在甘肃境内的羌人，就大都逃到湟水流域。

南方的种族，大别为三：一是后世的苗族，古人称之为黎。古代的三苗，便是君临此族的。此族的根据地是洞庭流系。战国时，楚国开辟到湖南，这一族也渐次开化。一是现在的马来人，古人称之为越，亦作粤。此族的居地在亚洲沿海及地理上称为亚洲大陆真沿边的南洋群岛。此族在古代，有断发文身和食人的风俗。在历史上，我国古代沿海一带，大抵都有此俗的，所以知其为同族。其在江苏、浙江的，因吴、越的兴起而开化。在福建、两广的，则直到秦并天下后才开辟。山东半岛的莱夷和淮水流域的淮夷、徐戎，大约亦属此族。莱夷灭于齐。淮夷至秦有天下后，才悉散为人户。一为濮，就是现在的猓猡。此族古代分布之地，亦到今楚、豫之交。所以韦昭《国语注》说：濮是南阳之国。杜预《左氏释例》则谓其在建宁郡之南。自楚国强后，大抵都为所征服。战国时，楚国的庄跻，又循牂牁江而上，直到滇国，都以兵威略属楚。因巴、黔中为秦所夺，归路断绝。即以其众王滇。

我国古代文化的广播和疆域的拓展，大略如此。古代交通多乘车，即战阵，亦以车战为主力。战国以后，则骑马的渐多，战阵上，亦渐用骑兵和步兵。这因古代交通只及于平地，而战国时开拓渐及于山地之故。当时汉族多居平地，所谓夷、蛮、戎、狄，则多居山地。开拓渐及于山地，即是杂居的异族和我国民族同化的证据。

◆ 第十二章　春秋战国的学术思想 ◆

我国的学术思想，起源是很早的。然其大为发达，则在春秋战国之世。因为西周以前，贵族平民的阶级较为森严。平民都胼手胝足，从事于生产，没有余闲去讲求学问。即有少数天才高的人，偶有发明，而没有徒党为之授受传播，一再传后，也就湮没不彰了。所以学术为贵族所专有。贵族之中，尤其是居官任职的，各有其特别的经验，所以能各成为一家之学。东周以后，封建政体渐次破坏。居官任职的贵族，多有失其官守，降为平民的。于是在官之学，一变而为私家之学。亦因时势艰难，仁人君子都想有所建明，以救时之弊，而其时社会阶级，渐次动摇，人民能从事于学问的亦渐多，于是一个大师往往聚徒至于千百，而学术之兴遂如风起云涌了。

先秦学术，司马迁《史记·太史公自序》载其父谈之论，分为阴阳、儒、墨、名、法、道德六家。《汉书·艺文志》，益以纵横家、杂家、农家、小说家，是为诸子十家。其中除去小说家，谓之九流。《汉志》推原其始，以为都出于王官。此外兵书分权谋、形势、阴阳、技巧四家；数术分天文、历谱、五行、蓍龟、杂占、形法六家；以及方技略之医经、经方二家，推原其始，亦都是王官之一守，为古代专门之学。其与诸子各别为略，大约因校书者异其人之故。

诸家的学术，当分两方面观之：其一古代本有一种和宗教混合的哲学。其宇宙观和人生观，为各家所同本。如阴阳五行以及万物之原质为气等思想。其二则在社会及政治方面，自大同时代，降至小康，再降而入于乱世，都有很大的变迁。所以仁人君子，各思出其所学以救世。其中最有关系的，要推儒、墨、道、法四家。大抵儒家是想先恢复小康之治的，所以以尧、舜、三代为法。道家则主张径复大同之治，所以要归真返璞。法家可分法术两方面：法所以整齐其民，术则所以监督当时的政治家，使其不能以私废公的。墨家舍周而法夏。夏代生活程度较低，迷信亦较甚。其时代去古未远，人与人间的竞争，不如后世之烈。所以墨子主张贵俭、兼爱；而以天志、明鬼为耸动社会的手段。此外，名家是专谈名理的。虽然去实用较远，然必先正名，乃能综核名实，所以名法二字往往连称。农家，《汉志》谓其“欲使君臣并耕，悖上下之序”，所指乃《孟子》书所载的许行。大约是欲以古代农业共产的小社会为法的，其宗旨与道家颇为相近。纵横家只谈外交，则与兵家同为一节之用了。

阴阳家者流，似乎脱不了迷信的色彩。然而此派是出于古代司天之官的。所以《汉志》说“敬授民时”是其所长。古代《明堂月令》之书，规定一年行政的顺序和禁忌，和国计民生很有关系，不能因其理论牵涉迷信，就一笔抹杀的。诸子中的阴阳家和数术略诸家关系极密。数术略诸家，似亦不离迷信。然《汉志》说形法家的内容，是“形人及六畜骨法之度数，器物之形容，以求其声气贵贱吉凶。犹律有长短，而各征于声，非有鬼神，数自然也”。其思想，可谓近乎唯物论。设使此派而兴盛，中国的物质之学，必且渐次昌明。惜乎其应声很少，这一派思想就渐渐地消沉了。

古代的学问，都是所谓专门之学。凡专门之学，对于某一方面必然研究得很深。对于别一方面，即不免有轻视或忽略之弊。此由当时各种学问初兴，传播未广之故。只有杂家，《汉志》称其“兼名、法，合儒、墨”，却颇近于后世的通学。

诸家的学问，都出于官守。只有小说家，《汉志》称为“街谈巷语，道听途说者所造”，似乎是民间流传之说。今其书已尽亡。惟据《太平御览》引《风俗通》，则“城门失火，殃及池鱼”之说，实出于小说家中的《百家》。则其性质，亦可想见了。

第十三章　春秋战国的政制改革

春秋战国时代，政治制度亦有很大的变迁。

古代说天子是感天而生的，迷信的色彩很重。到春秋战国时，儒家就有立君所以为民、民贵君轻诸说。怕旧说的势力一时不能打倒，则又创“天视自我民视，天听自我民听”等说，以与之调和。实在替平民革命大张其目。使汉以后起平民而为天子的，得一个理论上的根据。而亦替现代的共和政体，种了一种远因。

因世运的渐趋统一，而郡县的制度，渐次萌芽。古代的郡县，是不相统属的。大约在腹里繁华之地的，则称为县；在边远之地的，则称为郡。所以郡，大概是辖境广，而且有兵备的。后来因图控制的方便，就以郡统县了。从春秋以来，小国被灭的，大都成为大国的一县。乡大夫采地发达的，亦成为县。古代官制，内诸侯与外诸侯，在爵禄两点，全然相同；所异的，只是一世袭，一不世袭。改封建为郡县，其初不过是将外诸侯改为内诸侯而已。所以能将外诸侯改为内诸侯，则因交通便利；各地方的风气，渐次相同；一个中央政府，可以指挥统率之故。所以封建郡县的递嬗，纯是世运的变迁，并非可以强为的。

内官则今文家说：三公、九卿、二十七大夫、八十一元士。三公之职，为司马、司徒、司空。九卿以下都无说。古文家则以太师、太傅、太保为三公，少师、少傅、少保为三孤，皆坐而论道，无职事。冢宰、司徒、宗伯、司马、司寇、司空为六卿，分管全国的政事。其地方区画，则《周礼》以五家为比，比有长。五比为闾，闾有胥。四闾为族，族有师。五族为党，党有正。五党为州，州有长。五州为乡，乡有大夫。其编制以五起数，和军制相应。《尚书大传》说："古八家而为邻，三邻而为朋，三朋而为里，五里而为邑，十邑而为都，十都而为师，州十有二师。"其编制以八起数，和井田之制相合。大约前者是行于乡，而后者是行于野的。参看兵制自明。

古代的兵制：今古文说都以五人为伍，五伍为两，四两为卒，五卒为旅，五旅为师。惟今文说以师为一军，天子六师，方伯二师，诸侯一师。古文家则以五师为军，王六军，大国三军，次国二军，小国一军。其出赋：则今文家谓十井出兵车一乘。公侯封方百里，凡千乘。伯四百九十乘。子男二百五十乘。古文家据《司马法》，而《司马法》又有两说：一说以井十为通，通为匹马，三十家。士一人，徒二人。通十为成，成十为终，终十为同，递加十倍。又一说，以四井为邑，四邑为邱，有戎马一匹，牛三头，四邱为甸，有戎马四匹，兵车一乘，牛十二头，甲士三人，步卒七十二人。一同百里，提封万井，除山川、沈斥、城郭、邑居、园囿、术路，定出赋的六千四百井，有戎马四百匹，兵车百乘。这是乡大夫采地大的。诸侯大的一封，三百六十里；天子畿方千里，亦递加十倍。古文之说，兵数远较今文之说为多，大约其出较晚。然六军之数，还不过七万五千人。到战国时，则坑降、斩级，动至数万，甚且至数十万，固然也有虚数，然战争规模之大，远过春秋以前，则必是事实，不能否认的。这骤增的兵数，果何自而来？原来古代的人民，并不是通国皆兵的。所以齐有士乡和工商之乡；而楚国的兵制，也说"荆尸而举，商农工贾，不败其业"。正式的军队，只是国都附近的人。其余的人，虽非不能当兵，不过保卫本地方，如后世的乡兵而止。战国时代，大约此等人都加入正式军队之中，所以其数骤增了。战争固然残酷，然而这却是我国真正实行举国皆兵的时代。

古代阶级森严，大夫以上，都是世官。《王制》说：命乡论秀士，升诸司徒，曰选士。司徒论选士之秀者，而升诸学，曰俊士。既升于学，则称造士。大乐正论造士之秀者，而升诸司马，曰进士。司马辨别其才能之所长，以告于王而授之官。周官则六乡六遂之官，都有教民以德行道艺之责。三年大比则兴其贤者，能者于王。此即所谓“乡举里选”。乡人的进用，大概不是没有的事；然其用之，不过至士而止。立贤无方之事，实际是很少的。到战国时代，贵族阶级，日益腐败。竞争剧烈，需才孔亟。而其时学术发达，民间有才能的人亦日多。封建制度既破，士之无以为生，从事于游谈的亦日众。于是名公卿争以养士为务，而士亦多有于立谈之间取卿相的，遂开汉初布衣将相之局。

我国的有成文法，亦由来颇早。其见于古书的，如夏之《禹刑》，商之《汤刑》，周之《九刑》都是。西周以前，刑法率取秘密主义。至春秋时，则郑铸《刑书》，晋作《刑鼎》，渐开公布刑法之端了。战国时，李悝为魏文侯相，撰次诸国法，为《法经》六篇。商君取之以相秦。汉朝亦沿用它。从此以后，我国的法律，就连绵不断了。

◆ 第十四章　上古的社会 ◆

从上古以至春秋战国，社会组织的变迁尤其巨大。

孔子所说的大同时代，大约是极其平等、毫无阶级的。至各部落相遇，而有战争，于是生出征服者和被征服者的阶级。其最显著的，就是国人和野人的区别。古代有许多权利，如询国危、询国迁、询立君等，都是国人享的。而厉王监谤，道路以目，出来反抗的，也是国人。至于野人，则“逝将去汝，适彼乐土”，不过有仁政则歌功颂德，遇虐政则散之四方而已。观此，便知其一为征服之族，一为被征服之族。古代的田制，是国以内行畦田之制，国以外行井田之制的。可见国在山险之地。而兵亦都在国都附近。此可想见隆古之时，国人征服野人，就山险之处择要屯驻，而使被征服之族居于四面平夷之地，从事耕农。这是最早发生的一个阶级。

岁月渐深，武力把持的局面渐成过去，政治的势力渐渐抬头，而阶级的关系一变。原来征服者和被征服者之间，虽有阶级，而同一征服者之中，亦仍有阶级。这是接近政权与否的关系。古代国人和野人的区别，大约如契丹时代的部族和汉人。同一征服者之中，执掌政权和不执掌政权者的关系，则如部族之民之于耶律、萧氏等。岁月渐深，政治上的贵族平民，区别日渐显著，从前征服者和被征服者的畛域，转觉渐次化除。这一因政权的扩大，而执掌政权的人，威力亦渐次增加。一则年深月久，征服者和被征服者的仇恨，日渐淡忘，而经济上平和的联系，日益密接。

又人口增殖，国人必有移居于野的，而畛域渐化，野人亦必有移居于国的，居处既相接近，婚姻可以互通，久而久之，两者的区别就驯致不能认识了。这是阶级制度的一个转变。然而其关系，总还不及经济上的关系、力量来得更大。

古代个个独立的小社会，其经济都是自给自足的。此时的生产，都是为着消费而生产，不是为着交易而生产。此等社会，其事务的分配，必有极严密的组织。然而历时既久，交通日便，商业日兴，则社会的组织，亦就因之而改变。因为人总是想得利的，总是想以最小的劳费获得最大的报酬的。各个小社会，个个独立生产以供给自己的消费，这在获利的分量上言，原是不经济的事。所以从交易渐兴，人就自然觉得：有许多向来自造的东西，可以不造而求之于外；造得很少的东西，可以多造而用作交易的手段。至此，则此等小社会从前事务的分配，不复合理。若要坚持他，便足为这时代得到更大的利益的障碍。人总是想得利的，总是想以最少的劳费，得到最大的报酬的。于是旧时的组织，遂逐渐破坏于无形之中。于是人的劳动，非复为社会而劳动；其生活，亦不受社会的保障。而人是不能个个独立而生活的，“一人之身，而百工之所为备”，离居不相待则穷。于是以交易为合作，而商业遂日益兴盛。然此等合作，系在各个人自谋私利之下，以利己之条件行之的。实际虽兼利他人，目的是只为自己。有可损人以自利之处，当然非所顾虑。而在此等不自觉的条件之下合作，个个所得的利益，当然不会一致的。而人是没有资本，不会劳动的，在分配的过程中，有资本的人，自然获得较有利的条件。于是商业资本日渐抬头。人既不能回到武力劫夺的世界，而总要维持一种和平的关系，则在此关系之下，能占有多量财富的，在社会上自然占有较大的势力。于是贵贱阶级之外，又生出一种贫富的阶级。而其实际的势力，且凌驾乎贵贱阶级之上。这是阶级制度的又一转变。

我们试看：古代的工业，都是国家设立专官，择人民所不能自造的器具，造之以供民用。商业则大者皆行于国外。其在国内，则不过“求垄断而登之”的贱丈夫，并不能谋大利。而到晚周时代，则有“用贫求富，农不如工，工不如商”之谚。前此“市廛而不税，关讥而不征”。可见其对于商人，尽力招徕。至此，则必“凶荒札丧，市乃无征而作布”。便可见此时的工商事业，和前此大不相同了。

同时因在上者的日益淫侈，剥削人民益甚，于是有孟子所说“慢其经界”的“暴君污吏”。亦因人口增殖，耕地渐感不足，不得不将田间的水道陆道，填没开垦，这就是所谓开阡陌。于是井田制度破坏，而分地不均。古代作为公有的山泽，至此亦被私人所占。经营种树、畜牧、开矿、煮盐等业，而地权之不平均更甚。

地权不平均了，资本跋扈了。一方面，有旧贵族的暴虐；一方面，有新兴富者阶级的豪奢。贫民则“常衣牛马之衣，食犬彘之食”。遂成为一悬而不决的社会问题。

货币的发达，是大有助于商业资本，而亦是大有影响于社会经济的。于此亦得说其大略。我国最早用作交易中之物，大约是贝，次之则是皮。这是渔猎和畜牧时代所用。至农耕时代，则最贵重的是金属的耕具或刀，而布帛米谷等亦用为交易之具。后来用社会上所最贵的铜，依贝的形式铸造起来，而以一种农器之名命之，则为钱。至于珠、玉、金、银等，则因其为上流社会的人所贵重，间亦用以交易。大概是行于远处，用以与豪富的人交换的。《史记·平准书》说：“大公为周立圜法。黄金方寸而重一斤。钱圜函方，轻重以铢。布帛广二尺二寸为幅，长四丈为匹。”可见黄金、铜钱、布帛三者是社会上最通行的货币。然而别种东西，亦未尝不用。秦并天下，黄金的重量，改以镒计。铜钱的形式，仍同周朝，而改其重为半两。珠、玉、龟、贝、银、锡等，国家都不认为货币，然亦“随时而轻重无常”。三代以前，货币制度的转变，大略如此。

第三编

中古史

A BRIEF HISTORY
OF
CHINA

◆ 第一章　秦之统一及其政策 ◆

谁都知道，统一是始于秦的。其实统一是逐渐进行的，看前编第七章所述，就可知道了。然而统一的完成，确在前二二一年，即秦王政的二十六年。积世渴望的统一，到此告成，措置上自然该有一番新气象。

秦王政统一之后，他所行的第一事，便是改定有天下者之号，称为皇帝。命为制，令为诏。而且说古代的谥，是："子议父，臣议君也，甚无谓，朕弗取焉。"于是除去谥法，自称为始皇帝。后世则以数计，如二世、三世等。

郡县之制，早推行于春秋战国之世，已见前编。始皇并天下后，索性加以整齐，定为以郡统县之制。分天下为三十六郡。每郡都置守、尉、监三种官。

始皇又收天下之兵器，都聚之于咸阳。把他销掉，铸作钟鐻和十二个金人。

当时有个仆射周青臣，恭维始皇的功德。又有个博士淳于越，说他是面谀。说郡县制度，不及封建制度。始皇下其议。丞相李斯，因此说："诸生不师今而学古，以非当世，惑乱黔首。"又说："人闻令下，则各以其学议之。""如此弗禁，则主势降乎上，党与成乎下。"于是拟定一个烧书的办法，是：

（一）史官非秦记皆烧之。

（二）非博士官所职，天下有敢藏诗、书、百家语者，悉诣守尉杂烧之。

（三）有敢偶语诗书弃市。以古非今者族。吏见知不举者与同罪。令下三十日不烧，黥为城旦。

（四）所不去者，医药、卜筮、种树之书。若有欲学——法令——以吏为师。

焚书的理由，早见《管子·法禁》和《韩非子·问辩》两篇。这是法家向来的主张。始皇、李斯，不过实行他罢了。法家此等主张，在后世看来，自然是极愚笨。然而在古代，本来是“政教合一，官师不分”的。“尊私学而相与非法教”，不过是东周以后的事。始皇、李斯此举，也不过想回复古代的状况罢了。

至于坑儒，则纯然另是一回事。此事的起因，由于始皇相信神仙，招致了一班方士，替他炼奇药，带着童男女入海求神仙。后来有个方士卢生和什么侯生，私议始皇，因而逃去。始皇大怒，说：“吾收天下书不中用者尽去之。悉召文学、方术士，欲以致太平，求奇药。如今毫无效验，反而诽谤我。”于是派御史去按问。诸生互相告引。因而被坑的，遂有四百六十余人。这件事虽然暴虐，却和学术思想是了无干系的。

还有一件事，则和学术界关系略大。我国文字的起源，已见前编第二章。汉代许慎作《说文解字序》，把汉以前的文字，分做五种：（一）古文。（二）大篆。（三）小篆。（四）隶书。（五）草书。他把周宣王以前的文字，总称为古文。说周宣王时，太史籀作大篆十五篇，与古文或异。又说：“七国之世，言语异声，文字异形。秦并天下，丞相李斯，乃奏同之，罢其不与秦文合者。李斯作《仓颉篇》，中车府令赵高作《爰历篇》，太史令胡毋敬作《博学篇》。皆取史籀大篆，或颇省改。”这是小篆。又说：此时“官狱职务繁，初有隶书，以趋约易，而古文由此绝矣”。案七国之世，所谓言语异声，大约是各处方言音读之不同。至于文字异形，则（一）者是字形的变迁。（二）者，此时事务日繁，学术发达，旧有之字，不足于用，自然要另造新字。所造的字，自然彼此不相关会了。秦朝的同文字，是大体以史籀的大篆为标准，而废六国新造的字。这件事，恐亦未必能办到十分。然而六国的文字，多少总受些影响。所谓“古文由此绝”，这古文两字，实在是连六国文字不与秦文合的部分，都包括在内的。汉兴以后，通用隶书。秦朝所存留的字，因为史籀、李斯、赵高、胡毋敬等所作字书还在，所以还可考查。此等已废的文字，却无人再去留意。所以至汉时，所谓古文，便非尽人所能通晓了。

当始皇之世，是统一之初，六国的遗民，本来不服。而此时也无治统一之世的经验。不知天下安定，在于多数人有以自乐其生，以为只要一味高压，就可以为所欲为了。于是专用严刑峻法。而又南并南越，北攘匈奴，筑长城。还要大营宫室，岁岁巡游。人民既困于赋役，又迫于威刑，乱源早已潜伏。不过畏惧始皇的威严，莫敢先发罢了。前二一〇年，始皇东游，还至平原津而病。崩于沙丘。始皇长子扶苏，因谏坑儒生，被谪，监蒙恬军于上郡。少子胡亥和始皇叫他教胡亥决狱的赵高从行。于是赵高为胡亥游说李斯矫诏，杀扶苏和蒙恬。秘丧，还至咸阳，即位。是为二世皇帝。而揭竿斩木之祸，便随之而起了。

◆ 第二章　秦汉之际 ◆

秦二世的元年，便是公元前二〇九年，戍卒陈胜、吴广，因为遣戍渔阳，自度失期当死，起兵于蕲。北取陈。胜自立为楚王。于是六国之后，闻风俱起。

魏人张耳、陈余，立赵后歇为赵王。

周市立魏公子咎为魏王。

燕人韩广，自立为楚王。

齐王族田儋，自立为齐王。

时二世葬始皇于骊山，工程极其浩大。工作的有七十万人。二世听了赵高的话，把李斯杀掉。以为山东盗是无能为的。后来陈胜的先锋兵打到戏，才大惊，赦骊山徒，命少府章邯，带着出去征讨。这时候，秦朝政事虽乱，兵力还强。山东乌合之众，自然不能抵敌。于是陈胜、吴广先后败死。章邯北击魏。魏王咎自杀。齐王儋救魏，亦败死。

先是楚将项燕之子梁和其兄子籍，起兵于吴。沛人刘邦，亦起兵于沛。项梁渡江后，因居鄛人范增的游说，立楚怀王之后心于盱眙，仍称为楚怀王。项梁引兵而北，其初连胜两仗。后来亦为章邯所袭杀。于是章邯以为楚地兵不足忧，北围赵王于巨鹿。

楚怀王派宋义、项籍、范增北救赵，刘邦西入关。宋义至安阳，逗留四十六日不进。项籍矫怀王命杀之。引兵北渡河，大破秦兵于巨鹿下。

章邯因赵高的猜疑，就投降了项籍。先是韩人张良，因其先五世相韩，尝散家财，募死士，狙击秦始皇于博浪沙中，想为韩报仇。及项梁起兵，张良游说他，劝他立韩国的公子成为韩王。刘邦因张良以略韩地，遂入武关。赵高弑二世，立公子婴，想和诸侯讲和，保守关中，仍回复其列国时代之旧。子婴又刺杀赵高。而刘邦的兵，已到霸上了。子婴只得投降。秦朝就此灭亡。时为公元前二〇六年。

项籍既降章邯，引兵入关。刘邦业已先入，遣兵将关把守了。项籍大怒，把他打破。这时候，项籍兵四十万，在鸿门。刘邦兵十万，在霸上。项籍要打刘邦。其族人项伯和张良要好，到刘邦军中，劝良同走。刘邦因此请项伯向项籍解释，自己又亲去谢罪。一场风波，才算消弭。

这时候，封建思想还未破除。亡秦之后，自然没有推一个人做皇帝之理。于是便要分封。当封的，自然是（一）前此六国之后；（二）亡秦有功之人。而分封之权，自然是出于众诸侯的会议，能操纵这会议的，自然是当时实力最强的人。于是项籍便和诸侯王议定分封的人，如下：

项籍	西楚霸王	王梁楚地九郡，都彭城（今江苏铜山县）	
刘邦	汉王	王巴、蜀、汉中，都南郑（今陕西南郑县）	
章邯	雍王	王咸阳以西，都废丘（今陕西兴平县）	以下三人，为秦降将。项籍未入关即封之，当时称为三秦。
司马欣	塞王	王咸阳以东至河，都栎阳（今陕西临潼县）	
董翳	翟王	王上郡，都高奴（今陕西肤施县）	
魏王豹	西魏王	王河东，都平阳（今山西临汾县）	魏王咎的兄弟，咎死后，奔楚，楚立为魏王，此时徙西魏。汉王出关，豹降汉，汉复立为魏王。豹叛汉与楚，为韩信所虏。
韩王成	韩王	都阳翟（今河南禹县）	旋为楚所杀，立故吴令郑昌为韩王。

续表

申阳	河南王	都洛阳	张耳嬖人。
司马印	殷王	殷王故墟，都朝歌（今河南淇县）	赵将。
赵王歇	代王	都代（今河北蔚县）	秦兵围巨鹿时，张耳在城内，陈余在城外。围解后，张耳怨陈余不救，责让他。陈余反怒，将印交张耳，自去渔猎。因此未从诸侯入关，不得为王，因所居南皮（今河北南皮县），封之三县。余怒。会田荣叛楚。余请兵于荣，击破张耳。耳奔汉。余迎赵王歇还赵，歇封余为代王，留为赵相。后张耳与韩信破赵。赵王歇被擒，余被杀。
张耳	常山王	赵王，都襄国（今河北邢台县）	
英布	九江王	都六（今安徽六安县）	楚将，后叛楚降汉。
吴芮	衡山王	都邾（今湖北黄冈县）	秦鄱阳令起兵，从诸侯入关。
共敖	临江王	都江陵（今湖北江陵县）	义帝柱国。子尉，为汉所虏。

续表

燕王广	辽东王	都无终（今河北蓟县）	为臧荼所杀。
臧荼	燕王	都蓟（今河北北平县）	燕将。汉高祖得天下后，谋反，被杀。
齐王市	胶东王	都即墨（今山东即墨县）	田儋的儿子。儋死后，其兄弟荣，立他做齐王。至是，徙胶东。荣发兵距杀田都，留市于齐，市逃往胶东，田荣怒，发兵追杀市。时彭城有众万余人，在巨野（今山东巨野县），无所属。荣与以将军印，使击杀济北王安。荣遂并王三齐（齐、胶东、济北）。后为项羽所杀。田荣的兄弟横，又立田荣的儿子广。为汉韩信所虏，横逃入海岛。汉高祖定天下后，召之，未至洛阳，自杀。
田都	齐王	都临淄（今山东临淄县）	齐将。
田安	济北王	都博阳（今山东泰安县）	齐王建（战国时最后的齐王）孙。

当楚怀王遣将时，曾说：先入关中者王之。照这句话，此时当王关中者为刘邦。然而项籍受章邯之降时，已将秦地分王邯等三人了。这大

约是所以抚慰降将之心，减少其抵抗力的。其时刘邦的能先入关，原是意想不到的事。这时候不便反悔。于是说：（一）怀王不能主约；（二）巴、蜀、汉中，亦是关中之地，就把刘邦封为汉王。这也不能说不是一种解释。然而龙争虎斗之际，只要有辞可借，便要借口的，哪管得合理不合理？

项籍尊楚怀王为义帝，而自称霸王。照春秋战国的习惯，天子原是不管事的，管理诸侯之权，在于霸主。这时候，天下有变，自然责在项籍。于是因田荣的反叛，出兵征讨。汉王乘机便说：项籍分封不平，以韩信为大将，北定三秦又破韩、河南、西魏、殷四国。并塞、翟、韩、殷、魏之兵五十六万人东伐楚。居然攻入楚国的都城，项籍闻之，以精兵三万人，从胡陵还击。大破汉兵。汉王脱身逃走。然而汉王有萧何，守关中以给军食。坚守荥阳、成皋以距楚。而使韩信北定赵、代，转而东南破齐。而项籍的后方，为彭越所扰乱，兵少食尽。相持数年，楚兵势渐绌。乃与汉约，以鸿沟为界，中分天下。汉王背约追楚。围项籍于垓下。项籍突围而走。至乌江，自刎死，于是天下又统一了。时为公元前二〇二年。

◆ 第三章 前汉的政治 ◆

前汉凡二百十年，在政治上，可以分做四期：

第一期：高祖初定天下。这时候，还沿着封建思想，有功之臣，与高祖同定天下的，其势不得不封。而心上又猜忌他。于是高祖听娄敬的话，徙都关中，想借形胜以自固。又大封同姓之国，以为屏藩。这时候，异姓王者八国，除长沙外，多旋就灭亡。同姓王者九国，都跨郡三四，连城数十，遂成为异日的乱源。高祖开国之后，是外任宗室，内任外戚的。所以吕后在其时，很有威权。高祖死后，惠帝柔弱，政权遂入于吕后之手。先是高祖刑白马与诸侯盟说："非刘氏而王者，天下共击之。"惠帝死后，吕后临朝，就分封诸吕。又使吕禄、吕产统带守卫京城和宫城的南北军。吕后死后，齐哀王起兵于外。诸吕使灌婴击之。灌婴阴与齐王连和，顿兵不进。汉朝的大臣因此劝诸吕罢兵就国，诸吕犹豫不决。而太尉周勃乘隙突入北军，和齐王的兄弟朱虚侯章等，攻杀诸吕。杀掉太后所立的少帝和常山王弘，而迎立文帝。于是汉初握权的外戚打倒，而晨星寥落的功臣，自此以后也逐渐凋零。特殊势力只有因私天下之心所封建的宗室了。

当汉初，承春秋战国以来五百余年的长期战争，加以秦代的暴虐，秦、汉之际的扰乱，天下所渴望的是休养生息。而休养生息之治，只有清静不扰的政策最为相宜。汉初已有这个趋势。文、景二代的政治，尤能应这要求，所以社会上顿呈富庶之象。这时候，内而诸侯之尾大不掉，外而匈奴之时来侵犯，都是个亟待解决的问题。文帝也一味姑息，明知吴王濞有反谋，却赐之几杖以安之。匈奴屡次入寇，也只是发兵防之而已。到后来，封建的问题，到底因吴楚七国之乱而解决。而对外的问题，则直留待武帝时。至于制民之产和振兴文化，则文、景二代，更其谦让未遑了。要而言之：这一期，是以休养生息为主。可称西汉政治的第二期。

第三期是武帝。武帝是个雄才大略之主，很想内兴文治，外耀武功。于是立五经博士，表章六艺，罢黜百家。又北伐匈奴，西通西域，南平闽越、南越，东北并朝鲜，西南开西南夷。一时武功文治，赫然可观。然而武帝也和秦始皇一样，信方士，营宫室，又时出巡幸。财用不足，乃用孔仅、桑弘羊等言利之臣，又用张汤等酷吏，遂致民愁盗起，几乎酿成大乱。末年虽然追悔，天下元气业已大受其伤了。武帝的太子据，因“巫蛊之祸”而死。晚年，婕妤赵氏生昭帝，武帝恐身后嗣君年少，母后专权，杀婕妤，然后立昭帝为太子。武帝崩，昭帝立。霍光、上官桀等同受遗诏辅政。武帝长子燕王旦和上官桀、桑弘羊等谋反，为霍光所杀。昭帝崩，无子。霍光迎立武帝孙昌邑王贺。百日，废之。迎立戾太子孙病已，是为宣帝。当霍光秉政时，颇务轻徭薄赋，与民休息。宣帝少居民间，知民疾苦。即位后，留心于刑狱及吏治，亦称治安。自武帝末年至此，憔悴的人民，又算稍获休息。这是西汉政治的第三期。自元帝以后，则君主逐渐愚懦，更兼之短祚，外戚的威权日张，遂入于第四期了。

汉代去古未远，宗法社会的思想，深入人心。人所视为可靠的，非宗室则外戚。汉初宗室，势力太大，致酿成吴、楚七国之乱。乱后，宗室的势力遂被打倒，而外戚则势焰大张。元帝本是个柔仁好儒的人，然而暗于听受，宦官弘恭、石显专权，威权渐陷于不振。成帝很荒淫，委政于外家王氏。王凤、王音、王商、王根，相继为相，遂肇篡窃之势。

哀帝夺王氏之权，然所任的，亦不过外家丁氏和其祖母之族傅氏。哀帝死后，成帝的母亲召用王莽。王莽本是抱负大志，想得位以行其所抱负的。于是弑平帝，立孺子婴，莽居摄践阼。旋又称假皇帝。而西汉之天下，遂移于新室了。时为公元八年。

◆ 第四章　新莽的改制 ◆

当秦汉之世，实有一从东周以降，悬而未决的社会问题。制民之产，在古代的政治家，本视为第一要事。“先富后教”，“有恒产而后有恒心”，民生问题不解决，政治和教化，都是无从说起的。汉代的政治家，还深知此义。“治天下不如安天下，安天下不如与天下安”，乃后世经验多了，知道“天下大器”，不可轻动，才有此等姑息的话。汉代的人，是无此思想的。多数的人，对于社会现状，都觉得痛心疾首。那么，改革之成否，虽不可知，而改革之事，则终不可免，那是势所必然了。然则汉代的社会，究竟是何情状呢？

当时的富者阶级，大略有二:（一）是大地主。董仲舒说他“田连阡陌；又颛川泽之利，管山林之饶”，而贫者则“无立锥之地”。（二）是大工商家。晁错说他“男不耕耘，女不蚕织，衣必文采，食必粱肉”，“因其富厚，交通王侯，力过吏势”。因以兼并农人。封建势力，未曾铲除，商业资本，又已兴起。胼手胝足的小民，自然只好“衣牛马之衣，食犬彘之食”了。

汉世救正之法，是减轻农民的租税，至于三十而取一。然而私家的田租，却十取其五。所以荀悦说：“公家之惠，优于三代，豪强之暴，酷于亡秦。”武帝时，董仲舒尝提出“限民名田”之法，即是替占田的人，立一个最大的限制，不许超过。武帝未能行。哀帝时，师丹辅政。一切规制，业已拟定，又为贵戚所阻。至于法律上，贱视商人，“如贾人不得衣丝乘车”、

“市井之子孙不得为宦吏”等，于其经济势力，不能丝毫有所减削。武帝时，桑弘羊建盐铁官卖和均输之法，名以困富商大贾，然实不过罗掘之策，反以害民。其于社会政策，自更去之逾远了。

到新莽时，才起一个晴天霹雳。新莽的政策，是：

更名天下田曰王田，奴婢曰私属。皆不得卖买。男口不盈八，而田过一井的，分余田与九族乡党。

立五均司市泉府。百姓以采矿、渔猎、畜牧、纺织、补缝为业和工匠、巫医、卜祝、商贾等，都自占所为，除其本，计其利，以十一分之一为贡。司市以四时仲月，定物平价。周于民用而不售的东西，均宜照本价买进。物价腾贵，超过平价一钱时，即照平价卖出。百姓丧祭之费无所出的，泉府把工商之贡借给他，不取利息。如借以治产业的，则计其赢利，取息一分。

立六管之制。把盐、酒、铁、山泽、赊贷、钱布铜冶六种事业，收归官办。

新莽的制度：（一）平均地权。（二）把事业之大者都收归国营。（三）虽然未能变交易为分配，然而于生产者，贩卖者，消费者三方面，亦思有以剂其平，使其都不吃亏，亦都无所牟大利。果能办到，岂非极好的事？然而国家有多大的资本，可以操纵市场？有多细密严肃的行政，可以办这些事，而不至于有弊？这却是很大的疑问。而新莽是迷信立法的。他以为“制定则天下自平”。于是但“锐思于制作”，而不省目前之务。如此大改革，即使十分严密监督，还不能保其无弊，何况不甚措意呢？于是吏缘为奸，所办的事，目的都没有达到，而弊窦反因之而百出。新莽后来，也知道行不通了。有几种办法，只得自己取消。然而事已无及了。

新莽尤其失计的，是破坏货币制度。原来汉代钱法屡变，其最后民信用的，便是五铢钱。钱法金、银、龟、贝杂用，原是经济幼稚时代的事，秦时，业已进化到专用金属。汉世虽云黄金和铜钱并用，然而金价太贵，和平民不发生关系，为全社会流通之主的，自然还是铜钱。所以铜钱，便是当时经济社会的命脉。而新莽却把五铢钱废掉。更作金、银、龟、贝、钱、布，共有五物，六名，二十八品行之。于是“农桑失业，食货俱废”。大乱之势，就无可遏止了。

新莽的大毛病，在于迂阔。其用兵也是如此。新室的末年，所在盗起。其初原不过迫于苛政，苟图救死。然而新政府的改革，既已不谅于人民，则转而思念旧政府，亦是群众应有的心理。于是刘氏的子孙，特别可以做号召之具。当时新市、平林之兵，有汉宗室刘玄在内，号为更始将军。而后汉光武帝，亦起兵舂陵，与之合。诸将共立更始为帝，北据宛。新莽发四十万大兵去打他。军无纪律，又无良将，大败于昆阳。威声一挫，响应汉兵者蜂起，新室遂不能镇壁。更始派兵两支：（一）北攻洛阳，（一）西攻武关。长安中兵亦起。新莽遂为所杀。时为公元二三年。更始先已移都洛阳，至是又移都长安。此时人心思治，对于新兴的政府，属望很深。而新市、平林诸将，始终不脱强盗行径，更始则为所挟制，不能有为。光武帝别为一军，出定河北。以河内为根据地，即帝位于鄗。这时候，拥兵劫掠的人，到处都是。而山东赤眉之众最盛。公元二五年，赤眉以食尽入关。更始为其所杀，洛阳降光武，光武移都之。光武遣将击破赤眉，赤眉东走。光武自勒大兵，降之宜阳，于是最大的流寇戡定。然而纷纷割据的尚多，其中较大的：如汉中的延岑，黎邱的秦丰，夷陵的田戎，睢阳的刘永，亦都遣兵或亲身打定。只有陇西的隗嚣，颇得士心。成都的公孙述，习于吏事，二人稍有规模。光武久在兵间，厌苦战事，颇想暂时置之度外，而二人复互相连结，意图摇动中原。于是三四、三六两年，先后遣兵把他灭掉。河西的窦融，则不烦兵力而自归，天下又算平定了。

◆ 第五章　后汉的政治 ◆

莽末之乱，其经过约二十年。虽然不算很久，然而蔓延的范围很广，扰乱的情形，也十分厉害。所以民生的凋敝，更甚于秦汉之间。光武帝平定天下后，亦是以安静为治。内之则减官省事，外之则拒绝西域的朝贡，免得敝中国，以事四夷。而又退功臣，进文吏，留心于政治。所以海内日渐康宁。明、章两代，也能继承他的治法。这三朝，称为后汉的治世。

后汉的政治，坏于外戚宦官的专权，而外戚的专权，起于和帝之世。先是章帝皇后窦氏无子，贵人宋氏生子庆，立为太子。梁氏生子肇，窦后养为己子，后诬杀二贵人，废庆为清和王，而肇立为太子。章帝崩，肇立，是为和帝，太后临朝。后兄宪为大将军，专权骄恣。和帝既长，和宦官郑众谋杀之。是为后汉皇帝，与宦官谋诛外戚之始。和帝崩，殇帝立，生才百余日，明年，又崩。太后邓氏，迎立安帝，临朝凡十五年。邓太后崩后，安帝自用其皇后之兄阎显。又宠信诸中常侍和乳母王圣等。阎皇后无子，后宫李氏生顺帝，立为太子，阎皇后谮废之。安帝崩，阎后迎立北乡侯，未逾年薨。宦者孙程等迎立顺帝，杀阎显，迁阎后于离宫。顺帝用后父梁商为大将军。商死后，子冀继之，专恣较前此之外戚为更甚。顺帝崩后，子冲帝立，一年而崩。冀与太后定策禁中，迎立质帝。质帝虽年少，而知目冀为“跋扈将军”，遂为冀所弑，迎立桓帝。桓帝和宦官单超等合谋，把梁冀杀掉，于是后汉外戚专权之局终，而宦官转横。

外戚宦官，更迭把持，朝政自然很腐败。因此而引起羌乱，因此而激成党祸。

羌人本住在湟水流域，后来弃湟水，西依鲜水、盐池。莽末，乘乱内侵。光武、明、章、和四代，屡次发兵，把他打破。然而降羌散处内地的很多，郡县豪右，都要侵陵役使他。安帝时，羌遂反叛。降羌本是个小寇，造反时，连兵器都没有。然而当时带兵的人，都观望不战。凉州一方面的长官，则争着迁徙到内地，置百姓于不顾，或则强迫迁徙，于是羌寇转盛。至于东寇三辅，南略益州，汉兵仅能保守洛阳附近而已。而兵费的侵渔，又极利害。安帝时，用兵十余年，兵费至二百四十亿，才算勉强平定。顺帝时，羌乱又起，兵费又至八十余亿。直到桓帝，任用段颎，尽情诛剿，又经过好几年，才算平定。然而汉朝的元气，则自此而大伤了。

党祸起于后汉的士好立名，初则造作名目，互相标榜，进而诽议公卿，裁量执政。这时候，游学极盛，太学诸生，至三万余人，恰好做了横议的大本营。当时宦官兄弟姻亲，布满州郡，尽情惩治，自然是人情之所欲，而亦是立名的一个机会。于是宦官与名士，势成水火。桓帝也是相信宦官的，宦官遂诬他们结连党与，诽议朝政，一概加以逮治。后因后父窦武替他们解释，才放归田里，然而还禁锢终身。桓帝崩，无子，窦后和窦武定策禁中，迎立灵帝。年方十二，太后临朝。窦武为大将军，陈蕃为太傅，谋诛宦官贾节、王甫等，不克，反为所杀。于是党狱复兴，诸名士身受其害，和因其逃亡追捕，而人民因之受祸的更多。善类遭殃，天下丧气。灵帝年长，尤其相信宦官。又喜欢“私稸”卖官、厚敛，无所不为。于是民穷财尽，而黄巾之祸又起。

黄巾的首领，是巨鹿张角，借符水治病以惑众。其徒党，遍于青、徐、幽、冀、荆、扬、兖、豫八州。角遂谋为乱。暗中署置其众，为三十六方。约以公元一八四年举事，未及期而事泄，角遂驰敕诸方，一时俱起。虽然乌合之众，旋即打平。然自此盗贼群起，都以黄巾为号，郡县莫能捕治。

于是听刘焉的话，改刺史为州牧，外官的威权渐重，又伏下一个乱源。

而中央又适有变故，以授之隙。灵帝皇后何氏，生废帝。美人王氏，生献帝。灵帝意欲废嫡立庶，未及行而病笃，把这事，属托宦官蹇硕。时何皇后之兄进为大将军。灵帝崩后，蹇硕意欲诱杀何进而立献帝。何进知之，拥兵不朝。蹇硕无如之何。于是废帝立，而蹇硕亦被杀。何进因欲尽诛宦官，太后不肯。进乃谋召外兵，以迫胁太后，宦官知事急，诱进入宫，把他杀掉。进官属袁绍等，遂举兵攻杀宦官，正当大乱之际，而凉州将董卓适至，京城中大权，遂落其手。董卓既握大权，废少帝而立献帝。袁绍奔山东，号召州郡，起兵讨卓，推绍为盟主。董卓劫献帝奔长安。山东州郡，并无讨贼的决心，各据地盘，互相吞并。而董卓暴虐过甚，为司徒王允和其部将吕布所杀。卓将李傕、郭汜，起兵为卓报仇，攻破长安，王允被杀。吕布奔东方。后来傕、汜二人，又自相攻击。献帝崎岖逃到洛阳，空虚不能自立。其时曹操据兖州，颇有兵力。乃召操入洛阳以自卫。操既至，迁帝都许。于是大权尽归曹氏，献帝仅拥虚名而已。而纷纷割据的人多，曹操亦一时不能平定，遂终成为三国鼎立之局。

◆ 第六章　两汉的制度 ◆

“汉治”是后世所号为近古的。这因其时代早，在政治制度和社会风俗上，都有沿袭古人之处。

在官制上，汉代的宰相权力颇大，体制亦尊，这是和后世不同的。宰相初称丞相，或称相国。后来今文经说盛行，乃将宰相改为司徒，又把掌武事的大尉，改为司马，为丞相副贰的御史大夫，改为司空，并称相职。其中央政府分掌众务的九卿，则分属于三公。外官，仍沿秦郡县之制。但不置监御史。由丞相遣史分察州，谓之刺史。刺史不是地方官，但奉诏六条察州。其人位卑而权重，故多能自奋，而亦无专擅之患，这实是一种善制。汉代去古未远，人民自治的规制，尚未尽废。其民以百家为一里，里有魁。十里为一亭，亭有长。十亭为一乡，乡有三老，掌教化；啬夫，职听讼，收赋税；游徼，主徼循，禁贼盗。此等名目，后世固亦多有。然多成为具文。汉世则视之甚尊。高帝时，尝择乡三老一人，置以为县三老。与县令、丞、尉，可以以事相教。而啬夫等亦很有德化流行，为人民所畏服的。这亦与后世显然不同。

汉代的学校，起源于武帝时。其时未立校舍，亦未设教官。但为太常的属官博士，置弟子员五十人。后来递有增加。到平帝时，王莽辅政，才大建校舍。然未久即乱，故其成绩无闻。

后汉则天下甫定，即营建太学，明、章二代，尤极崇儒重道。虽以顺帝的陵夷，还能增修黉舍。所以其时游学者极盛。然“章句渐疏，专以浮华相尚”，遂至酿成党锢之祸。大约其时学校中，研究学问的人少，借此通声气的人多。所以董昭也说“国士不以孝悌清修为首，乃以趋势游利为先”。于是学术的授受，转在私家。学校以外的大师，著录动至千万，远非前汉所及了。

选举则其途颇多。博士和博士弟子而外，又有任子，有吏道，有辟举。其天子特诏，标明科目，令公卿郡国荐举的，是后世制科的先声。又州察秀才，郡举孝廉，则是后世科目的先声。又有所谓资选的。汉初限资十算以上乃得官，此尚出于求吏廉之意，和现在的保证金相像。晁错说文帝令民入粟拜爵，其益亦止于买复。不及买复者，并不过一虚名。到武帝时，民得入财为郎，吏得入谷补官，这就同后世的捐纳无以异了。

汉朝的赋税，可分为三种：一是田租，就是古时的税，是取得很轻的。汉初十五而税一。文帝时，因行晁错入粟拜爵之令，到处都有积蓄，于是全免百姓的田租。到景帝二年，才令百姓出定额的一半。于是变为三十而税一了。后汉初，因天下未定，曾行什一之税，后来仍回复到老样子。一是算赋，亦称口赋，又称口钱。这是古时的赋。人民从十五岁到五十六岁，每人每年，出钱一百二十个，以治库兵车马。从七岁到十四岁，每人出钱二十个，以食天子。武帝又加三个钱，以补车骑马。这一笔税，在现在看起来似乎很轻，然而汉代钱价贵，人民的负担实在很重。所以武帝令人民提早，生子三岁，即出口钱，人民就有生子不举的。一是力役。照汉朝法律，年纪到二十三岁，就要傅之“畴官”。景帝又提早三年，令人民二十始傅。此外山川、园池、市肆、租税的收入，自天子以至封君汤沐邑，都把他算做私奉养。这是古者与民共之之山泽、和廛而不税的商业，到此都变做人君的私收入了。这大约自战国时代相沿下来的。又武帝因用度不足，尝官卖盐铁，又榷酒酤，算缗钱，行均输之法。后来酒酤到昭帝时豁免。盐铁官卖，则元帝时一罢即复。后汉无盐铁之税。章帝曾一行之，因不洽舆论，和帝即位，即以先帝遗意罢免。

兵制。西汉所行的，仍是战国时代通国皆兵的遗制。人民到二十三岁，就要服兵役，到五十六岁才免。郡国看其地形，有轻车、骑士、材官、楼船等兵。由尉佐郡守于秋后讲肄都试。其戍边之责，亦由全国人民公任之。在法律上，人人有戍边三日之责，是为“卒更”。武帝以后，用兵多了，因为免得骚动平民，于是多用“谪发”。而国土既大，人人戍边三日，亦事不可行。于是有出钱三百入官，由官给已去的人，叫他留戍一年的谓之“过更”。其穷人愿意得雇钱，依次当去的人，出钱给他，使他留戍，每月二千个钱，则谓之“践更”。后汉光武，罢郡国都尉，并职太守。都试之事，自此而废。虽然一时有清静之效，然而历代相传的民兵制度，就自此而废了。

刑法。汉代沿自秦朝，很为严酷。文帝时，因太仓令淳于意，犯罪当刑。其女缇萦，随至长安，上书愿没入为官婢，以赎父刑罪。文帝怜悲其意，乃下诏为除肉刑。然而汉代司法界的黑暗，实不但刑罚的严酷，而是法律的混乱。秦代的法律，本即李悝所定的《法经》六篇。汉高帝入关，把他废掉，只留三章。天下平定之后，又把他回复过来。然而这本是陈旧之物，不足于用。于是汉代递有增益，其数目，共至六十篇。而又有所谓“令”及“比”，以至于后人所为的“章句”，断罪都可“由用”。文繁而无条理系统，奸吏遂因缘为市，“所欲活则传生议，所欲陷则与死比”。宣帝留心刑狱，涿郡太守郑昌曾劝他删定律令。后来也屡有此议，亦曾下诏实行，然而迄未能收效。

◆ 第七章　秦汉的武功 ◆

秦汉之世，是我国对内统一的时代，亦是我国向外拓展的时代。中国本部的统一，完成于此时，历代开拓的规模，亦自此时定下。所以秦汉的武功，是一个亟须研究的问题。

中国的北方，紧接蒙古高原。蒙古高原是一个大草原，最适于游牧民族居住。而游牧民族性好侵略，所以历代都以防御北族为要务。三代以前，匈奴和汉族杂居黄河流域。蒙古高原大约无甚大民族。至秦朝初年，而匈奴以河南为根据地。秦始皇命蒙恬把他赶掉，把河南收进来。筑长城，自临洮至辽东，延袤万余里。这长城，大约是因山川自然之势，将从前秦、赵、燕诸国所筑的长城连接起来的。其路线全与现今的长城不同。就形势推测，大约现在的热、察、绥、辽宁等省都当包括在内。秦末大乱，戍边的都自行离开。于是匈奴复入居河南。这时候，匈奴出了个人杰，便是冒顿单于。北方游牧种族，东有东胡，西有月氏，都给匈奴所击破。匈奴又北服丁令等国。其疆域，直达今西伯利亚南部。而因月氏的遁走，汉文帝时，匈奴又征服西域。于是长城以北，引弓之民，都归匈奴所制驭，俨然和中国南北对立了。汉高帝征伐匈奴，被围于平城，七日乃解。后来用娄敬的计策，以宗室女为单于阏氏，和他和亲。这是中国历代，以结婚姻为和亲政策之始。吕后及文、景二代，都守着和亲政策。匈奴入寇，不过发兵防之而已。到武帝，才任用卫青、霍去病等，出兵征讨。先收河南之地，置朔方郡。后来又屡次出兵，渡过沙漠去攻击。匈奴自此遂弱，然而还未肯称臣。到宣帝时，匈奴内乱，五单于争立，其呼韩邪单于才入朝于汉。和呼韩邪争斗的郅支单于，逃到康居，为汉西域副校尉陈汤矫旨发诸国兵所攻杀。时为公元前三六年。前汉和匈奴的竞争，到此算告一段落。呼韩邪降汉后，其初对汉很恭顺。王莽时，因外交政策失宜，匈奴复叛。其时中国正值内乱，无人能去抵御，北边遂大受其害。后汉光武时，匈奴又内乱，分为南北。其南单于降汉，入居西河美稷。和帝时，大将军窦宪，出兵大破北匈奴于金微山。自此匈奴西走，辗转入于欧洲，为欧洲人种大迁移的引线。而南匈奴则成为晋时五胡之一。

历史上所用“西域”二字，其范围广狭，时有不同。其最初，则系指今天山南路。所谓“南北有大山；中央有河；东则接汉，阨以玉门、阳关，西则限以葱岭”也。汉时，分为小国三十六，其种有塞，有氐羌。大抵塞种多居国，氐羌多行国。从河西四郡开后，而汉与西域交通之孔道始开。其当南北两道的楼兰、车师，先给中国所征服。后来汉武帝又出兵，远征大宛，于是西域诸国，皆震恐愿臣。前六〇年，汉遂置西域都护，并护南北两道。后来又置戊己校尉，屯田车师。莽末，西域反叛。匈奴乘机威服北道。而莎车王贤，亦称霸南道。诸小国都叩玉门关，请遣子入侍，仰求中国保护。光武帝恐劳费中国，不许。明帝时，班超以三十六人，往使西域。因诸国之兵，定诸国之乱，到底克服西域，复属于汉。直至后汉末年才绝。

羌人的居地，遍于今陇、蜀、西康、青海之境，而其居河、湟之间的，最为强悍。汉武帝时，把他打破，置护羌校尉统领他。王莽时，以其地置西海郡。莽末，乘隙内侵。后汉时，屡次发兵讨破他。至和帝时，遂复置西海郡，并夹河开列屯田，以绝其患。此后降羌散居内地的，虽然复起为患，然而河、湟之域，则已入中国的版图了。

东胡，大约是古代的山戎。汉初居地，在满、蒙之间。自为匈奴所破，乃遁保乌桓、鲜卑二山。汉武帝招致乌桓，令处上谷、右北平、渔阳、辽西、辽东五郡塞外，助汉捍御匈奴。虽亦时有小寇，大体上总是臣服中国的。鲜卑居乌桓之北，后汉时，北匈奴西徙后，其地及余众均为鲜卑所有，因此其势大张。其大人檀石槐，辖境之广，竟与匈奴盛时相仿佛。然檀石槐死后，缺乏统一的共主，声势复衰。乌桓的部落，亦颇有强盛的。后汉末年，都和袁绍相连结。袁氏败后，曹操大破之于柳城。自此乌桓之名，不复见于史，而鲜卑至晋时，亦为五胡之一。

朝鲜是殷时箕子之后。其初封地难考，大约自燕开辽东西后，遂居今朝鲜境内。和中国以浿水为界。秦时，侵夺其地，国界在浿水以东。汉初复还旧境。其时燕人卫满走出塞，请居秦所侵浿水以东之地。朝鲜王许之。满遂发兵袭灭朝鲜。传子至孙右渠，以公元前一〇八年，为汉武帝所灭。以其地为四郡。其南之马韩、弁韩、辰韩，总称为三韩，亦都臣服于汉。朝鲜虽系箕子之后，然其人民则多系貉族。貉族尚有居辽东之北的。汉武帝时，其君南闾等来降，曾以其地置苍海郡，数年而罢。后汉时，今农安地方，有扶余国来通贡。大约就是南闾之族。扶余至西晋时，才为鲜卑慕容氏所灭。而其众在半岛内的，却建立高句丽、百济两国。扶余之东，又有肃慎，地在今松花江流域。这就是满族之祖。大约亦是燕开五郡时，逼逐到此的。后汉时称为挹娄。因为臣服扶余，和中国无大交涉。

南方一带，秦时所开的桂林、南海、象郡，秦亡时，龙川令赵佗据之自立，是为南越。而勾践之后无诸及摇，亦以率兵助诸侯灭秦故，汉初封无诸为闽越王，摇为东瓯王。武帝时，闽越和东瓯相攻击，武帝发兵灭闽越，徙东瓯于江、淮间，乘势遂灭南越。所谓西南夷，则当分为两派：夜郎、滇及邛都等，为今之倮㑩。椎结，耕田，有邑聚。其嶲、昆明及徙、筰都、冉駹、白马等，则均系氐羌。武帝亦皆辟其地为郡县。

◆ 第八章 两汉对外的交通 ◆

中国人是以闭关自守著闻的。世界打成一片，是近代西洋人的事业。然则中国人的能力，不及西人了。然而闭关自守，是从政治言之。至于国民，初未尝有此倾向。其未能将世界打成一片，则因前此未尝有近代的利器，又其社会组织，与今不同，所以彼此交通不能像现代的密接。至于中国人活动的能力，则是非常之强的。如其不信，请看中国对外的交通。

中国对外的交通，由来很早。但古代，书缺有间，所以只得从两汉时代说起。两汉时代的对外交通，又当分为海陆两道。

亚洲中央的帕米尔高原是东西洋历史的界线。自此以东，为东方人种活动的范围。自此以西，为西方人种活动的范围。而天山和印度固斯山以北，地平形坦，实为两种人接触之地。当汉时，西方人种踪迹最东的，为乌孙，与月氏俱居祁连山北。自此以西，今伊犁河流域为塞种。又其西为大宛。其西北为康居。大宛之西，妫水流域为大夏。又其西为安息。更西为条支。在亚洲之西北部的为奄蔡。自此以西，便是欧洲的罗马，当时所谓大秦了。汉通西域，是因月氏人引起的。汉初，月氏为匈奴所破，西走夺居塞种之地。后来乌孙又借兵匈奴，攻破月氏。于是月氏西南走击服大夏。汉武帝想和月氏共攻匈奴，于公元前一二二年，遣张骞往使。是时河西未辟，骞取道匈奴，为其所留。久之，才逃到大宛。大宛为发译传导，经康居以至大月氏。大月氏已得沃土，殊无报仇之心。张骞因此不得要领而归。然而中国和西域的交通，却自此开始了。当张骞在大夏时，曾见邛竹杖和蜀布，问他从哪里来的，大夏人说：是本国贾人，往市之身毒。于是张骞说："大夏在中国的西南一万二千里，而身毒在大夏的东南数千里，该去蜀不远了。"乃遣使从蜀去寻觅身毒。北出的为氐、筰，南出的为巂、昆明所阻，目的没有达到。然而传闻巂、昆明之西千余里，有乘象之国，名曰滇越。"蜀贾奸出物者或至焉。"这滇越，该是今缅甸之地。然则中印间陆路的交通，在汉代虽然阻塞，而商人和后印度半岛，则早有往还了。自汉通西域以后，亚洲诸国，都有直接的交往。惟欧洲的大秦，则尚系得诸传闻。后汉时，班超既定西域，遣部将甘英往使。甘英到条支，临大海欲度。安息西界船人对他说："海水大，往来逢善风，三月乃得渡。若遇迟风，亦有二岁者。入海人皆赍三岁粮。海中善使人思土恋慕，数有死亡者。"英乃不渡而还。公元一六六年，大秦王安敦遣使自日南徼外献象牙、犀角、玳瑁。《后汉书》说：这是大秦通中国之始。二二六年，又有大秦贾人，来到交趾。交趾太守吴邈，遣使送诣孙权。事见《梁书·诸夷传》。中、欧陆路相接，而其初通，却走海道。"水性使人通，山性使人塞"，也可见一斑了。

海道的贸易，则盛于交广一带。西洋史上，说在汉代日南、交趾之地，是东西洋贸易中枢。案《史记·货殖列传》说："番禺为珠玑、玳瑁、果、布之凑。"番禺，便是现在广东的首府。这些，都是后来通商的商品。然在广州的贸易，也很发达了。《汉书·地理志》说："自日南障塞、徐闻、合浦船行，可五月，有都元国。又船行，可四月，有邑卢没国。又船行，可二十余日，有谌离国。步行，可十余日，有夫甘都卢国。自夫甘都卢国船行，可二月余，有黄支国。自武帝以来，皆献见，有译长，属黄门。与应募者俱入海，市明珠、璧流离、奇石、异物……黄支之南，有已程不国。汉之译使，自此还矣。"徐闻、合浦，都是现在广东的县。其余国名，不可悉考。而黄支，或云即西印度的建志补罗。若然，则中、印的交通，在陆路虽然阻塞，而在海道，又久有使译往还了。又《山海经》一书，昔人视为荒唐之言。据近来的研究，则其中实含有古代的外国地理。此书所载山川之名，皆及其所祀之神，大约是方士之书。其兼载海外诸国，则因当时方士，都喜入海求神仙，所以有此记录。虽所记不甚真确，然实非子虚乌有之谈。据近来的研究，《山海经》所载的扶桑，便是现在的库页岛。三神山指日本。君子国指朝鲜。白民系在朝鲜境内的虾夷。黑齿则黑龙江以南的鱼皮鞑子。又有背明国，则在今堪察加半岛至白令海峡之间。果然则古代对东北，航线所至，也不可谓之近了。

交通既启，彼此的文明，自然有互相灌输的。《汉书·西域传》说：当时的西域人，本来不大会制铁，铁器的制造，都是中国人教他们的。这件事，于西域的开发，当大有关系。在中国一方面，则葡萄、苜蓿、安石榴等，都自外国输入。又木棉来自南洋，后世称为吉贝或古贝，在古时则称为橦。《蜀都赋》“布有橦华”，就是此物。《史记·货殖列传》所谓“珠玑、玳瑁、果、布”之布，也想必就是棉织品了。又《说文》:“珋，石之有光者璧珋也，出西胡中。”此即《汉书》的“璧流离”。初系矿物，后来才变为制造品。此等物，于中国的工业，也颇有关系。至于佛教的输入，则其关系之大，更无待于言了。

◆ 第九章　两汉的学术 ◆

不论什么事情，都有创业和守成的时代。创业时代，诸家并起，竞向前途，开辟新路径；到守成时代，就只是咀嚼、消化前人所已发明的东西了。两汉时代的学术，正是如此。

当战国时代，百家并起，而秦是用商鞅而强国，用李斯而得天下的。秦始皇又力主任法为治，这时候，法家之学，自然盛行。楚、汉纷争之时，纵横家颇为活跃。然而天下已定，其技即无所用之。不久，也就渐即消沉了。在汉初，最急切的要求，便是休养生息，黄老清静无为之学，当然要见重于时。所以虽有一个叔孙通，制朝仪，定法律，然而只是个庙堂上的事，至于政治主义，则自萧何、曹参，以至于文帝、景帝，都是一贯的。

但是在汉初，还有一个振兴教化、改良风俗的要求。这种要求，也是君臣上下同感其必要的。汉人教化的手段，一种是设立庠序，改善民间的风俗。一种便是改正朔、易服色等。前者始终未能实行。后者则未免迂而不切于务，而且行起来多所劳费。所以汉文帝等都谦让未遑。武帝是个好大喜功之主，什么兴辟雍、行巡守、封禅等，在他都是不惮劳费的。于是儒家之学，就于此时兴起了。

自秦人焚书以来，博士一官，在朝廷上，始终是学问家的根据地。武帝既听董仲舒的话，表章六艺，罢黜百家。又听公孙弘的话专为通五经的博士置弟子。于是在教育、选举两途，儒家都占了优胜的位置。天下总是为学问而学问的人少，为利禄而学问的人多。于是“一经说至百万言，大师众至千余人”，儒家之学遂臻于极盛了。

汉代儒家之学，后来又分为两派：便是所谓今古文，为学术界上聚讼的一个问题。所谓今古文者？今文便是秦以后通行的隶书，古文则指前此的篆书。古人学问，多由口耳相传，不必皆有书本。汉初经师，亦系如此。及其著之竹帛，自然即用当时通行的文字。这本是自然之理，无待于言，也不必别立名目的。然而后来，又有一派人，说前此经师所传的书有阙误。问其何以知之？他说：别有古书为据。古书自然是用古字写的。人家称这一派为古文家，就称前此的经师为今文家。所以今文之名，是古文既兴之后才有的。话虽如此说，然而古文家自称多得到的书，现在都没有了。其所传的经，文字和今文家所传，相异者极少，且多与意义无关。所以今古文的异同，实不在文字上而在经说上。所谓经说，则今文家大略相一致；而古文则诸家之中，自有违异的。大约今文家所守的是先师相传之说；古文家则由逐渐研究所得，所以如此。

西汉最早的经师，便是《史记·儒林传》所列八家，这都是今文。东汉分为十四博士。其中《春秋》的《穀梁》是古文。《易经》的京氏，也有古文的嫌疑。其余亦都是今文。古文家说《书》有逸十六篇，但绝无师说，所以马融、郑玄等注《书经》，亦只以伏生所传二十八篇为限。而逸十六篇，今亦已亡。礼有《逸礼》三十九篇，今亦无存。《春秋》有《左氏》，未得立。今古文之学，本来各守师传，不相掺杂。到后汉末年，郑玄出来，遍注群经。虽大体偏于古学，而于今古文无所专主，都是本于己意，择善而从。适会汉末之乱，学校废绝，经学衰歇。前此专门之家多亡。郑说几于独行。三国时，出了一个与郑玄争名的王肃。其学糅杂今古，亦与郑同。而又喜造伪书。造作《伪古文尚书》和《伪孔安国传》、《孔子家语》、《孔丛子》等，托于孔子之言以自重。于是今古文之别混淆。后人欲借其分别，以考见古代学术真相的，不得不重劳考证，而分别真伪，也成为一个问题。

学术之兴替，总是因于时势的。在汉代，儒学虽然独盛，然而在后汉时，贵戚专权，政治腐败，实有讲“督责之术”的必要。所以像王符、仲长统、崔寔等一班人，其思想颇近于法家。后来魏武帝、诸葛亮，也都是用法家之学致治的。在思想上，则有王充，著《论衡》一书，极能破除迷信和驳斥世俗的议论却不专谈政治。这是其所研究的对象有异。至其论事的精神，则仍是法家综核名实的方法，不过推而广之，及于政治以外罢了。

在汉代，史学亦颇称发达。古代史官所记，可分为记事、记言两体。现今所传的《尚书》是记言体,《春秋》是记事体。又有一种《帝系》及《世本》，专记天子、诸侯、卿大夫的世系的，这大约是《周官·小史》所职。《左氏》、《国语》，大约是《尚书》的支流余裔。此外便是私家的记录和民间的传说了。在当时，是只有国别史，而没有世界史；只有片段的记载，而没有贯串古今的通史的。孔子因《鲁史》修《春秋》，兼及各国的事，似乎有世界史的规模，然而仍只限于一时代。到汉时，司马谈、迁父子，才合古今的史料，而著成《太史公书》。这才是包括古今的、全国的历史。在当日，即可称为世界史了。《太史公书》，分本纪、世家、列传、书、表五体。后人去其世家，而改书之名为志所以称此体的历史，为“表志纪传体”。班固便是用此体以修《汉书》的。但其所载，以前汉一朝为限，于是“通史体”变为“断代体”了。兼详制度和一人的始末，自以表志纪传体为佳；而通览一时代的大势，则实以编年体为便。所以后汉末年，又有荀悦因班固之书而作《汉纪》。从此以后，编年和表志纪传两体，颇有并称正史的趋势。

文学：在古代本是韵文先发达的。春秋战国时，可称为散文发达的时代。秦及汉初，还继续着这个趋势。其时如贾、晁、董、司马、匡、刘等，都以散文见长。司马相如、东方朔、枚皋等，则别擅长于词赋。西汉末年，做文章的，渐求句调的整齐，词类的美丽，遂开东汉以后骈文的先声。诗则古代三百篇，本可入乐。汉代雅乐渐亡，而吟诵的声调亦变。于是四言改为五言。而武帝立新声乐府，采赵、代、秦、楚之讴，命李延年协其律，司马相如等为之辞。其后文学家亦有按其音调，制成作品的，于是又开出乐府一体。

◆ 第十章　佛教和道教 ◆

在中国社会上，向来儒、释、道并称为三教。儒本是一种学术，因在上者竭力提倡，信从者众，才略带宗教的权威。道则是方士的变相。后来虽摹放佛教，实非其本来面目。二者都可说是中国所固有，只有佛教是外来的。

佛教的输入，据《魏书·释老志》，可分为三期：（一）匈奴浑邪王之降，中国得其金人，为佛教流通之渐。（二）哀帝元寿元年，即公元之二年，博士弟子秦景宪，受大月氏使伊存口授浮屠经。（三）后汉明帝，梦见金人，以问群臣。傅毅以佛对。于是遣郎中蔡愔和秦景宪使西域，带着两个和尚和佛教的经典东来。乃建寺于洛阳，名之为白马。案金人乃西域人所奉祀的天神，不必定是佛像。博士弟子，从一外国使者口受经典，也是无甚关系的。帝王遣使迎奉，归而建寺，其关系却重大了。所以向来都说汉明帝时，佛法始入中国。然而楚王英乃明帝之兄。《后汉书》已说其为浮屠斋戒祭祀。明帝永平八年，即公元六五年，诏天下死罪，皆入缣赎，英亦遣使奉缣诣国相。诏报曰："楚王诵黄老之微言，尚浮屠之仁慈，洁斋三日，与神为誓，何嫌何疑，当有悔吝。其还赎，以助伊蒲塞、桑门之盛馔。"当明帝时，楚王业已如此信奉，其输入，必远在明帝以前。梁启超《佛教之初输入》，考得明帝梦见金人之说，出于王浮的《老子化胡经》，浮乃一妖妄道士，其说殊不足信。然则佛教之输入，恐尚较耶稣纪元时为早。大约中国和西域有交通之后，佛教随时有输入的可能。但在现在，还没有正确的史实可考罢了。这时候，输入的佛教，大约连小乘都够不上。所以和当时所谓黄老者，关系很密。黄老，本亦是一种学术之称。指黄帝、老子而言，即九流中道家之学。但此时的黄老，则并非如此。《后汉书·陈愍王宠传》说国相师迁，追奏前相魏愔，与宠共祭天神，希冀非幸，罪至不道。而魏愔则奏与“王共祭黄老君，求长生福而已，无他冀幸”。此所谓黄老君，正是楚王英所奉的黄老。又《桓帝纪》：延熹九年，祠黄老于濯龙宫。而《襄楷传》载楷上书桓帝，说“闻宫中立黄老、浮屠之祠”，则桓帝亦是二者并奉的。再看《皇甫嵩传》，说张角奉祠黄老道。《三国志·张鲁传注》引《典略》，说张修之法，略与张角同。又说张修使人为奸令祭酒，主以《老子》五千文使都习，则此时所谓黄老，其内容如何，就可想而知了。

黄老为什么会变成一种迷信，而且和浮屠发生关系呢？原来张角、张修之徒，本是方士的流亚。所谓方士，起源甚早。当战国时，齐威、宣，燕昭王，已经迷信他。后来秦始皇、汉武帝，迷信更甚。方士的宗旨，在求长生，而其说则托之黄帝。这个读《史记·封禅书》、《汉书·郊祀志》可见。不死本是人之所欲，所以“世主皆甘心焉”。然而天下事真只是真，假只是假。求三神山、炼奇药，安有效验可睹？到后来，汉武帝也明白了，喟然而叹曰：“世安有神仙。”至此，《史记》所谓“怪迂之士”、“阿谀苟合”之技，就无所用之了。乃一转而蛊惑愚民。这是后来张角、张修等一派。其余波，则蔓衍于诸侯王之间，楚王和陈王所信奉的，大约就是他了。秦皇、汉武的求神仙，劳费很大，断不是诸侯之国，所能供给得起的；人民更不必论了。于是将寻三神山、筑宫馆、炼奇药等事，一概置诸不提。而专致力于祠祭。在民间，则并此而不必，而所求者，不过五斗米。神仙家，《汉志》本和医经经方，同列于方技。不死之药，虽是骗人，医学大概是有些懂得的。于是更加上一个符水治病。

当社会骚扰，人心不安定之时，其诱惑之力，自然“匪夷所思”了。

佛教初输入时，或只输入其仪式，而未曾输入其教义；或更与西域别种宗教夹杂，迷信的色彩很深。所以两者的混合，甚为容易。

然则为什么要拉着一个老子呢？这大约是因黄帝而波及的。黄帝这个人，在历史上，是个很大的偶像。不论什么事，都依托他。然而黄帝是没有书的。依托之既久，或者因宗教的仪式上，须有辞以资讽诵；或者在教义上，须有古人之言，以资附会。因黄老两字，向来连称；而黄老之学，向来算作一家言的，劝迷信黄帝的人，诵习《老子》，他一定易于领受。这是张修所以使人诵习《五千文》的理由。楚王英诵黄老之微言，所诵者，恐亦不外乎此。“久假而不归，恶知其非有？”当初因黄帝而及老子，意虽但在于利用其辞，以资讽诵，但习之久，难保自己亦要受其感化。况且至魏晋之际，玄学盛行，《老子》变为社会上的流行品。所谓方士，虽然有一派像葛洪等，依然专心于修炼、符咒、服食，不讲哲理；又有一派如孙恩等，专事煽惑愚民，不谈学问。然而总有一派和士大夫接近，要想略借哲理，以自文饰的。其所依附，自然仍以《老子》为最便。于是所谓老子，遂渐渐的取得两种资格：一是九流中道家之学的巨子。一是所谓儒、释、道三教中道教的教主。然而其在南方，总还不过是一个古代的哲学家，教主的资格，总还不十分完满。直到公元四世纪中，魏太武帝因崔浩之言，把寇谦之迎接到洛阳，请他升坛作法，替他布告天下，然后所谓道教，真个成为一种宗教，而与儒、释鼎足而三了。这怕是秦汉时的方士，始愿不及此的。

◆ 第十一章　两汉的社会 ◆

汉承秦之后，秦代则是紧接着战国的。战国时代，封建的势力，破坏未尽，而商业资本，又已抬头，在前编第十四章中，业已说过了。在汉时，还是继续着这个趋势。

《史记·平准书》上，说汉武帝时的富庶，是：

> 非遇水旱之灾，民则家给人足，都鄙廪庾皆满，而府库余货财。京师之钱累巨万，贯朽而不可校。大仓之粟，陈陈相因，充溢露积于外，至腐败而不可食。众庶街巷有马，阡陌之间成群。乘字牝者，傧而不得聚会。守闾阎者食粱肉；为吏者长子孙；居官者以为姓号。故人人自爱而重犯法，先行谊而绌耻辱焉。

富庶如此，宜乎人人自乐其生了。然而又说："网疏而民富，役财骄溢，或至兼并。"果真家给人足，谁能兼并人？又谁愿受人的兼并？可见当时的富庶，只是财富总量有所增加，而其分配的不平均如故。所以汉代的人，提起当时的民生来，都是疾首蹙额。

这样严重的社会问题，悬而待决，卒至酿成新莽时的变乱，已见前第四章。莽末乱后，地权或可暂时平均。因为有许多大地主，业已丧失其土地了。然而经济的组织不改，总是不转瞬便要回复故态的。所以仲长统的《昌言》上又说：

> 井田之变，豪人货殖，馆舍布于州郡，田亩连于方国。豪人之室，连栋数百。膏田满野。奴婢千群，徒附万计。船车贾贩，周于四方。废居积贮，满于都城。

可见土地和资本，都为少数人所占有了。我们观此，才知道后汉末年的大乱，政治而外，别有其深刻的原因。

汉去封建之世近，加以经济上的不平等，所以奴婢之数极多，奴婢有官有私。官奴婢是犯罪没入的，私奴婢则因贫而卖买。当时两者之数皆甚多。卓王孙、程郑，都是以此起家的。所以《史记·货殖列传》说："童手指千"，则比千乘之家。甚而政府亦因以为利。如晁错劝文帝募民入丁奴婢赎罪，及输奴婢以拜爵。武帝募民入奴，得以终身复，为郎者增秩。又遣官治郡国算缗之狱，得民奴婢以千万数。前后汉之间，天下大乱，人民穷困，奴婢之数，更因之而增多。光武帝一朝，用极严的命令去免除他。然而奴婢的原因不除去，究能收效几何，也是很可疑惑的。

因去封建之世近，所以宗法和阶级的思想，很为浓厚。大概汉代家庭中，父权很重。在伦理上，则很有以一孝字，包括一切的观念。汉儒说孔子"志在《春秋》，行在《孝经》"，在诸经之传中，对于《孝经》和《论语》，特别看重，就是这个道理。在政治上，则对于地方官吏，还沿袭封建时代对于诸侯的观念。服官州郡的，称其官署为本朝。长官死，僚属都为之持服。曹操、张超的争执，在我们看来，不过是军阀的相争；而臧洪因袁绍不肯救张超，至于举兵相抗，终以身殉，当时的人，都同声称为义士。然而汉朝人也有汉朝人的好处。因其去古近，所以有封建时代之士，一种慷慨之风。和后世的人，惟利是视，全都化成汉人所谓商贾者不同。汉代之士，让爵让产的极多，这便是封建时代，轻财仗义的美德。其人大抵重名而轻利，好为奇节高行。后汉时代的党锢，便是因此酿成的。至于武士，尤有慷慨殉国之风。司马相如说：当时北边的武士，“闻烽举燧燔”，都“摄弓而驰，荷戈而走，流汗相属，惟恐居后”。这或许是激励巴蜀人，过当的话，然而当时的武士，奋不顾身的气概，确是有的。我们只要看前汉的李广，恂恂得士，终身无他嗜好，只以较射赴敌为乐，到垂老，还慷慨，愿身当单于。其孙李陵，更能“事亲孝，与士信，临财廉，取与义。分别有让，恭俭下人。常思奋不顾身，以徇国家之急”。司马迁说他有“国士之风”，真个不愧。他手下的士卒五千，能以步行绝漠，亦是从古所无之事。这都由于这些“荆楚勇士，奇材剑客”，素质佳良而然。可见当时不论南北人民，都有尚武的风气，所以后汉时，班超能以三十六人，立功绝域。一个英雄的显名，总借无数无名英雄的衬托。我们观于汉代的往事，真不能不神往了。

因武士的风气还在，所以游侠也特盛。游侠，大约是封建时代的“士”。封建制度破坏后，士之性质近乎文的则为儒，近乎武的则为侠。孔子设教，大约是就儒之社会，加以感化，墨子设教，则就侠的徒党，加以改良。所以古人以儒墨并称，亦以儒侠对举。墨者的教义，是舍身救世，以自苦为极的。这种教义，固然很好，然而决非大多数人所能行。所以距墨子稍远，而其风即衰息。《游侠列传》所谓侠者，则“已诺必诚；不爱其躯，以赴士之阨困；既已存亡死生矣，而不矜其能，羞伐其德”，仍回复其武士的气概。然而生活总是最紧要的问题。此等武士，在生产上，总是落伍的，既已连群结党，成为一种势力，自不免要借此以谋生活。于是就有司马迁所谓“盗跖之居民间者”。仁侠之风渐衰，政治上就不免要加以惩艾；人民对他，亦不免有恶感。而后起的侠者，就不免渐渐的软化了。

◆ 第十二章　三国的鼎立 ◆

柳宗元说汉代“有叛国而无叛郡”，这是因为郡的区域太小了，其势不足以反抗中央。到后汉末年，把刺史改成州牧，所据的地方，大过现在的一省，其情形就大不相同了。

当曹操主持中央政府，把汉献帝迁到许都时，天下正是纷纷割据。举其最大的，便有：

袁绍　据幽、并、青、冀四州。

袁术　据寿春。

刘表　据荆州。

刘焉　据益州。

刘备　据徐州。

张鲁　据汉中。

马腾、韩遂　据凉州。

公孙度　据辽东。

当时还有个本无根据地的吕布，从长安逃向东方去，投奔刘备。刘备收容了他。吕布却乘刘备与袁术兵争之时，袭其后方，而取徐州。刘备投奔曹操，操表备为豫州牧。和他合兵，攻杀吕布。袁术在寿春，站不住了，谋走河北，曹操使刘备邀击之于山阳，袁术兵败还走，未几而死。刘备和外戚董承密谋，推翻曹操，曹操又把他打败。

这时候，曹操的大敌，实在是袁绍。雄踞河北，其声势和实力，都在曹操之上。公元二〇〇年，袁、曹之兵，遇于官渡。相持许久，曹操毕竟把袁绍打败。袁绍因此惭愤而死。其子谭、尚，互相攻击，都为曹操所灭。二〇八年，操遂南征荆州。

这时候，在北方屡次失败的刘备，亦在荆州，依托刘表。而长江下流，则为孙权所据。孙权的父亲名坚，是汉朝的长沙太守。当山东州郡起兵讨董卓时，孙坚也发兵北上。后来受袁术的指使，去攻刘表，为表军所射杀。其子孙策，依托袁术，长大之后，袁术把孙坚的部曲还他，他就渡江而南，把汉朝的扬州打定。孙策死后，传位于孙权。曹操的兵，还未到荆州，刘表已先死了。刘表的长子刘琦，因避后母之忌，出守江夏。其少子刘琮，以襄阳降操。刘备南走江陵。曹操发轻骑追之，一日一夜行三百里，及之于当阳长坂。刘备败走江夏。于是诸葛亮建策，求救于孙权。孙权手下，周瑜、鲁肃等也主张结合刘备，以拒曹操。于是孙、刘合兵，大破操兵于赤壁。曹操引兵北还，而南方之形势始强。

然而当时的刘备，还是并无根据之地。荆州地方，依当时的诸侯法，则当属于刘琦。而琦不能有，事实上，刘备和孙权，都屯兵其间。孙权一方面，身当前敌的周瑜，要"徙备置吴"，挟着关羽、张飞等去攻战。刘备一方面，未始不想全吞荆州，而又不敢和孙权翻脸。于是先攻下荆州的南部，就是现在的湖南地方。不久，周瑜死了，继其任者为鲁肃。鲁肃是主张以欢好结刘备的。孙、刘两家的猜忌，暂时和缓。

当诸葛亮未出草庐时，刘备去访问他，他便主张兼取荆、益二州，以为图天下之本。这时候，荆州还未能完全到手，而且"荆土荒残，人物凋敝"，虽是用兵形胜之地，而实苦于饷源之无所出。于是益州天府之国，刘备就不能不生心了。公元二一四年，刘备乘刘璋的暗弱，取了益州。

其明年，曹操亦平定汉中。二一八年，刘备攻汉中，又取之。一时形势，颇为顺利。当刘备西入益州时，孙权便想同他争荆州。结果，两家和解，把荆州平分。刘备既定汉中，命关羽出兵攻拔襄阳，又围樊城，败于禁等兵，威声大振。而孙权使吕蒙袭取江陵。关羽还走，为权所杀。吴、蜀因此失和。这事在二一九年。

其明年，曹操死了。子丕，废汉献帝自立，是为魏文帝。又明年，刘备称帝于蜀，是为蜀汉昭烈帝。二二九年，孙权亦称帝，自武昌迁都建业，是为吴大帝。

昭烈帝称帝之后，即自将伐吴。吴将陆逊大败之于猇亭。昭烈帝走至永安，惭愤而死。子后主禅立，诸葛亮辅政。诸葛亮是个绝世的奇才，内修政治，用法治的精神，把个益州治得事事妥帖。所以能以一州之地，先平南方之乱，次出师北伐，和中国相抗衡。诸葛亮死后，蒋琬、费祎继之，还能够蒙业而安。费祎死后，姜维继之，屡出兵伐魏，无甚成绩，而民心颇怨。后主昏愚，宠信宦官黄皓，政治亦渐坏，其势就难于支持了。

魏文帝貌似明白，而其实不免于猜忌轻率。当曹操为魏王时，文帝与其弟陈思王植，争为世子，嫌隙甚深。所以即位之后，薄待诸王。把他们限制国中，有同拘禁。文帝死后，子明帝立。性极奢侈，魏事益坏。时诸葛亮连年北伐，明帝尝使司马懿去拒敌他。又使懿讨平辽东。于是司马氏的权势，渐次养成。明帝死后，养子齐王芳立。司马懿和曹爽同受遗诏辅政。曹爽独揽大权。司马懿称疾不出。后来乘曹爽奉齐王去谒陵，司马懿突然而起，关闭城门。到底把曹爽废杀了，独揽大权。司马懿死后，子司马师继之。把齐王芳废掉，而立高贵乡公髦。司马师死后，其弟司马昭又继之。这时候，司马氏篡魏之势已成。魏因抵御吴、蜀，东南、西北两方面，都驻有兵马。西北的兵，本来是司马懿所统。东南方面，则别是一系。于是王凌、毌丘俭、诸葛诞，三次起兵讨司马氏，都不克。公元二六三年，司马昭遣钟会、邓艾，两道伐蜀，灭之。二六五年，司马昭死，子炎立，就篡魏而自立了。

吴大帝在位颇久，然而其末年，政治已颇紊乱。大帝死后，废帝亮立。诸葛恪辅政，颇有意北图中原。一出无功，旋为孙峻所杀。孙峻死后，其弟孙綝继之。废废帝，立其弟景帝。景帝把孙綝杀掉。然亦无甚作为。景帝死后，太子皓立。荒淫无道。是时只靠一个陆抗，守着荆州，以抵御北方。陆抗死后，吴国的形势就大非。晋武帝命羊祜镇襄阳，王濬镇益州以图吴。羊祜死后，代以杜预。公元二八〇年，荆益之兵，两道并进，势如破竹，而吴遂灭亡。

◆ 第十三章　晋的统一和内乱 ◆

从董卓进长安起，到晋武帝平吴止，共经过九十二年的战乱，真是渴望太平的时候了。当时致乱之源，由于州郡握兵。所以晋武帝既定天下，便命去州郡的兵，刺史专于督察，回复汉朝的样子。

然而这时候，致乱之源，乃别有所在。其（一）两汉之世，归化中国的异族很多，都住在塞内。当时所谓五胡者，便是：

【匈奴】遍于并州境内，即今之山西省。

【羯】匈奴的别种，居于上党武乡羯室，因以为名。

【鲜卑】遍布辽东西和今热、察、绥之境。

【氐】本居武都。魏武帝徙之关中。这时候，遍于扶风、始平、京兆之境。

【羌】这是段颎诛夷之余。在冯翊、北地、新平、安定一带。

当时郭钦、江统等，都请徙之塞外。塞外的异族，固亦未尝不足为患，然而究竟有个隔限，和“掩不备之人，收散野之积”者不同，而武帝不能同。

其（二）晋代鉴于魏朝的薄待宗室，以致为自己所篡，于是大封同姓。汉代的诸王，是不再干预政治的。晋朝则可以“入秉机衡，出作岳牧”，在政治上的势力尤大。

晋武帝平吴之后，耽于宴安，凡事都不作久长之计。其子惠帝，近于低能。即位之初，武帝后父杨骏辅政。惠帝后贾氏和楚王玮合谋，把杨骏杀掉。而使汝南王亮和太保卫瓘同听政。后来又和楚王合谋，把汝南王杀掉。后又杀掉楚王。旋弑杨太后。太子遹，非贾后所生，后亦废而杀之。总宿卫的赵王伦，因人心不服，勒兵弑后，废惠帝而自立。于是齐王冏、成都王颖、河间王颙，举兵讨乱。右卫将军王舆，把赵王杀掉，迎接惠帝复位。齐王入洛专政。河间王和长沙王又合谋，使又攻杀齐王。又和成都王合兵，把长沙王攻杀。

如此，京师大乱，而胜利卒归于外兵。州郡握兵，从汉以来，已成习惯。晋武虽有去州郡兵权之命，而人心尚未丕变。一旦天下有乱，旧路自然是易于重走的。于是东海王越合幽、并二州之兵，把成都河间两王都打败。遂弑惠帝，而立其弟怀帝。

同族相争，胜利又卒归于异族。五胡之中，本以匈奴为最强，其所处，又是腹心之地，亦最有民族自负之心。于是前赵刘渊，先自立于平阳。时东方大乱，许多盗贼，都去归附他。其势遂大盛。东方群盗之中，羯人石勒，尤为强悍。东海王自率大兵去打他。兵到现在的项城，死了。其兵为石勒追击所败，洛阳遂成坐困之势。公元三一〇年，刘渊的族子刘曜，打破洛阳，怀帝被虏。三一二年，弑之。惠帝弟愍帝，立于长安。三一六年，又为刘曜所攻破，明年，被弑。而西晋亡。

于是琅邪王睿，从下邳徙治建康，即皇帝位，是为东晋元帝。这时候，北方只有幽州都督王浚，并州刺史刘琨，崎岖和胡羯相持，也终于不能自立。北方遂全入混乱的状态。

然而南方亦非遂太平无事。当时中央解纽，各地方都靠州郡的兵来保境安民，自然外权复重。新兴的建康政府，自然不易令行禁止。元帝的首务，便在收上流的实权。元帝的立国江东，是很靠江东的世家名士，所谓“人望”者，帮他的忙的。而王导和其从兄王敦，尤为出力。于是王导内典机要，王敦出督荆州。敦有才略，居然把荆州的权力，收归一人。然而中央就和王敦起了猜忌。其结果，王敦举兵东下。元帝所预先布置防他的兵，无一路不败，被王敦打入京城。元帝忧愤而崩。幸而王敦不久也死了。明帝才把他的党与讨平。明帝颇为英武，可惜在位只有三年。明帝死后，子成帝年幼，太后庾氏临朝。后兄庾亮执政。历阳内史苏峻和庾亮不平，举兵造反，打进京城。庾亮出奔。幸得镇寻阳的温峤，深明大义，协同荆州的陶侃，把他打平。陶侃死后，庾亮和庾冰，相继出镇荆州。庾翼在内为宰相。这时候，内外之权，都在庾氏手里，暂无问题。康帝时，庾翼移镇襄阳，庾冰代之镇夏口。庾冰死后，庾翼又还镇夏口，而使其子方之镇襄阳。庾翼不久就死了。临终之际，表请以自己的儿子爰之继任。宰相何充不听，而以桓温代之。于是上流之权，又入于桓温之手。

◆ 第十四章　边徼民族和汉族的同化 ◆

凡事总有相当的代价。两汉时代，异民族入居中国的多了，把许多种族和文化不同的人民，融合为一，自非旦夕间事，且总不免有若干的冲突。五胡之乱，就是我民族融合异族的代价。

晋时，北方割据之国，共有十六之多。然而其中有关大势的，也不过地处中原的几国。我们现在，简单些，把他分做五个时代。

（一）前、后赵对立时代。

（二）后赵独盛时代。

（三）前燕、前秦对立时代。

（四）前秦独盛时代。

（五）后燕、后秦对立时代。

第五个时代之后，汉族曾经恢复黄河之南，且曾一度占领关中，而惜乎其不能久。未几，北方遂全入于拓跋魏，变成南北两朝了。这是后话，现在且从前后赵对立时说起。

刘渊自立后，石勒表面上是他的臣子。可是东方的事，刘渊并顾不到。所以五胡扰乱之初，便径称为前后赵对立时代。刘渊的儿子刘和懦弱，刘聪荒淫。族子刘曜，较有本领。刘聪被弑后，曜遂立国长安。公元三二九年之战，曜为石勒所擒，前赵就此灭亡。

石勒从子虎，淫暴无人理。在位时，虽西攻前凉，东攻前燕，兵力颇称强盛。然而死后，内乱即作。虎养子冉闵，本是汉人。尽杀虎诸子，而且大诛胡羯，自称皇帝。然而不久，便为前燕所攻杀。

前燕以辽东西和热河为根据，其势颇盛。然当其侵入中原之际，即其开始衰颓之时。其兵力，只到邺都附近。于是河南和关中，都成为空虚之地。氐酋苻健，西据关中，羌酋姚襄，则借降晋为名，阴图自立。晋朝这时候，中央和上流，仍相猜忌。时桓温灭前蜀，威名日盛。中央乃引用名士殷浩以敌之。公元三五三年，浩出兵北伐，以姚襄为先锋。反为其所邀击，大败。桓温因此奏请废浩。中央不得已，从之。温出兵击斩姚襄，而伐秦、伐燕都不利。于是先行废立之事以立威。意图篡位，为谢安、王坦之所持，不果。桓温死后，其兄弟桓冲把荆州让出，南方又算暂安。然已无暇北伐，而前秦遂独盛了。

前秦主苻坚，用王猛为相，修明政治，国富兵强。公元三七一年，灭前燕，又灭前凉，破拓跋氏。三八三年，大发兵伐晋。谢玄、谢石等大败之于淝水。苻坚知道当时北方，民族错杂，不能专任自己人的。所以对于归降各民族，表面上都一视同仁。把他的酋长，留在都城之中；而使氐人分镇四方，以实行其监视和驻防的政策。然而民族间的界限，终非旦夕所可破除。苻坚败后，诸族复纷纷自立。而后燕后秦二国最大，仍回复到前燕，前秦对立的样子。

南方自桓温死后，上下流相持的形势，暂时缓和。而孝武帝委政于其弟琅邪王道子，旋又相猜忌，使王恭镇京口，殷仲堪镇江陵以防之。这时候，京口的北府兵强了，然而其实权都在刘牢之手里。仲堪亦不会带兵的，一切事都委任南郡相杨佺期。道子则嗜酒昏愚，事都决于其世子元显。孝武帝死后，子安帝立。王恭、殷仲堪连兵而反。元显使人游说刘牢之，倒戈袭杀王恭。而上流之兵已逼，刘牢之不肯再替他出力抵御。于是无可如何，以杨佺期为雍州刺史，桓玄为江州刺史。桓玄是桓温的小儿子。因为桓温在荆州久了，其僚属将士，都归向他。他虽闲住在荆州，其势力反出于现任官吏之上。所以殷仲堪不得不用他。这时候，既有地盘，殷仲堪、杨佺期自然非其敌手。先后为其所并。于是上流的权势，又集于桓玄一身。公元四〇二年，荆州大饥。元显乘机出兵，想把桓玄解决。然而所靠的不过一个刘牢之，而刘牢之又倒戈，元显就失败，和其父道子，都被杀。桓玄入建康。明年，竟废安帝而自立。

这时候，荆州之兵力，实已非北府之敌。所以桓玄得志之后，便夺去刘牢之的兵权。牢之谋反抗，不成，自杀。而北府兵的势力，实在并未消灭。公元四〇四年，北府兵中旧人，刘裕、刘毅、孟昶、何无忌、诸葛长民等起兵讨桓玄。桓玄的兵，到处皆败。逃至江陵，被杀。安帝复位。刘裕入中央政府，主持大权。于是积年以来，朝廷为荆州所挟持的形势一变。然而军人到底是要互相吞并的。于是相互间之问题，不在北府兵和荆州系，而在北府兵里同时并起的几个人。

这时候，后燕因为后魏所破，分为南北，形势已弱。后秦也因受夏国的攻击，日以不振。前四〇九年，刘裕出兵，把南燕灭掉。先是妖人孙恩，为乱于江、浙沿海，为刘裕所讨破。赴水死。其余党卢循、徐道复，于桓玄时据有广州和始兴。至是，乘机出湘、赣北伐。直下长江，兵势甚盛。何无忌为其所杀。刘毅亦为所败。刘裕撤兵还救，又把他打平。于是翦除异己者刘毅、诸葛长民和晋宗室司马休之等。公元四一七年，大发兵灭后秦。此时正直后魏道武帝中衰之际，坐视而不能救。凉州诸国都惴惴待晋兵之至。而裕以急于图篡，南还，长安遂为夏所陷。裕登城北望，流涕而已。公元四一九年，裕受晋禅，是为宋武帝。后三年而卒。自刘裕南还后，不复能经略北方。而北魏自太武帝即位后，复强盛。北方诸国，尽为所并。天下遂分为南北朝。

五胡十六国的事情，是很繁杂的。以上只提挈得一个大纲，现在补列一张简表于下，请诸位参看。

国名	民族	都邑	始末大略
前赵（初称汉，刘曜改称赵），公元三〇四至三二九年。	匈奴	刘渊自立于左国城（今山西离石县东北），后迁平阳。刘曜居长安。	南匈奴呼厨泉单于，因先世系汉甥，改姓刘氏。曹操以呼厨泉部众强盛，留之于邺（今河南临漳县），而分其部众为五。其中左部最强。晋时，刘渊为其部帅。乘八王之乱，还并川自立。刘渊子和，为其弟聪所弑。聪荒淫。传子粲，为其臣靳准所弑。石勒自襄国（今河北邢台县），刘曜自长安，俱勒兵讨准。准奔刘曜，为曜所杀。曜自立于长安。曜为石勒所擒。子熙奔上邽（今陕西南郑县），为石虎所追杀。前赵亡。
后赵，公元三一九至三五一年。	羯	石勒初居襄国，后徙邺。	石勒初为群盗，归降刘渊，然实非渊所能制。后尽并东方，仍称臣于前赵。刘曜时，勒始自立。勒子弘，为勒从孙虎所弑。虎诸子均为虎养子冉闵所杀。复姓，自称魏帝，为慕容儁所灭。事在三五一年。

续表

前燕，公元三三七至三七〇年。	鲜卑	鲜卑慕容氏，本居棘城（今热河朝阳县），后迁于辽东。至慕容廆又迁居徒河的青山（在今辽宁锦县境）。又迁居大棘城（在今辽宁义县），慕容皝迁居龙城（今朝阳县），灭冉闵后，居邺。	慕容廆，本晋国的平州刺史。传子皝，始称燕王。皝传子儁，灭冉闵。是年，儁亦卒。子時年幼，慕容恪辅政。恪死后，慕容评继之。时燕宗室慕容垂最有威名，评忌之。垂奔前秦。前燕遂衰。为前秦所灭。
前秦，公元三五一至三九四年。	氐	长安	苻洪，本略阳氐酋。初降刘曜，后降后赵。后赵徙之于东方。后赵亡后，洪居枋头城（在今河南濬县）。击擒赵将麻秋。旋为秋所鸩杀。子健，杀秋，西入关。健子生，为苻坚所弑（坚父名雄，也是苻洪的儿子）。淝水败后，坚奔五将山（在今陕西岐山县），为后秦姚苌所擒杀。坚子丕，自立晋阳，为慕容永所败而死（慕容永，亦前燕同族。时自立于长子，即今山西长子县。后为后燕所灭。不在十六国之列）。坚族子登，又自立于南安（今甘肃平凉县）。三九四年，为姚兴所杀。子崇，奔湟中，为西秦乞伏乾归所杀，前秦亡。

续表

后秦，公元三九四至四一七年。	羌	长安	后秦本南安赤亭羌（在今甘肃陇西县）。其酋姚弋仲，亦降后赵。迁于东方。后赵亡时，弋仲亦死。子襄南降晋。实怀二心，为桓温所败，奔关中，为前秦所杀。弟苌以众降秦，淝水败后，苌自立。传子兴，灭前秦。兴传子泓，为刘裕所灭。时在公元四一七年。
后燕，公元三八四至四〇九年。	鲜卑	慕容垂居中山（今河北定县）。子宝奔龙城。	慕容垂，淝水战后自立。传子宝。三九六年，魏人南伐，大败，奔龙城。被弑。少子盛，定乱自立。因刑罚严峻,又被弑。弟熙立。淫暴。四〇九年，为其将冯跋所篡。
南燕，公元三九八至四一〇年。	鲜卑	广固（今山东益都县西）	慕容德，是慕容皝的小儿子，魏人南伐时，脱离后燕自立。传子超，为刘裕所灭。
北燕，公元四〇九至四三六年。	汉族	龙城	冯跋篡后燕自立。传子宏，为后魏所灭。时在四三六年。
夏，公元四〇七至四三一年。	匈奴	统万（今陕西怀远县）	匈奴铁弗氏，本居新兴。其酋长刘虎，和拓跋氏相攻。虎孙卫辰，引前秦兵灭拓跋氏，后魏道武帝强，卫辰为其所灭。子勃勃，奔后秦。姚兴使守北方。勃勃以四〇七年自立，改姓赫连，后取长安，勃勃死后，子昌立，为魏太武帝所破，奔上邽死。弟定，自立于平凉。四三一年，吐谷浑人执之送魏，夏亡。

续表

西秦，公元三八四至四三一年。	鲜卑	乞伏国仁，居勇士川（在今甘肃金县）。乾归徙苑川（在今甘肃靖远县）	本陇西鲜卑，属前秦。淝水战后，其酋乞伏国仁自立，传弟乾归。降后秦，后复逃归。乾归传子炽磐．炽磐传子暮末，为赫连定所杀，时在四三〇年。
成（李寿时改称汉。史家亦称为蜀），公元三〇四至三四七年。	氏	成都	本清江流域的廪君蛮，汉末，徙汉中，曹操平张鲁，迁于略阳。晋初，关中氏齐万年反。其酋长李特将流民入蜀，三〇六年，特子雄踞成都，又并汉中，三传至特孙寿，荒淫。寿子势，三四七年，为桓温所灭。
前凉，公元三一七至三七六年。	汉族		张轨，晋凉州刺史。晋乱，遂保据凉州。轨及子实，皆事晋，守臣节。实传弟茂，刘曜来攻，始力屈称藩。六传至天锡，三七六年，为前秦所灭。
后凉，公元三八六至四〇三年。	氏		吕光，亦略阳氏人。苻坚时，为龙骧将军。为坚平西域，兵还，直前秦分裂，遂自立。四〇三年，其子隆，降于后秦。

续表

北凉，公元四〇七至四三九年。	匈奴	张掖	沮渠蒙逊，以三九七年叛后凉。初推太守段业为主，后杀之，自立。传子牧犍，四三九年，为后魏所灭。
西凉，公元四〇〇至四二一年。	汉族	初据敦煌，后迁酒泉。	李暠本段业所署沙州刺史。业死后，据敦煌自立，传子歆，四二一年，为北凉所灭。
南凉，公元三九七至四一四年。	鲜卑	本居乐郡（今甘肃碾伯县），后徙姑灭。	姓秃发氏，与后魏同出。其酋秃发乌孤，以三九七年自立。传弟利鹿孤及傉檀，四一四年为西秦所灭。

◆ 第十五章　南北朝的对峙 ◆

从公元三〇四年前赵自立起，到四三九年北凉灭亡止，共经过一百三十六年。扰乱中国的五胡，快多和汉族同化了。只有拓跋氏，其起最晚，其入中原也最后，所以又和汉族相持了一百四十年。

此时的南方，虽经宋武帝一度削平异己，然而纷争之际，外兵不能遽去，人心的积习未除。而宋武帝以后，为君主的，又没像武帝一般强有力的人物。所以仍是内外相持，坐视北方有机会而不能乘，甚至反给北方以机会。恢复中原，遂尔终成虚语。

当刘宋开国之时，南朝的疆域还包括今山东、河南之境。宋武帝死后，魏人乘丧南伐。取青、兖、司、豫四州。其时正直徐羡之、傅亮、谢晦等废少帝而立文帝。文帝立后，和檀道济合谋，讨除羡之等。后又并杀道济。忙于内乱，无暇对外。而自檀道济死后，功臣宿将亦垂尽。于是四三〇、四五〇年两次北伐都失败。魏太武帝反自将南伐，至于瓜步。所过郡邑，赤地无余。南北朝时，北强南弱的情势，实始于此。

宋文帝后，孝武帝和明帝都猜忌宗室，大加屠戮。明帝嗣子幼弱，召镇淮阴的萧道成入卫，朝权遂为所窃。内而中书令袁粲，外而荆州都督沈攸之，起兵讨他，都不克。公元四七九年，道成篡宋自立，是为齐高帝。齐高帝和子武帝，在位都不久。武帝子郁林王荒淫，为高帝兄子明帝所篡。明帝亦猜忌，尽杀高、武二帝子孙。传子东昏侯，荒淫更甚于郁林王，而好杀亦同于明帝。公元五〇二年，而齐为梁武帝所篡。梁武帝总算是个文武全才。虽其晚年迷信佛法，刑政废弛，致酿成侯景之乱，然而其早年，政治总算是清明的。于是南方暂见康宁，而北方又起扰乱。

北魏当太武帝时，南侵宋，北伐柔然、高车，国势最盛。孝文帝以四九三年迁都洛阳，大革旧俗。这在鲜卑人，要算一个进化而和汉族同化的好机会。然而国势反自此衰颓。（一）因鲜卑一时不能学得汉族的好处，而反流于奢侈。（二）则魏都平城，本靠武力立国，于其附近设置六镇。简拔亲贤，为其统帅。而将士选拔，亦极优异。南迁以后，不能如旧。六镇旧人，因此愤怒逃亡。魏人又恐兵力衰颓，加以制止。于是尽皆怨叛。倚以立国的武力，反做了扰乱秩序的东西。不戢自焚，后魏就不能支持了。

公元四七四年，后魏孝明帝立，太后胡氏执政。侈无度。府库累世之积，不数年而扫地无余。于是苛政大兴。中原之民，亦群起为乱。明帝年渐长，不直其母所为。而为其所制，无可如何。这时候，北方有个部落酋长，唤做尔朱荣，起兵讨平六镇之乱。明帝遂召他入清君侧。后又传诏止住他。太后大惧。把明帝杀掉。尔朱荣借此为名，举兵入洛，杀掉胡太后，而立孝庄帝，自居晋阳，遥制朝权。尔朱荣极善用兵。中原反乱的人，都给他打平。篡谋日急。孝庄帝诱他人朝，手刃把他杀掉。尔朱荣的侄儿子兆，举兵弑帝。自此朝权仍为尔朱氏所握，而各方镇，也都是尔朱氏的人，其势如日中天。然而尔朱氏暴虐不得人心。公元五三二年，高欢起兵信都。韩陵一战，尔朱氏心力不齐，大败。遂为高欢所扑灭。高欢所立的孝武帝，又和高欢不睦。高欢仍袭尔朱氏的故智，身居晋阳，孝武帝阴结贺拔岳图他。以岳为关中大行台。高欢使秦州刺史侯莫陈悦，把贺拔岳杀掉。夏州刺史宇文泰起兵诛悦，孝武帝即以泰继岳之任。公元五二四年，孝武帝发兵讨高欢。高欢亦自晋阳发兵南下。两军夹河而陈。孝武帝不敢战，逃到关中。旋为宇文泰所弑。自此高欢、宇文泰，各立一君，而魏遂分为东西。

东西魏分裂后，高欢、宇文泰争战十余年，各不得逞，而其祸乃中于梁。这时候，梁武帝在位岁久，政治废弛。诸子诸孙，各剌大郡，都有据地自雄之心。而兵力亦不足用。南朝当宋明帝时，尽失徐、兖、青、冀四州及淮北之地。齐明帝时，又失沔北五郡。东昏侯时，又失淮南。梁武帝时，虽恢复合肥、寿春，而又失义阳三关。用兵迄不得利。北方乱时，梁遣陈庆之送魏宗室北海王颢归国。庆之兵锋甚锐，直抵洛阳。然而孤军无援，元颢仍为尔朱荣所破。公元五四七年，高欢死。其专制河南之将侯景，举地来降。梁武帝遣子渊明前往救援，不克。渊明为魏所虏。侯景亦兵溃来奔。袭寿阳而据之。梁人不能制。五四九年，侯景反。渡江，围台城。救兵虽多，都心力不齐，不能进。台城遂为所陷。梁武帝忧愤而崩。子简文帝立，为侯景所制。这时候，梁武帝的子孙，如湘东王绎、河东王誉、岳阳王詧等，都拥兵相争，坐视台城之危而不救。而其形势，以湘东王为最强。侯景西上，至巴陵，为湘东王将王僧辩所败。勇将多死。遂弑简文帝而自立。湘东王乃即位于江陵，是为元帝。遣王僧辩和陈霸先讨平侯景。而成都的武陵王纪称帝，攻元帝。元帝求救于西魏。西魏袭陷成都。纪遂兵败而死。元帝和西魏，又有违言。公元五五四年，西魏兵攻江陵。王僧辩、陈霸先的兵，都在东方，不及救援。江陵遂陷。元帝为魏兵所杀。西魏立岳阳王詧于江陵，使之称帝，而对魏则称臣，是为西梁。王僧辩、陈霸先立元帝的少子于建康，是为敬帝。是时，东魏已为北齐所篡。又发兵送渊明南归。王僧辩迎战，不胜。就迎接他来，废敬帝而立之。南朝险些儿全做北朝的附庸。幸而陈霸先袭杀王僧辩，复立敬帝。北齐举兵来攻，给他苦战打败。南朝才算勉强自立。公元五五七年，陈霸先废敬帝自立，是为陈武帝。三年而崩。兄子文帝立。这时候，南方承丧乱之后，国力凋弊。国内尚有许多反侧的人，要一一讨定。再也无暇顾及北方。而北方的东西魏，亦先后于五五〇、五五七年，为齐、周所篡。

北齐文宣、武成二帝，均极荒淫。末主纬，奢纵更甚。而北周武帝，颇能励精图治。公元五七七年，齐遂为周所灭。灭齐的明年，周武帝死，子宣帝立。亦极荒淫。在位二年，传位于子静帝。宣帝死后，后父杨坚辅政。大权尽入其手。起兵攻他的都不胜，五八一年，坚废静帝自立。是为隋文帝。时南方为陈后主叔宝，亦极荒淫，五八八年，为隋所灭。西梁已于前两年被废。自晋元帝立国江东至此，凡二百七十三年，而天下复归于统一。

◆ 第十六章　魏晋南北朝的制度 ◆

制度是随事实而变迁的。思想是事实的产物，而亦是事实之母。在某种环境之下，一定要生出某种思想。既有这种思想，一时虽未必实现，而积之久，总是要现于实的。此等情形，看魏、晋、南北朝的制度，很可明白。

秦、汉时代的宰相，并非天子私人。所以其位甚尊，其权亦重。君权日见发达，则相权必渐见侵削。所以自东汉以后，实权渐移于尚书。曹魏以后，中书又较尚书为亲近。宋文帝以后，门下亦成为亲近之职。两汉时代的宰相，则不过人臣篡弑时所历的阶级而已。平时不复设立。这是内官的变迁。其外官，则自后汉末年以后，州郡握兵之习，迄未能除。东晋以后，疆域日蹙，而喜欢侨置州郡。于是州的疆域，日渐缩小，浸至与郡无异。而掌握兵权的人，所指挥的区域，不容不大，于是有以一人而都督数州或十数州军事的。其实际，仍与以前的州牧无异，或且过之。自东晋至南朝之末，中央的权力总不能十分完整，就由于此。

选举制度，亦起了一个极大的变迁。我国古来，本行乡举里选之制。士之德行、才能，都以乡评为准。风气诚朴之世，自然议论能一秉至公。两汉时，实已不能如此了。然而人之观念上，总还以为士之贤否，须取决于乡评。后汉末，“士流播迁，详复无所”。于是曹魏的吏部尚书陈群，就于各州置大中正，各郡置中正。令其品评本地的人物，分为九等，而尚书据以选用。品评人物，本是件难事。德已不免于伪为，才则更非临事不能见。而况中正亦未必定有衡鉴之才。甚至有（一）趋势，（二）畏祸，（三）私报恩仇等事。其结果，遂至“惟能论其阀阅，非复辨其贤愚”。于是“上品无寒门，下品无贵族”。以上所论的，是举士之事。至于铨选，则汉世本来权在相府。后来因其弊颇多，而实权渐移于尚书。魏、晋以后，大抵吏曹尚书操选用之权。这时候，仍以全权委之。有衡鉴之才的人，很可以量才委任。然而天下总是徇私和幸进的人多，秉公和廉退的人少。所以到后来，不得不渐趋重于资格。资格用人，起于后魏的崔亮。亮创停年格，选用的先后，专以停解月日为断。这本因为当时军人竞选所以如此的。北齐文襄帝操选权时，已经把他废掉。然而自唐以后，又渐趋重于这一途，就是为此。

兵制则自东晋以后，恃以御敌的，都是州郡之兵。固亦有时收折冲御侮之效。然而总不免有外重内轻之弊。甚而至于御侮则不足，作乱则有余。北方五胡割据，大抵用其本族之民为兵，而使汉人从事生产。到周、齐之时，五胡的本族，渐趋凋落，又其战争剧烈，而财政竭蹶，还有所谓府兵之制。籍民为兵，蠲其租调，令刺史以农隙教练。每府一郎将主之。分属二十四军，领军的谓之开府。一大将军统两开府，一柱国统两大将，共为六军。隋、唐兵制，都是沿袭他的。

魏晋时代的制度，最可纪念的，便是刑法。汉时法律之紊乱，已见第六章。从前汉宣帝时起，至后汉末年止，屡说修改，迄未有成。至魏时，才命陈群、刘邵等删定，共为十八篇。晋武帝还嫌其科网大密，再命贾充等删定，共为二十篇。于公元二六八年，大赦天下行之。这便是有名的《晋律》。宋、齐、梁、陈四朝，虽略有损益，大体都沿用他。就北朝的法律，亦是以此为依据，不过略杂以鲜卑之法而已。自唐至清，大体上亦无甚改变。总而言之，自采用西洋法律以前，我国的法律，迄无大改变。我国的法律，渊源固然很古，而其成为条理系统的编纂，则实自《晋律》始。所以说这是我国法制史上最可纪念的事。

至于租税，则当时颇有杂税。如北朝的酒坊、盐井、关市邸店，南朝之卖买田宅牛马及津市等。然而这些都不甚重要。其最有关系的，还是田税和户税。而这时候的田税和户税，与民生是很有关系的。所以留待第十八章中讲述。

◆ 第十七章　魏晋南北朝的文化 ◆

从两汉到魏、晋，是中国文化的一个转关。其要点，在破除古代的迷信，而从事于哲理的研究。

两汉时代的迷信，并非下等社会才然，即上流社会，也是如此。试看当时政治上，遇天灾而修省，或省策免之公等，都略有几分诚意，和后世视为虚文的不同。在学术上，则阴阳五行之说，盛极一时。以致有所谓谶纬者出。东汉之世，竟以纬为内学，经为外学。便可知其时古代遗传的思想，还遍满于社会上了。乃到魏朝的正始年间，而哲理研究之风渐盛。至于晋初，风流弥盛。此时知名之士，始王弼、何晏、王衍、乐广等，或以谈论见长，或以著述见称。所研究的，大抵是哲理上的问题。其所宗之书，则为《易经》和《老子》、《庄子》等。这固然由于当时的时势，有以激成人的颓废思想，而使之趋于玄虚。然而在大体上，亦可说是两汉人拘守前人成说的反动。汉代的今文家言，虽多存微言大义，亦不过搬演孔门的成说，并不能独出心裁。古文家好谈名物、训诂，更不免流于琐碎。而自谶纬之说既兴，两派之士，又都不免受其影响，有入于妖妄之势。又其时之人，拘守礼法太甚。礼是古代规范人之行为的。时异势殊，行为之轨范，就当有异，而还强执着古代具体的条件，自不免激起人心的反感。所以激烈的人，就有“礼岂为我辈设”等议论了。虽然这一班人，蔑弃礼法，不免有过甚的地方。而终日清谈，遗弃世务，亦是社会衰颓的一个朕兆。然而以学术思想论，毕竟不能不谓为高尚的。魏晋时代的玄学，在我国学术思想界中，终当占一重要的位置。

这时候的人最重要的思想，是贵“道”而贱“迹”。迹便是事实，而道则是原理，拘守事实，不能算得古人之意。必能明于其原理而应用之，才可谓之善学古人。这正是泥古太过的反响。

其时的儒学，虽还保守相当的领域，而亦为此派思想所侵入。当魏晋之世，今文之学，渐已失传，盛行的是古文之学。古文之学，虽亦有其师法，然而其原始，本是不重师说，而注重自由研究的。自由研究之风既开，其后必至变本而加厉。所以自郑玄、王肃，糅杂今古文后，又有杜预、范宁等，不守成说，自出心裁的学派。至于王弼的《易注》、何晏的《论语集解》等，兼采玄言，则为魏晋时之哲学思想，侵入经学领域的。南北朝时，南方的经学，这两派都盛行。北方还守着汉人之说，然至隋并天下后，而北方的经学，反为南方所征服。郑玄的《易注》废，而王弼的《易注》行。马、郑的《尚书》废，而伪古文《尚书》行，服虔的《左氏》废，而杜预注的《左氏》大行了。

颓废的人生观，是这时代人的一个大病。如王羲之作《兰亭集序》，说：“修短随化，终期于尽。古人云：死生亦大矣，岂不痛哉？”这一类灰心绝望，贪生怖死的话，到处都是。此时国势的所以不振，社会的所以无活气，这实在是一个大原因。而这时代的人，所以崇尚文辞，则亦由于此。隋朝的李谔说：“自魏之三祖，崇尚文辞，竞骋浮华，遂成风俗。江左齐、梁，其弊弥甚。”可见崇尚文辞的风气，是起于魏、晋之世的。魏、晋之世，为什么要崇尚文辞呢？我们看魏文帝说：“年寿有时而尽，荣乐止乎其身。二者必至之期，未若文章之无穷。”就可以知其所由来了。人之年寿有尽，神仙等求长生之术，又不可恃，则不免侥幸于“没世不可知之名”。而文辞原是美术之一，爱好文辞，也不免有些“及时行乐”的意思。所以这时候的文学，多带颓废的色彩。从东汉以后，骈文渐兴，不过是（一）句调渐趋整齐；（二）用字务求美丽，尚未大离其本。至齐梁以后，则“隶事”日益繁富，字句愈趋雕琢。始而辞胜其意，浸至不能达意了。于是有文笔之分。然笔不过参用俗语。其语调仍是整齐啴缓，和自然的语言相去很远的，仍不能十分适用。又古人文字，不甚讲调平仄。齐、梁以后，则渐重四声。于是诗和文都生出律体。虽然音调谐和，而雄壮朴实之气，则远逊古人了。此亦是其时的人，注意于修饰的一证。

文字本所以代语言。我国的文字，则因其构造的特殊，而亦成为美术之一。古代文字，意近图画，本有美的意味。秦时，官、狱务繁，改用隶书，这是专为应用起见。然而后来又渐求其美观。于是又有“挑法”的隶书，谓之八分。汉之末世，章程书兴，即今所谓正书，而草书亦分章草和狂草两种。前者字字分离。后者则一笔不断。草书离正书太远了，乃又有行书，以供藁草之用。凡此种种，无一不求其美化。其风气起于后汉，而极盛于晋代。东晋的右军将军王羲之，即是擅名当世，而后人称其“善隶书，为古今之冠”的。然南朝的帖，虽为后人所宝贵，而北朝的碑，朴茂遒逸，至近世，亦很为书家所推重。

◆ 第十八章　魏晋南北朝的社会 ◆

魏、晋、南北朝，是一个长期战乱的世界。其时的民生，自然是很为困苦的。然而其中，也有几件可以特别注意的事情。

其（一）是两汉人均田的思想，至此而实行。汉代的人，本都有个恢复井田或限名田的思想，然终未能实行。及王莽行之，而反以致弊。于是当时的人，又有一种议论：以为井田之制，当于大乱之后，人民稀少，土田无主之时行之。天下事，大家无此思想则已。如其有之，而又为多数人所公认，成为一种有力的舆论，则终必有一次试行的机会。晋武帝的户调式，便是实行此种理想的，其制：男女年十六至六十为正丁。十三至十五，六十一至六十五为次丁。男子一人，占地七十亩，女子三十亩。其外：丁男课田五十亩，丁女三十亩。次丁男半之，女则不课。丁男之户，岁输绢三匹，绵三斤。女及次丁男为户者半输。令天下的人，依年龄属性之别，而各有同等之田，因之而输同等之税。其于平均地权之意，可谓能极意规划了。然而井田制之难行，不难在授人以田，而难在夺人之田。无论如何大乱，土田总不会完全无主的。夺有主之田，而界之他人，必为人情所不愿，而其法遂难推行。所以北魏孝文帝的均田令，又有桑田、露田之别。桑田为世业，露田则受之于官，而亦还之于官。案《孟子》说“五亩之宅，树之以桑”，则此所谓桑田，疑即是宅田；或者是久经垦熟，世代相传的田，人情必不肯轻弃，所以听其私有。而其余则归之于公。

这亦可谓善于调和了。晋武定户调式后，天下不久即乱，究竟曾否实行，很成疑问。便是魏孝文的均田令，曾实行至如何程度，亦很难说。然而以制度论，则确为平均地权的一种良法了。

其（二）是自古相沿的阶级，这时代，因环境的适宜，又有发达之势。社会有所谓士庶，其根源，大约是古代的贵族和平民。古代的贵族，其世系都有史官替他记录。所以家世不至于无考，而士庶亦不至于混淆。自封建制度破坏，国破家亡之际，此等记录，未必更能保存。加以秦人灭学，诸侯史记，被他一把火烧尽。于是秦、汉以来，公侯子孙，就都“失其本系”了。汉朝是兴于平民的。其用人，亦不论门第。自古相沿的阶级，到此本可铲除。然而政治上一时的设施，拗不过社会上自古相传的观念。向来称为贵族的，还是受人尊敬，称为平民的，还不免受人轻蔑，这又是势所必然。两汉时代的社会，大约便系如此，此乃当时习为固然，而又极普遍的现象，所以没人提起。汉末丧乱，士流播迁。离其本土者渐多。其在本土，人人知其为贵族，用不着特别提起。到播迁之后，就不然了。这时代的人，所以于氏族之外，尤重郡望，职此之由。而五胡之族，颇多冒用汉姓的。中国士大夫，耻血统与异族相混淆，而要自行标举，自然也是一个理由。再加以九品中正的制度，为之辅助。士庶的阶级，自然要画若鸿沟了。

区别士庶，当以魏、晋、南北朝为最严。不但“婚姻不相通，朊仕不相假”，甚至“一起居动作之微，而亦不相偕偶”。看《陔余丛考·六朝重氏族》一条可知。但是当时的士族，已有利庶族之富，和他们结婚、通谱的。隋、唐以后，此风弥甚。如此，则血统淆混、士庶之别，根本动摇。所以在隋、唐之世，门阀制度，虽尚保存，其惰力性。一到五代之世，就崩溃无余了。魏晋南北朝，正是门阀制度如日中天的时代。此时的贵族，大抵安坐无所事事。立功立事，都出于庶族中人，而贵族中亦很少砥砺名节，与国同休戚的。富贵我所固有，朝代更易，而其高官厚禄，依然不改。社会不以为非，其人亦不自以为耻。这真是阶级制度的极弊。

这时候，是个异族得势的时代。汉族为所压服，自然不免有种种不平等的事。而社会上的媚外，亦遂成为风气。这真是闻之而痛心的。《颜氏家训》说："齐朝一士夫，尝谓吾曰：我有一儿，年已十七，颇晓书疏。教其鲜卑语及弹琵琶，稍欲通解。以此伏事公卿，无不宠爱。"我们看《隋书·经籍志》，所载学鲜卑语的书籍很多，便知这样的，绝不是一两个人。这是士大夫。至于小民，则史称高欢善调和汉人和鲜卑。他对鲜卑说："汉人是汝奴。夫为汝耕，妇为汝织，输汝粟帛，令汝温饱。汝何为陵之？"又对汉人说："鲜卑是汝作客。得汝一斛粟、一匹绢，为汝击贼，令汝安宁。汝何为疾之？"一为武士，一为农奴，此时北方汉人所处的地位，就可想而知了。但是两汉以前，北方的文化，本高于南方，富力亦然。自孙吴至陈，金陵为帝王都者三百六十年。五胡乱后，北方衣冠之族，纷纷南渡。南方的文化，遂日益增高。浸至驾北方而上之，而富力亦然。试看隋唐以后，江淮成为全国财富之区。自隋至清，帝都所在，恒借江淮的转漕以自给，就可明白了。这也是中国社会的一大转变。

◆ 第十九章　隋之统一与政治 ◆

从南北朝至隋，可以算我国历史上一个由乱入治之世。但是其为治不久。

论起隋文帝的为人来，也可以算一个英明的君主。他的勤于政治，和其持身的节俭，尤其是数一数二。所以承南北朝丧乱之后，取民未尝有所增加，对于杂税等，反还有所减免。而其时府库极为充实。重要的去处，仓储亦极丰盈。其国富，古今少可比拟的。

但是隋文帝有个毛病，便是他的性质，失之于严酷和猜忌。所以他的对付臣下，是要运用手腕的。而其驭民，则偏于任法。因此其所任用的人，如杨素、苏威等，非才知之士，则苟免之徒，并无立朝侃侃，与国同休戚的。而人民也没有感恩的观念。他又偏信皇后独孤氏，废太子勇而立炀帝。荒淫暴虐，兼而有之。而隋遂不免于二世而亡，与嬴秦同其运命了。

南北朝以后，荒淫暴虐的君主颇多。其性质，有近乎文的，如南朝的陈后主是。亦有近乎武的，则如北朝的齐文宣是。这大约和当时异族的得势，不无关系，而南朝的君主，多出身微贱，也是其中的一个原因。当隋及初唐之世，此等风气还未尽除。如隋炀帝，便是属于前一种的。如唐太宗的太子承乾，则是属于后一种的。

炀帝即位之后，即以洛阳为东都。他先开通济渠，引穀、洛二水，通于黄河，又自河入汴，自汴入淮，以接淮南的邗沟。又开江南河，从京口到余杭，长八百里。他坐了龙舟，往来于洛阳、江都之间。又开永济渠，引沁水，南达黄河，北通涿郡。又开驰道，从大行到并州，由榆林以达于蓟。开运河，治驰道，看似便利交通之事，然而其动机非以利民，而由于纵欲。而其工程，又非由顾募，而出于役使。如此，人民就未蒙其利，而先受其害了。

当南北朝末年，突厥强盛。周、齐二国，恐其为敌人之援，都和他结婚姻，而且还厚加赠遗，以买其欢心。然而突厥益骄，边患仍不能绝。隋文帝劳师动众，又运用外交手腕，才把他克服下来。突厥的启民可汗，算是称臣于隋。又从慕容氏侵入中原之后，辽东空虚，为高句丽所据。至隋时不能恢复。这确是中国的一个大损失。为炀帝计，对于突厥，仍应当恩威并用，防其叛乱之萌。对于高句丽，则应先充实国力，军事上也要有缜密的计划，方可谋恢复国土。至于西域诸胡，则本和中国无大关系。他们大抵为通商而来。在两利的条件下，不失怀柔远人之意就好了。而炀帝动于侈心。任用裴矩，招致西域诸胡。沿途盛行供帐。甚至有意使人在路旁设了饮食之肆，邀请胡人饮食，不取其钱，说中国物力丰富，向来如此的。胡人中愚笨的，都惊叹，以为中国真是天上。其狡黠的，见中国也有穷人，便指问店主人道：你这白吃的饮食，为什么不请请他们？店中人无以为答。如此，花了许多钱，反给人家笑话。他又引诱西突厥，叫他献地数千里。设立西海、河源、鄯善、且末四郡。谪罪人以戍之。这些都是荒凉之地，要内地转输物品去供给他。于是西方先困。他又发大兵去征伐高句丽。第一次在六一一年，大败于萨水。六一三、六一四年，又两次兴兵，高句丽仅貌为请降。而这三次，征兵运饷，却骚动天下。当他全盛时，曾巡行北方。幸突厥始毕可汗衙帐，始毕可汗极其恭顺。到六一五年再往，始毕可汗便瞧他不起。把他围在雁门。靠内地的救兵来了，才算解围。明年，炀帝又坐着龙船到江都。这时候，天下已乱，他遂无心北归。后来又想移都江南，而从行的都是关中人，心上很不愿意。宇文化及等乘机煽惑。炀帝遂于六一八年为化及等所弑。

隋末，首起造反的，是杨素的儿子玄感。炀帝再征高句丽时，他在黎阳督运，就举兵造反。当时李密劝他直遏炀帝的归路，次之则先取关中，以立自己的根基。玄感都不能听，而顿兵于东都之下，遂至失败。后来群盗蜂起，李密和河南的强盗翟让合伙。旋把他杀掉，自成一军。据兴洛、回洛诸仓，招致饥民，至者数十万，声势很盛。在河北，则群盗之中，窦建德最有雄略。而隋炀帝所遣的将王世充，则据东都，和李密相持。唐高祖李渊，本是隋朝的太原留守。以其次子世民——即后来的唐太宗——的计策，于六一七年，起兵先取长安，次平河西、陇右，刘武周据马邑，以宋金刚为将，南陷并州，亦给唐兵打败。李密为王世充所败，降唐，旋又借招抚为名，出关想图再举，为唐人伏兵所杀。秦王世民攻王世充，窦建德来救，世民留兵围城，引兵迎击于虎牢，大破之。擒建德，世充亦降。建德将刘黑闼，两次反叛，亦给唐兵打平。长江中流，梁朝之后萧铣，称帝于江陵，地盘颇大。唐朝亦派兵把他灭掉。其下流：陈稜、李子通、沈法兴等，纷纷割据。后皆并于杜伏威。而伏威降唐。割据北边的：有高开道、苑君璋、梁师都等。大都靠突厥为声援。然天下定后，突厥亦不能拥护他。遂次第为唐所平定。这时候，已在太宗的初年了。

◆ 第二十章　唐的开国及其盛世 ◆

汉与唐，同称中国的盛世，汉之治称文、景，唐之治，则称贞观与开元。

唐高祖的得国，本是靠秦王世民之力。太子建成和齐王元吉忌他，彼此结党互争。而高祖晚年，颇惑于嬖妾近习。这竞争傥使扩大了，也许可以演成干戈，人民重受其祸。幸而唐高祖封世民于东方之说，未曾实行。玄武门之变，解决迅速，建成、元吉都为世民所杀。高祖亦传位于太宗。于是历史上遂见到所谓贞观之治。

太宗是三代下令主。他长于用兵，又勤于听政，明于知人，勇于从谏。在位时，任房玄龄、杜如晦为相，魏徵为谏官，都是著名的贤臣。所以其武功、文治，都有可观。参看二十一、二十三两章自明。

太宗死后，高宗即位，初年任用旧臣，遵守太宗治法，所以永徽之治，史称其媲美贞观。中年后，宠信武才人，废王皇后，立为皇后。国戚旧臣，如长孙无忌、褚遂良等，都遭贬斥。高宗因苦风眩，委政武后，后遂为其所制，唐朝的衰颓，就自此开始了。高宗死后，武后废中宗而立豫王旦——就是后来的睿宗——公元六九〇年，又把他废掉，自称则天皇帝。改国号为周。中宗初废时，幽禁于房陵。后来因狄仁杰的谏劝，才还之于洛阳，代睿宗为皇嗣。七〇五年，宰相张柬之等，乘武后病卧，阴结宿卫将士，迎接中宗复位。

武后以一女主，而易姓革命，这是旷古未有之事，自然要疑心人家暗算她。于是：

（一）大杀唐宗室，又大开告密之门，任用酷吏周兴、来俊臣、索元礼等，用严刑峻法，以劫制天下。

（二）一方面又滥施爵禄，以收拾人心。虽然其用人颇有不测的恩威，进用速而黜退亦速，然而幸进之门既开，仕途遂不免于淆杂。

（三）武后虽有过人之才，然而并无意于为治，所用多属佞媚之臣。其嬖宠，如薛怀义、张昌宗、张易之等，无不骄奢淫逸。武后亦造明堂，作天枢，所费无艺，民不堪命。

（四）一面骄奢淫逸，一面又要尽心防制国内，自然无暇对外。于是突厥、契丹蹂躏河北。发数十万大兵而不能御。吐蕃强盛，西边也时告紧急。

这都是武后革命，及于政治上的恶影响。中宗是身受武后幽废的，论理当一反其所为，而将武后时之恶势力，铲除净尽。而以武后之才，把持天下二十余年，亦终于失败，则即有野心的人，亦当引以为鉴。然而天下事，每有出于情理之外的。中宗复位之后，即唯皇后韦氏之言是听，任其妄作妄为，不加禁止。而韦后，亦忘却自己是和中宗同受武后幽禁，几遭不测的，反与上官婕妤俱通于武后之侄武三思。于是武氏的势力复盛。张柬之等反都遭贬谪而死，韦后、上官婕妤、韦后的女儿安乐公主等，都骄奢淫逸，卖官鬻爵。政治的浊乱，更甚武后之时。公元七一〇年，中宗竟为韦后所弑。玄宗起兵定乱。奉其父睿宗为皇帝。睿宗立玄宗为太子。时韦后及安乐公主已死，惟武后女太平公主仍在。公主当武后时，即多与密谋，后来中宗复辟，及玄宗讨韦后之乱，又皆参与其事。属尊而势力大，在朝的人，都有些怕他，附和他的亦很多。公主惮玄宗英明，竭力谋危储位，睿宗又不能英断。其时情势甚险。幸而玄宗亦有辅翼的人，到底把他除去。而睿宗亦遂传位于玄宗。这是公元七一二年的事。当睿宗在位时，贵戚大臣的奢侈，二氏营造的兴盛，还是同武、韦时一样。而从中宗时，韦后和上官婕妤、太平、安乐公主等，都可以斜封墨敕授官。

仕途的混杂，尤其不可思议。直到玄宗即位，任姚崇为宰相，才把他澄除掉。玄宗初相姚崇，后相宋璟。崇有救时之才，璟则品性方刚，凡事持正。宋璟之后，又相张九龄，亦是以风骨著闻的。武韦以后的弊政，到此大都铲除。自高宗中叶以后，失坠的国威，到此也算再振。这个于下一章中叙述。从贞观到开元，虽然中经武韦之乱，然而又有开元的中兴，总算是唐之盛世。自天宝以后，则又另是一番局面了。

◆ 第二十一章 隋唐的武功 ◆

隋、唐两代的武功，是互相继续的。隋朝的武功，虽不如唐朝之盛，然而是唐朝开拓的先声。其规模，较汉代尤为广远。这也是世运进步，交通日益发达的缘故。

中国历代的大敌是北狄。隋、唐时代，自然也是如此。后汉时，匈奴败亡，鲜卑继续据其地，已见第七章。两晋时，鲜卑纷纷侵入中国，于是丁令人居漠北。丁令便是今日的回族，异译称敕勒，亦作铁勒，中国人称为高车。当拓跋魏在塞外时，今热、察、绥境诸部落，殆悉为所并。只有热河境内的奚、契丹，未全随之入中国。又有一个部落，称为柔然的，则始终与之为敌。从魏孝文迁都以前，北魏根本之地，实在平城。所以其防御北族，较侵略中国，更为重要。太武帝之世，曾屡出兵击破柔然。柔然败后，逃至漠北，收服铁勒之众，其势复盛。太武帝又出兵征讨，把他打败。这时候，铁勒之众，降者甚多。太武帝都把他迁徙到漠南。柔然遂不能与魏抗。这是公元四百二三十年间的事。东西魏分立后，柔然复强。然其势不能久。至公元五五二年，遂为突厥所破。突厥也是回族，兴于金山的。既破柔然之后，又西破嚈哒，尽服西域诸国。其最西的可萨部，直抵亚洲西界，与罗马为邻，东方则尽服漠南北诸族。其疆域之广，远过汉时的匈奴。

然而突厥声势虽盛，其组织却不甚坚凝。各小可汗的势力，都和大可汗相仿佛。隋文帝于是运用外交手腕，先构其西方的达头可汗，和其大可汗沙钵略构兵。突厥由是分为东西。后又诱其东方的突利可汗，妻以宗女。其大可汗都蓝怒，攻突利。突利逃到中国。隋处之于夏、胜二州之间，赐号曰启民可汗。都蓝死后，启民因隋援，尽有其众。于是突厥一时臣服于隋。隋末大乱，华人多往依突厥。突厥复盛。控弦之士至百万。北边的群雄，无不称臣奉贡。便唐高祖初起时，也是如此。天下定后，还很敷衍他。而突厥贪得无厌，仍岁侵边，甚至一岁三四入。太宗仍运用外交手腕，离间其突利可汗。而是时突厥的大可汗颉利政衰，北边诸部多叛。又连遭荒歉。公元六二〇年，颉利遂为太宗所擒。突厥或走西域，或降薛延陀，而来降的尚十余万。太宗初用温彦博之言，处之河南。后来又徙之河北。这时候，薛延陀继据漠北。公元六四四年，又为太宗所灭。回纥继居其地。率先铁勒诸部，尊中国的天子为天可汗。突厥的遗众，也曾屡次反叛，然都不成大患。到六八二年，骨咄禄自称可汗，中国就不能平定。骨咄禄死后，弟默啜继之。尽复颉利以前旧地，大举入攻河北，破州县数十。武后兴大兵数十万御之而不胜。直到公元七四四年，玄宗才乘其内乱，出兵直抵其庭，把他灭掉。至于西突厥，则是公元六五七年，高宗乘内乱，把他灭掉的。西突厥在当时，本是亚洲西方唯一的大国。西突厥灭亡后，诸国皆震恐来朝，中国所设的都督府州，遂西至波斯。

葱岭以东，汉时十六国之地，后来互相吞并，其兴亡不尽可考。唐时，高昌、焉耆、龟兹、于阗、疏勒较大，太宗于高昌、焉耆、龟兹三国，都用过兵。其余小国，则皆不烦兵力而服。

青海本羌地。晋时，为鲜卑吐谷浑所据。至后藏，则为今藏族兴起之地。其族之北据于阗，臣服葱岭以西，和波斯兵争的为哌哒，为突厥所灭。而印度阿利安人，又有一支入藏，居于雅鲁藏布江流域，是为吐蕃王室之祖。吐蕃至唐时始强。太宗时，因求尚主不得，入寇松州。太宗遣将击破之。然仍妻以宗女文成公主。公主好佛，是为吐蕃人受佛教感化之始。至今还尊为圣母。弃宗弄赞尚主后，对中国极其恭顺。死后，其大臣钦陵、赞婆等专国，才猾起夏来。东灭吐谷浑，西破西域四镇。高宗、武后时，与之战争，屡次失败。武后时，王孝杰恢复四镇之地，吐蕃对西域一方面，稍受牵制，而中宗时，又界以河西九曲之地。由是河洮之间，受祸尤烈。直到玄宗时，才把他恢复过来。

印度和中国，虽久有宗教和商业上的关系，至于国交上的关系，则很少的。唐时，有个和尚，法名唤做玄奘，即是后来被尊为三藏法师的，因求法至印度。这时候，印度乌苌国的尸罗逸多二世在位。遣使入 贡。太宗又遣王玄策报使。玄策至其国，适直尸罗逸多薨逝，其臣阿罗那顺篡立。发兵拒击玄策。玄策走吐蕃西鄙，发吐蕃、泥婆罗两国的兵，把他打败，擒阿罗那顺送阙下。这要算中国对西南，兵威所至最远的一次了。

东北一带，雄踞辽东的是高句丽。在今热河境内的是奚、契丹。在松花江流域的，则是靺鞨，中国对东北，国威的涨缩，要看辽东西的充实与否。自汉至晋初，辽东西比较充实。所以高句丽等不能跋扈。慕容氏侵入中国后，辽东空虚，遂至为其所据。辽西亦受侵掠。热河境内的契丹且不能免，吉林境内的靺鞨，其折而入之，自更不必说了。隋朝东征的失败，固由炀帝不善用兵，亦由东北空虚，军行数千里，大敌不能猝克，而中国又不能顿兵与之久持的缘故。唐太宗亦蹈其覆辙。六四四年之役，自将而往，未能大克，而损失颇巨。直到高宗时，因其内乱，才于六六三、六六八两年，先后把百济和高句丽灭掉。于是分其地置都督府州，而设安东都护府于平壤以统之。中国的疆域，才恢复两汉时代之旧。然新罗人既阴嗾丽、济余众叛唐，而因之以略唐地。而武后时，契丹反叛，因此牵动了入居营州境内的靺鞨。其酋长大祚荣，逃至吉林境内。武后遣兵追击，不胜。大氏遂自立为国。尽并今吉、黑两省，及俄领阿穆尔、东海滨省，暨朝鲜半岛北部之地。是为渤海。于是安东都护，内徙辽东，唐朝对东北的威灵，就失坠了。但是新罗、渤海，对中国都尚恭顺。其文化，也都是模仿中国的。而日本，亦于是时，年年遣使通唐，其一切制度，亦皆学自中国。中国对东北的政治势力，虽不十分充分，其声教所及，则不可谓之不远了。

◆ 第二十二章　隋唐的对外交通 ◆

交通是随世运而进步的，而世运亦随交通而进步，二者是互为因果的。两汉对外的交通，已见第八章。隋、唐时代，国威之盛，不减汉时，而世运又经三百余年的进步，交通的发达，自更无待于言了。

语云：“水性使人通，山性使人塞。”观于中、欧陆路相接，而其交通之始，反自海道而来，已可知之。魏晋而后，海道的交通，更形发达。据阿拉伯人《古旅行记》，则公元一世纪后半，西亚细亚海船，始达交趾。其时实在后汉的初叶。及中叶，大秦的使节和商人，大概都是由此而来的。至第三世纪中叶，则中国商船，渐次西向，由广州而达槟榔屿。第四世纪至锡兰，第五世纪至亚丁。终至在波斯及美索不达迷亚，独占商权。至第七世纪之末，阿拉伯人才代之而兴。然则自东晋中叶，至唐武后之时，我国的商权，在亚洲可称独步了。

还有一惊人之事，则中国在当时，似已与西半球有交通。古书上说东方有个扶桑国，其道里及位置，很难征实。而《南史·四夷传》，载公元四九九年，其国有沙门慧深，来至荆州。述其风俗制度，多与中国相似。而贵人称对卢，与高句丽同，婚姻之先，婿往女家门外作屋，晨夕洒扫，颇似新罗人风俗。然则扶桑似是朝鲜半岛的民族，浮海而东的。慧深说其国在大汉东二万里，而大汉国在文身国东五千余里，文身国在倭东北七千余里，核其道里，其当在美洲无疑。所以有人说：扶桑就是现在墨西哥之地。但亦有人说：古书所载道里，多不足据，从种种方面看来，扶桑实是现今的库页岛。这两说，我们姑且悬而不断。但亦还有一个证据，足证中国人之曾至西半球。法显《佛国记》载其到印度求法之后，自锡兰东归，行三日而遇大风，十三日到一岛。又九十余日而至耶婆提。自耶婆提东北行，一月余，遇黑风暴雨。凡七十余日，折西北行，十二日而抵长广郡。近人章炳麟《法显发见西半球说》，说耶婆提就是南美洲的耶科陁尔，法显实在是初陷入太平洋中而至此。至此之后，不知地体浑圆，仍向东方求经，又被黑风吹入大西洋中。超过了山东海岸，再折回来的。其计算方向日程，似乎很合。法显的东归，在东晋义熙十二年，即公元四一六年。其到美洲，较哥伦布要早一千〇七十七年，其环游地球较麦哲伦要早一千一百〇三年了。

唐中叶后，阿拉伯海运既兴，中国沿海，往来仍极繁盛。据唐李肇《国史补》，则安南、广州，每年皆有海舶前来，《国史补》所记，多系开元、长庆百余年间之事。然则八九世纪间，外国海舶，必已来交、广无疑。所以当八世纪之初，我国在广州业已设有市舶司。而据《唐书•田神功传》，则七六〇年，神功兵在扬州大掠，大食、波斯贾胡，死者数千。又八三四年，文宗诏书，曾命岭南、福建、扬州，存问蕃客，不得加重税率。则今江苏、福建之境，也有外国商人踪迹了。

陆路的交通，历代亦迄未尝绝。试看南北朝时，币制紊乱，内地多以谷帛代用，独岭南以金银为市，而河西亦用西域金银钱，便可知当时对西域贸易之盛。所以隋世设官，陆路有互市监。炀帝招致诸国，来者颇多。当时裴矩曾撰有《西域图记》，惜乎今已不传。而史官纪录，亦多无存，以致《隋书》的《西域传》，语焉不详罢了。隋时通西域的路有三：北道出伊吾，过铁勒、突厥之地，而至拂菻。中道出葱岭，经昭武九姓诸国而至波斯，南道度葱岭至北印度。唐时，陆路交通，益形恢廓，《唐书•地理志》载贾耽所记入四夷之路，最要者有七：其中第一、第

三、第四、第五、第六都是陆路。除第三夏州塞外通大同、云中道，全在今日邦域之内；第五自安西入西域道，与隋时入西域之路略同外，又有：第（一），营州入安东道。自今热河境，东经辽东至平壤，南至鸭绿江，北至渤海。第（四），中受降城入回鹘道。自今绥远境内黄河北岸的中受降城起，渡沙漠，至色楞格河流域。再北逾蒙古和西伯利亚的界山，而至贝加尔湖。东北经呼伦湖，而通兴安岭两侧的室韦。第（六），安南通天竺道。自安南经现今的云南至永昌。分为南北两道。均经缅甸境入印度。而安南又别有一路，过占城真腊而至海口，与第七广州通海之道接。其第（二）自登州海行入高丽、渤海道，至鸭绿江口，亦分歧为两：由陆路通渤海、新罗。第（一）道自平壤南至鸭绿江，也是与此道接的。

陆路的交通，道路的修治既难，资粮的供给又不易。所以大陆交通的发达，转在海洋交通之后。唐时，国威遐畅，于这两点，亦颇费经营。《唐书·回鹘传》说：太宗时，铁勒诸部来降，请于回纥、突厥部治大涂，号参天至尊道，于是诏碛南鹛鹈泉之阳，置过邮六十八所，具群马、湩、肉，以待使客，《吐蕃传》亦说：当时轮台、伊吾屯田，禾菽相望。虽然为物力所限，此等局面不能持久，然而一时则往来之便，确有可观。中外文化的能互相接触，也无怪其然了。

◆ 第二十三章　隋唐的制度 ◆

隋唐的制度，大略是将魏、晋、南北朝的制度，加以整理而成的。但自唐中叶以后，因事实的变迁，而制度亦有改变。

自魏、晋以后，平时不设宰相，而尚书、中书和门下，迭起而操宰相之权。隋改中书为内史。唐初复旧。以三省长官为宰相。中书取旨，门下封驳，尚书承而行之。其后多不除人，但就他官加一个同平章事，或同中书门下三品的名目。而中书门下之事，实亦合议于政事堂，并非真截然分立的。尚书，历代都分曹治事。至隋才设六部，以总诸曹。自唐以后，都沿其制。御史一官，至唐而威权渐重。所属有三院：台院，侍御史属焉。殿院，殿中御史属焉。监院，监察御史属焉。御史弹劾，本来只据风闻。唐贞观中，才于台中置东西二狱。自此御史台渐受辞讼，侵及司法的权限。专制之世，君主威权无限。和君主接近的人，便为权之所在。而君主又每好于正式机关之外，另行委任接近之人。唐朝的学士，本只是个文学侍从之官，翰林尤其是杂流待诏之所，并不是学士。但是后来，渐有以学士而居翰林中的。初代中书舍人掌文诰。后来就竟代宰相，参与密谋。这也和魏晋以后的中书门下如出一辙。外官则因东晋以来，州的区域缩小，至隋世，遂并州郡为一级。唐代因之，而于其上更置“监司之官”。这颇能回复汉代的旧规。但中叶以后，节度握权，诸使名目尽为所兼，而支郡亦受其压制，尽失其职，不复能与朝廷直接。名为两级，实在仍是三级制了。

两汉行今文经说，只有一大学。晋武帝时，古文经之说既行，才别设国子学。自此历代或国子大学并置，或但设国子学。至隋，国子始自为一监，不隶太常。唐有国子学、太学、四门学、律学、书学、算学六学，都隶国子监。但其学生，多以皇亲、皇太后亲、皇后亲和大臣子弟，分占其额，不尽是平民进的。从东汉以后，学校已不是学问的重心，只是进取之阶，选举上之一途而已。

选举制度，隋唐时有一大变迁。隋炀帝始设进士科，而其制不详。唐时则设科甚多，其常行的为明经、进士两科。明经试帖经、墨义，进士试诗赋。一则但责记诵，失之固陋。一又专务辞藻，失之浮华。然所考试的东西，虽不足取，而以考试之法论，则确是选举制度的一大进步。原来隋唐时的科举，原即两汉以来的郡国选举。前此无正式考试之法，则举者不免徇私。士有才德而官不之举，亦属无可如何。唐制，则士可投牒自列，州县就加考试，送至京师，而试之于礼部。则举否之权，不全操于州县长官，而毫无应试本领的人，也就不敢滥竽充数了。此外唐朝还有一种标明科目，令臣下荐举的，谓之制科。是所以待非常之才的。其选官，则文选属于吏部，武选属于兵部。吏部于六品以下的官，都始集而“试”，观其书判。已试而“铨”，察其身言。已铨而“注”，乃询其便利而“拟”。唐初铨选，仍有衡鉴人才之意。裴光庭始创循资格，以限年蹑级为事，又专以资格用人了。汉世郡县之佐，都由其长官自辟。所辟的大都是本地人。历代都沿其制。隋文帝才尽废之，别置品官，悉由吏部除授。这两事，都是防弊之意多，求才之意少。然而仕宦既成为利禄之途，其势亦不得不如此。

兵制：隋、唐两朝，都是沿袭后周的。而唐朝的府兵，制度尤为详备。其制：全国设折冲府六百三十四，而在关内的二百六十一。每府各置折冲都尉，而以左右果毅都尉为之副。上府千二百人，中府千人，下府八百。诸府皆分隶于卫。平时耕以自养。战时召集。临时命将统率。师还，则将上所佩印，兵各归其府。颇得兵农合一之意。但是练兵是所以对外的。承平无事之时，当然不免废弛。所以高宗、武后之世，其法业已渐坏，至于不能给宿卫。宰相张说，乃请代以募兵，谓之彍骑。如此，边庭上的兵，自然也不能仰给于府兵，而不免别有所谓藩镇之兵了，唐初戍边的兵，大者称军，小者或称守提，或称城，或称镇，都有使而总之以道。道有大总管。后来改称大都督。高宗以后，都督带使持节的，则谓之节度使。玄宗时，于沿边设十节度经略使。其兵多强。而内地守备空虚，遂酿成安史之乱。安史乱后，则藩镇遍于内地。到底不可收拾，而酿成五代的分裂了。

隋、唐的法律，大体也不过沿袭前朝。而刑罚种类等级，则至隋时又一进步。自汉文帝除肉刑而代以髡笞。髡法过轻，而略无惩创。笞法过重，而至于死亡。后乃去笞而独用髡。减死罪一等，即止于髡钳，进髡钳一等，即入于死罪。轻重失宜，莫此为甚。从隋唐以后，才制笞、杖、徒、流、死五刑。其中又各分等级。自此以后，刑罚轻重得宜，前此复肉刑的议论，就无人提起了。又隋以前的法律，只有刑法，到唐朝，则又有所谓《六典》。此书是仿照《周礼》，以六部为大纲而编纂的。一切国家大政，都具其中，俨然是一部完备的行政法典。后来明清的《会典》，都是渊源于此的。

◆ 第二十四章　隋唐的学术和文艺 ◆

隋、唐承南北朝之后，在思想界，佛学的发达，可谓臻于极盛。这个留待下章再讲。而儒家的辟佛，亦起于此时。首创其说者为韩愈。宋人辟佛的，颇乐道其说。经学：自魏、晋以后，两汉专门的授受，渐次失传，于是有义疏之学。在南北朝时，颇为发达。然其说甚繁杂，于是又有官纂的动机，其事至唐代而告成。便是太宗敕修，至高宗时再加订定而颁行的《五经正义》。唐人经学本不盛，治经的大多数是为应明经举起见。既有官颁之本，其他遂置诸不问了，于是义疏之学亦衰。惟啖助、赵匡的治《春秋》，于《三传》都不相信，而自以其意求之于经文，则实为宋人经学的先声。

自汉以后，作史的最重表志纪传和编年两体，已见第九章。而表志纪传一体，尤为侧重。又新朝对于旧朝，往往搜集其史料，勒成一书，亦若成为通例。唐朝自亦不能外此。惟前此作史的，大抵是私家之业，即或奉诏编撰，亦必其人是素来有志于此，或从事于此的。唐时所修晋、宋、齐、梁、陈、魏、周、齐之史，都系合众撰成。自此以后，“集众纂修”，遂沿为成例。旧时论史学的，都说众纂之书，不如独撰。在精神方面，固然如此，然后世史料日繁，搜集编排，都非私人之力所及，亦是不得不然的。又众纂之书，亦自有其好处。因为从前的正史，包蕴宏富，一人于各种学问，不能兼通，非合众力不可。《晋书》的纪传，虽无足观，而其志则甚为史学家所称许，即其明证。唐代的史学，还有可特别记述的。其（一）专讲典章经制的，前此没有，至唐而有杜佑的《通典》。其（二）前此注意于史法的很少，至唐而有刘知幾的《史通》。

与其说隋、唐是学术思想发达的时代，不如说隋、唐是文艺发达的时代。散文和韵文，在其时都有很大的变化。从齐梁以后，文字日趋于绮靡，以致不能达意，已见第十七章。在此种情势之下，欲谋改革，有三条路可走：其（一）是废弃文言，专用白话。唐代禅家的语录，以及民间通行的通俗小说，就是从此路进行的。此法在从前尚文之世，不免嫌其鄙陋。而且同旧日的文章，骤然相隔太远，其势亦觉不便。所以不能专行。其（二）则以古文之不浮靡者为法。如后周时代，诏令奏议，都模拟三代是。此法专模仿古人的形式，实亦不能达意，而优孟衣冠，更觉可笑。所以亦不可行。第（三）条路，则是用古人作文的义法，来运用今人的语言。如此，既不病其鄙陋，而又便于达意。文学的改革，到此就可算成功了。唐时，韩愈、柳宗元等人所走的，就是这一条路。此项运动，可说起于南北朝的末年，经过隋代，至唐而告成功的。此项新文体虽兴，但旧时通行的文体，仍不能废。中国文字，自此就显分骈散两途了。后人以此等文体，与魏晋以来对举，则谓之散文。做这一派文字的人，自谓取法于古，则又自称为古文。

韵文之体，总是随音乐而变化的。汉代的乐府，从东晋以后，音节又渐渐失传了。隋唐音乐，分为三种：一为雅乐，就是所谓古乐。仅用之于朝庙典礼。一为清乐，就是汉代的乐府，和长江流域的歌词，存于南朝的，隋平陈之后，立清商署以总之。其中在唐代仍可歌唱的，只有绝句。只有外国输入的燕乐，流行极盛。依其调而制作，则为词，遂于韵文中别辟新体。但是唐代最发达的，不是词而是诗。诗是汉朝以来，久已成为吟诵之物。大抵韵文的起源，必由于口中自然的歌调——歌谣。而其体制的恢廓，辞藻的富丽，则必待文人为之，而后能发挥尽致。

在唐代，正是这个时候了。其时除五言古诗，沿袭前人体制外，自汉以来的乐府，则又变化而成歌行。自齐、梁以来，渐渐发生的律体，亦至此而告大成。这是体制的变化，其内容：则前此的诗，都是注重于比兴。唐人则兼长叙事。其中最有力的人物，就是杜甫。他所做的诗，能把当时政治上的事实和社会上的情形，一一写出，所以后人称为诗史。其后韩愈、元稹、白居易等，也是很长于叙事的。唐诗，旧说有初、盛、中、晚之分，虽没有截然的区别，也可代表其变化的大概。大抵初唐浑融，盛唐博大，中唐清俊，晚唐稍流于纤巧，然亦是各有特色的。宋朝人的诗，非不清新，然而比之唐人，就觉其伧父气了。

书法，唐人擅长的也很多。大抵承两晋、南北朝之流，而在画学上，则唐代颇有新开创。古代绘画，最重人物。别的东西，都不过人物的布景。后来分歧发达，才各自成为一科。而山水一科，尤为画家才力所萃。唐时王维和李思训，号称南北两派之祖。南派神韵高超，北派勾勒深显。宋元明清的画家，都不能出其范围。其擅长人物的，如吴道子等，亦盛为后世所推重。又有杨惠之，善于塑像。最近，在江苏吴县、昆山间的角直镇，曾发现其作品。现已由当地郑重保存了。

◆ 第二十五章　佛教的分宗和新教的输入 ◆

中国的文明，在各方面都颇充实的，唯在宗教方面，则颇为空虚。此由中国人注重于实际的问题，而不甚措意于玄想之故。信教既不甚笃，则凡无害于秩序和善良风俗的，都可以听其流行。所以在政治上、社会上，都没有排斥异教的倾向。而各种宗教，在中国都有推行的机会。

其中最发达的，自然要推佛教。佛教初输入时，大约都是小乘。公元四〇一年，鸠摩罗什入长安，大乘经论才次第流传，佛教遂放万丈的光焰。

佛教中典籍甚多。大概分之，则佛所说为经；其所定僧、尼、居士等当守的戒条为律；菩萨所说为论。佛教中亦分派别，是之谓宗。各宗各有其所主的经、论。虽然殊途同归，而亦各有其独到之处。自晋至唐，佛教的分宗，凡得十余，其中发挥哲理最透彻的，要推华严、法相、天台三宗，是为教下三家，禅宗不立文字，直指心源，谓之教外别传，净土一宗，弘扬念佛，普接利钝，在社会上流行最广。

中国的佛教，有一特色，便是大乘的发达。大乘是佛灭后六百年，才兴于印度的。其时已在汉世。至唐中叶，而婆罗门教复兴。佛教在印度，日渐衰颓，所以大乘在印度的盛行，不过六七百年之谱。其余诸国，不能接受大乘教义，更不必论了。独在中国，则隋唐之间，小乘几于绝迹，而且诸宗远祖，虽在印度，其发挥精透，则实在我国，华严和禅宗皆然。

天台宗则本为智者大师所独创，这又可见我国民采取融化他国文化的能力了。

佛教而外，外国宗教输入的，还有几种：

一为祆教（Mezdeisme）。即火教，亦称胡天。此教为波斯的国教。系苏鲁支（Zoroaster）所创。立善恶二元，以光明代表净和善，黑暗代表秽和恶。所以崇拜火和太阳。南北朝时，其教渐传至葱岭以东。因而流入中国。北朝的君主，颇有崇信他的。唐时，大食盛强。波斯和中亚细亚都为所占。祆教徒颇遭虐待，多移徙而东，其流行中国亦渐盛。

二为摩尼教(Manicheisme)。此教原出火教。为巴比伦人摩尼(Mani)所创。事在公元二二四年，亦为波斯所尊信。六九四年，波斯拂多诞，始持经典来朝。七一九年,吐火罗国又献解天文人大慕阇。据近来的考究，都是摩尼教中人。七三二年,玄宗诏加禁断。然回纥人信奉其教。安史乱后，回纥人在中国得势。摩尼教复随之而入，传布及于江淮。文宗时，回纥为黠戛斯所破。武宗乃于八四五年，更加禁止。武宗这一次所禁，是并及于佛教的。但是佛教在中国，根底深厚，所以宣宗即位之后，禁令旋即取消。摩尼教却不能复旧了。然南宋时，其教仍未尽绝。其人自称为明教。教外之人，则谓之吃菜事魔。其教徒不肉食，崇尚节俭，又必互相辅助，所以致富的颇多。

三为景教。是基督教中乃司脱利安(Nestorius)一派。因为创立新说，为同教所不容,谪居于小亚细亚。波斯人颇信从他。渐次流行于中亚细亚。公元六三八年，波斯阿罗本（Olopen）赍其经典来长安。太宗许其建立波斯寺。七四五年，玄宗因波斯已为伊斯兰教徒所据，而景教原出大秦，乃改波斯寺为大秦寺。七八一年,寺僧景净,建立《大秦景教流行中国碑》,于明末出土。于基督教初入中国的情形，颇足以资考证。

四为伊思兰教（Islam)。此教今日通称为回教，乃因回纥人信奉之而然，其实非其本名。此教当唐末，才流行到天山南路。其时适回纥为黠戛斯所破，遁逃至此，渐次信从其教。至元时，西域和天山南路的回族，多入中国，其教遂随之而流行。然其初来，则实从海道。何乔远《闽书》卷七，述其历史，谓吗喊叭德门徒，有大贤四人。唐武德中来朝，遂传教中国。一在广州，一在扬州，其二在泉州云云。其说虽不尽足据。然回教的初至，当随大食人从海道而来，则似无疑义了。

第二十六章　中外文化的接触

文化两字，寻常人对于他，往往有一种误解，以为是什么崇高美妙的东西，其实文化只是生活的方式。各国民所处的境界不同，其生活方式，自然不同，文化也因之有异了。人类是富于模仿性的，见他人的事物和自己不同，自会从而仿效。而彼此的文化，遂可以互相灌输。

中国是文明古国，尤其在东洋，是独一无二的文明之国，其文化能够裨益他人的自然很多，然而他人能裨益我的地方，亦复不少。

在东方，朝鲜半岛的北部，本来是中国的郡县，后来虽离我而独立，可是其民族，久经我国的教导启发。所以高句丽、百济，在四夷之中，要算和我最为相像。简直可说是我国文化的分支。而此文化，复经半岛而输入日本。日本初知中国文字，由百济博士王仁所传，其知有蚕织，则由归化人弓月君所传。这两人，据说都是中国人之后，这大约是东晋时代的事。至南北朝时，日本也自通中国，求缝工、织工。隋时，其使小野妹子，始带着留学生来。唐时，其国历朝都遣使通唐，带来的留学生尤多。归国后，大革政治，一切都取法于我。从此以后，日本遂亦进为文明之国。朝鲜是我的高第弟子，日本都是我的再传弟子了。

其在南方，则后印度半岛的一部分，自唐以前，亦是我国的郡县。所以华化亦以此为根据，而输入南洋一带。其中如澜沧江下流的扶南，其知着衣服，实由我国使者的教导。又如马来半岛的盘盘、投和，其设官的制度，颇和中国相像。大约是效法交州诸郡县的。后印度半岛，其文化以得诸印度者为多，然而传诸我国者，亦不是没有了。

西南方及西方，有自古开化的印度和西亚及欧洲诸国，和东南两方榛榛狉狉的不同。所以在文化方面，颇能彼此互有裨益。其裨益于我最大的，自然要推印度。佛教不必说了。我国人知有字母之法，亦是梵僧传来的。此外建筑，则因佛教的输入，而有寺塔。南北朝、隋、唐，崇宏壮丽的建筑不少。绘画则因佛教的输入，而有佛画。雕刻之艺，亦因之而进步。其中最伟大的，如北魏文成帝时的武州石窟，及宣武帝时的伊阙佛像，当时虽稍劳费，至今仍为伟观。在日常生活上，则木棉的种植和棉布的织造，虽不知道究竟从那一方面输入，然而世界各国的植棉，印度要算很早。我国即非直接从印度输入，亦必间接从印度输入的。而蔗糖的制法，亦系唐太宗时，取之于印度的摩揭陀国。西域文化，影响于我最大的，要算音乐。自南北朝时，开始流行，至隋时，分乐为雅俗二部。俗部中又分九部，其中除清乐、文康，为中国旧乐，及高丽之乐，来自东方外，其余六部，都出自西域。唐太宗平高昌，又益之以高昌乐，共为十部。自古相传的百戏，亦杂有西域的成分。其中最著称的，如胡旋女、泼寒胡等都是。西域各国输入的异物，大抵仅足以广见闻，无裨实用。惟琉璃一物，于我国的工业，颇有关系。此物夙为我国所珍贵。北魏太武帝时，大月氏商人，来到中国，自言能造。于是采矿山中，令其制造。《北史》说："自此琉璃价贱，中土不复珍之。"可见所造不少。其后不知如何，其法又失传，隋时，又尝招致其人于广东，意图仿造，结果未能成功。然因此采取其法而施之于陶器，而唐以后的瓷器，遂大放其光焰。这可称所求在此，其效在彼了。西方人得之于我的，则最大的为蚕织。此物在西方，本来最为贵重。罗马时代，谓与黄金同重同价，安息所以要阻碍中国、罗马，不便交通，就在独占丝市之利，而罗马所以拼命要通中国，也是如此。直至公元五五〇年，才由波斯人将蚕种携归君士坦丁。欧洲人自此，始渐知蚕织之事。

北俗最称犷悍，而其生活程度亦最低，似无能裨益于我。然而我国的日常生活，亦有因之而改变的。我国古代的衣服，本是上衣而下裳。深衣则连衣裳而一之。脚上所着的，则是革或麻、丝所制的履或草屦。坐则都是席地。魏晋以后，礼服改用袍衫，便服则尚裙襦。要没有短衣而着袴的。靴则更无其物。虽亦渐坐于床，然仍是跪坐。而隋唐以后，袴褶之服，通行渐广。着靴的亦日多。这实是从胡服而渐变。坐则多据胡床，亦和前此的床榻不同了。这是说北族的文化，被我来取的。至于我国的文化，影响于北族，那更指不胜屈。凡历史所谓去腥膻之习、袭上国之法，无一不是弃其旧俗而自同于我的。如渤海便是一个最好的例证。其事既多，自无从一一列举了。

◆ 第二十七章　唐中叶以后的政局 ◆

军人跋扈，是紊乱政治的根本，而亦是引起外患的原因。唐中叶后，却内外俱坐此弊。

其原因，起于武力的偏重。唐自府兵制坏，而玄宗置十节度、经略使以备边。于是边兵重而内地的守备空虚，遂成尾大不掉之势。其时，东北和西北两边，兵力尤重。而安禄山又以一胡人而兼范阳、平卢两镇，遂有潜谋不轨之心。玄宗在位岁久，倦于政事。初用李林甫为相，任其蔽聪塞明。继又因宠杨贵妃之故，而用杨国忠。国忠是和禄山不合的，又以事激之使反。公元七五五年，禄山遂反于范阳。禄山既反，不一月而河北皆陷。进陷河南，遂入潼关。玄宗奔蜀。至马嵬，兵变，迫玄宗杀贵妃和国忠。而父老都请留太子讨贼。玄宗许之。太子即位于灵武，是为肃宗。禄山本一军人，并无大略。其部下尤多粗才。既入长安，日惟置酒高会，贪求子女玉帛，更无进取之意。所以玄宗得以从容入蜀，而肃宗西北行，亦无追迫之患。禄山旋又为其子庆绪所杀，贼将多不听命令，其势益衰。于是朔方节度使郭子仪，以兵至行在。先出兵平河东，次借用回纥和西域的兵，收复两京。遂合九节度的兵，围安庆绪于邺。其时官军不置统帅，号令不一，军心懈怠。而贼将史思明，既降复叛。自范阳发兵南下。官军大败。思明杀安庆绪，复陷东京。旋进陷河阳、怀州。唐命李光弼统兵，与之相持。思明旋亦为其子朝义所杀。七六二年，肃宗崩，代宗立。朝义诱回纥入寇。代宗命蕃将仆固怀恩，往见其可汗，与之约和。即借其兵以讨朝义。才算把他打平。然而唐室自此就不能复振了。其原因：

（一）回纥自此大为骄横。又吐蕃乘隙，尽陷河西、陇右。自玄宗时，南诏并六诏为一，后亦叛中国，与吐蕃合。边患日棘。

（二）史朝义败亡时，仆固怀恩实为大将。怀恩意欲养寇自重，贼将投降的，都不肯彻底解决，而就授以官。于是昭义、成德、天雄、卢龙、平卢诸镇，各据土地，擅赋税，拥兵自固。唐朝一方面，亦藩镇遍于内地，跋扈不听命令的很多，甚至有与安、史遗孽互相影响的。

然而根本的大患，还不在此。从来遭直艰难之会，最紧要的是中枢。中枢果能振作，不论如何难局，总可设法收拾的。而唐自中叶以后，其君又溺于宦侍。肃宗既信任李辅国、代宗又信任程元振。遂至吐蕃的兵，打入京城。代宗逃到陕州。洮西的神策军，自安史乱后，驻扎于此。吐蕃兵退后，宦官鱼朝恩，即以这一枝兵，护卫代宗回京城。于是神策军渐与禁军齿，变成天子的亲兵了。

代宗死后，德宗继立。颇思振作。其时昭义已为天雄所并，卢龙对朝廷亦恭顺，而成德、天雄、平卢，联兵拒命，山南东道亦叛。德宗命神策及河东兵与卢龙合攻三镇，淮西兵讨平山南。而卢龙及淮西复叛，发泾原兵东讨。过京师，以不得赏赐，作乱。奉朱泚为主。德宗奔奉天。为泚所围攻。赖浑瑊力战，又得河中节度使李怀光入援，围乃解。怀光恶宰相卢杞，欲面陈其奸，为杞所阻，又反。德宗再奔梁州。于时叛者四起，而朝廷的兵力、财力，都很薄弱。不得已，乃听陆贽的话，赦其余诸人的罪，专讨朱泚。幸赖李晟忠勇，得以收复京城。又得马燧，打平河中。然而其余诸镇，就只好置诸不问了。而德宗回銮以后，鉴于人心的反复，遂至文武朝臣，一概不信，而专信宦官。命其主管神策军。而神策军的饷赐，又最优厚，诸军多自愿隶属。其数遂骤增至十五万。

宦官得此凭借，遂起而干涉朝政。唐朝的中央政府，就更无振作之望了。

德宗崩后，子顺宗立。顺宗为太子时，即深恶宦官。及即位，用东宫旧臣王叔文等，要想除去宦官。而所谋不成，顺宗以疾传位于宪宗，叔文等多贬谪而死。宪宗任用裴度，讨平淮西，河北三镇亦都听命，实为唐事一大转机。宪宗被弑，穆宗即位。因宰相措置失宜，三镇复叛。用兵不克。只得赦其罪而罢兵。自此河北三镇，终唐之世，不能复取了。穆宗之后，传敬宗以至文宗。初用宋申锡为相，继又不次擢用李训、郑注，谋诛宦官，都不克。甘露之变以后，帝遂为宦官所制，抑郁而崩。武宗立，颇英武，能任用李德裕，讨平刘稹之叛。宣宗立，政治亦颇清明，人称为小太宗。当德宗时，西川节度使韦皋，招徕南诏，与之共破吐蕃。文宗时，回纥为黠戛斯所破。宣宗时，吐蕃内乱，中国遂乘机收复河湟之地。天宝以后的外患，至此亦算解除。然而自宪宗以后，无一君非宦官所立，中央的政治，因此总不能清明；而外重之势，亦无术挽回，总不过苟安罢了。宣宗之后，懿宗、僖宗两代，又均荒淫。僖宗年幼，尤敬信宦官田令孜。一切都听他主持。流寇之祸又起，到底借外力打平，唐室就不能支持了。

沙陀是西突厥别部。西突厥亡后，依北庭都护府以居。后引吐蕃陷北庭。又为吐蕃所疑，乃举部归中国。中国人处之河东。简其精锐的为沙陀军。懿宗时，徐、泗兵戍桂州的作乱，北还。靠着沙陀兵打平。于是其酋长朱邪赤心，赐姓名为李国昌，用为大同节度使。后又移镇振武。国昌的儿子克用，叛据大同。为幽州兵所破。父子俱奔鞑靼。八七五年，黄巢作乱。自河南经山南，沿江东下，入浙东，经福建，至岭南，再北出，渡江，陷东都，入潼关。田令孜挟僖宗走蜀。诸方镇多坐视不肯出兵。讨贼的兵，亦不肯力战。不得已，赦李克用的罪，召他回来。李克用带着沙陀、鞑靼万余人而南。居然把黄巢打平。然而沙陀之势，就不可复制了。

黄巢乱后，唐室的威灵，全然失坠。沙陀雄踞河东。黄巢的降将朱全忠据宣武。韩建、王行瑜、李茂贞等，又跋扈关内。僖宗崩后，昭宗继立。百计以图挽回，终于无效。朝廷每受关内诸镇的胁迫，多借河东以解围。自黄巢亡后，其党秦宗权复炽，横行河南。此时朱全忠的情势，甚为危险。而全忠居围城之中，勇气弥厉。到底乘宗权兵势之衰，把他灭掉。又吞并山东和淮北，服河北三镇，并河中，降义武。取泽、潞及邢、洺、磁。连年攻逼太原，于是河东兵势亦弱，唯全忠独强。昭宗和宰相崔胤谋诛宦官。宦官挟李茂贞以自重。崔胤召朱全忠的兵。宦官遂劫帝如凤翔。全忠进兵围之。茂贞不能抗，奉昭宗如全忠营。于是大诛宦官。而昭宗亦被全忠劫迁于洛阳。旋弑之而立昭宣帝。九〇七年，唐遂为梁所篡。

这时候，除河东以外，又有吴、吴越、楚、闽、南汉、前蜀六国，遂入于五代十国之世。

◆ 第二十八章　隋唐的社会 ◆

从南北朝到隋唐，是由战乱而入于升平的。隋文帝本是个恭俭之主。在位时，国富之盛，甲于古今。虽然中经炀帝的扰乱，然而不久，天下即复见清平。唐太宗尤为三代以下令主。贞观、永徽之治，连续至三十年。亦和汉代的文、景，相差不远。以理度之，天下该复见升平的气象了。果然，《唐书·食货志》说太宗之治，“行千里者不赍粮，断死刑岁仅三十九人”。这话虽或言之过甚，然而当时，海内有富庶安乐的气象，大约不是虚诬的。然而这亦不过总计一国的财富有所增加，无衣无食的人或者减少些，至于贫富的不均，有资本的人对于穷人的剥削，则还是依然如故。所以一方号为富庶，一方面，自晋以来，一贯的平均地权的政策，不但不能因承平日久而推行尽利，反因其有名无实而并其法亦不能维持了。

晋朝的户调式、北魏的均田令、唐朝的租庸调法，三者是相一贯的，而唐制尤为完备。其制：一丁男年十八以上，授田一顷。老及笃、废疾四十亩。寡妻妾三十亩——当户的加二十亩——都以二十亩为世业，余为口分。田多可以足其人的为宽乡，不足的为狭乡。狭乡授田，减宽乡之半。乡有余田，是要以给比乡的。州县亦然。庶人徙乡和贫无以葬的，得卖世业田。其自狭乡徙宽乡的，得并卖口分田。这大约是奖励其迁徙，即以卖田所得，作为迁徙的补助费的意思。其取之之法：则岁输粟二石为租。用人之力，岁二十日，闰加二日，不役的每日折输绢三尺，为庸。

随乡所出，输丝、绵、麻或其织品为调。此等制度果能尽力推行，亦足使农人都有田可种，而且无甚贫甚富之差。然而政治上有名无实的措施，敌不过社会上自古相沿的习惯。所以民间的兼并如故。而史称开元之世，其兼并，且过于汉代成、哀之时。授田之法，既已有名无实，却因此又生一弊。汉代的田租，所税的是田；口赋，所税的是人，二者本厘然各别。自户调法行，各户既有相等之田，自然该出相等之税，两者遂合为户赋。授田之法既废，田之有无多寡，仍不相等，而仍按其丁中，责以输相同之赋，就不免有田者无税，无田者有税，田多者税少，田少者税多了。于是人民不逃之宦、学、释、老，即自托于客户。版籍混淆，而国家的收入，亦因之而大减。唐玄宗时，宇文融曾请括籍外羡田，以给逃户，行之未有成效。七八〇年，德宗的宰相杨炎，才定两税之法。不再分别主客户，但就其现居之地为簿，按其产业的多少以定税。于是负担的重轻和贫富相合；而逃税的人，亦多变而要输税。财政上的收入，自然可以增加。然而制民之产之意，则荡焉以尽了。从晋武平吴创户调式至此，为时恰五百年。

要解决民生问题，平均地权和节制资本，二者必须并行。节制资本，一则宜将事业之大者，收归官营。一则要有良好的税法。官营事业，在从前疏阔的政治之下，不易实行。至于税法，则从前的人，泥于古制，以为只有田租口赋，是正当的收入。于是各种杂税，非到不得已时，不肯收取。一遇承平，就仍旧把他罢免。隋文帝得位之后，即将盐池、盐井、酒坊、人市之税，概行罢免，即其一例。唐中叶以后，虽亦有盐茶等税，然皆因财政竭蹶而然，节制资本之意，丝毫无有，所以资本反而更形跋扈。即如两税以资产为宗，不以身丁为本，似得平均负担之意。然而估计资产，其事甚难。所以当时陆贽就说：有“藏于襟怀囊箧物，贵而人莫窥”的。有“场圃囷仓，直轻而众以为富”的。有“流通蕃息之货，数寡而日收其赢”的。有“庐舍器用，价高而终岁寡利”的。“计估算缗，失平长伪。”

须知社会的情形复杂了，赋税便应从多方面征收，尤应舍直接而取间接。而当时的人，只知道以人为主，而估计其家赀，自然难于得实了。而从此以后，役法亦计算丁资两者而定，诒害尤烈，详见三十一和三十六章。

要社会百业安定，必须物价常保其平衡。《管子·轻重》诸篇，所说的就是这个道理。后世市场广大，而国家的资力有限，要想控制百物的价格，自然是办不到的。只有食粮，因其与民生关系最大，所以历代政府，总还想控制其价格。其办法，便是汉朝耿寿昌所倡的常平仓。谷贱时增价而籴，谷贵时减价而粜。既可以平市价，而其本身仍有微赢，则其事业可以持久。这原是个好法子。但亦因市场广而资本微之故，不能左右物价。即使当粮食腾贵之时，能将他稍稍压平，其惠亦仅及于城市中人，大多数的农民，实在得不到救济。所以隋朝的长孙平又创义仓之法。以社为范围，收获之日，劝课人民，量出粟麦，即在当社，设仓贮蓄。遇有歉岁，则以充赈济。此法令人民以互助为自助，亦是很好的法子。惜乎其法仅限于凶荒时的赈济，则用之有所不尽。后来并有移之于州县的，那更全失其本意了。

社会的阶级制度，当隋，唐之世，亦是一个转变的时代。六朝时门阀之盛，已见第十八章。隋、唐时，表面上虽尚保持其盛况，然而暗中已潜起迁移。原来所谓门阀，虽不以当时的官位为条件。然而高官厚禄，究是维持其地位的重要条件。魏晋以后，门阀之家，所以能常居高位，实缘九品中正之制，为之维持之故。隋时，把此制废了，又尽废乡官。于是要做官的人，在本乡便无甚根据，而不得不求之于外。门阀之家，在选举上占优势，原因其在乡里有势力之故。离开了乡里，就和“白屋之子”无甚不同。而科举之制，又使白屋之子，可以平步而至公卿。于是所谓阀阅之家，除掉因相沿的习惯，而受社会的尊敬外，其他便一无所有。此种情势，终难持久，是不待言而可知的。所以一到五代，就要“取士不问家世，婚姻不问阀阅”了。这固然有阶级平夷之美，然而举士本于乡里，多少要顾到一点清议。清议固然不能改变人的心术，却多少能检束其行为。所以无耻之事，即在好利干进之徒，亦有所惮而不敢出。至于离开了乡里，就未免肆无忌惮。就有蹇驴破帽，奔走于王公大人之门的。所谓气节，遂荡焉以尽。藩镇擅土，士亦争乐为之用。其结果，自然有像冯道般的长乐老出来了。宋代士大夫的提倡气节，就是晚唐、五代的一个反动。

◆ 第二十九章　五代的混乱 ◆

五代时的国，原不过唐朝藩镇的变形。这许多武人，虽然据土自专，其实并无经营天下的大志，不过骄奢淫逸而已。所以除中原之地，战争较烈外，其余列国之间，兵事颇少。

本族纷争不已，必然要引起外患，这是最可痛心的事。当唐之末年，梁之形势，本已独强，所以能篡唐而自立。然而梁太祖死后，末帝懦弱。而晋则李克用死后，子存勖继立，年少勇于攻战。于是形势骤变。河北三镇和义武都入于晋。梁人屡次攻战，都不得利，只得决河以自守。李存勖自称皇帝，建国号为唐。是为后唐庄宗。九二三年，庄宗破梁兵于郓州。乘梁重兵都在河外，进兵直袭大梁。末帝自杀。梁亡，后唐迁都洛阳。

后唐庄宗，本是个骄淫的异族。虽然略有犷悍之气，却并不懂得什么叫政治的。所以灭梁之后，立刻骄侈起来。宠信伶人宦官，政治大坏。九二五年，命宰相郭崇韬，傅其幼子魏王继岌伐蜀。把前蜀灭掉。而皇后刘氏，听信宦官的话，自为教与继岌，令其把郭崇韬杀掉。于是中外震骇，讹言四起。魏博的兵，乘机据邺都作乱。庄宗命李克用的养子李嗣源去打他。嗣源手下的兵也变了，劫嗣源以入于邺。嗣源以计诳叛人得出。又听其女婿石敬瑭的话，回兵造反。庄宗为伶人所弑。嗣源即位，是为明宗。明宗在五代诸君中，要算比较安静的。在位八年，以九二三年死。

养子从厚立，是为闵帝。时明宗养子从珂镇凤翔，石敬瑭镇河东，闵帝想把他两调动，从珂便举兵反。闵帝派出去的兵，都倒戈投降。闵帝出奔，被杀。从珂立，是为废帝。又要调动石敬瑭。敬瑭又造反。就把契丹的兵引进来了。

废帝鉴于闵帝的兵的倒戈，所以豫储着一个不倒戈的将，那便是张敬达。于是发兵，把晋阳困起来。石敬瑭急了，乃以割让燕云十六州为条件，求救于契丹。刘知远劝他："契丹只需饵以金帛，便肯入援，不必要这么优厚的条件。"而石敬瑭急何能择，不听。于是契丹太宗发大兵入援。打破张敬达的兵，挟着石敬瑭南下。废帝自焚死。敬瑭受册于契丹，国号为晋，是为晋高祖。称臣于契丹。沙陀虽是异族，业已归化中国。他自己并无根据地，迟早要同化于中国的。李克用等虽是异族的酋长，一方面亦可算作中国的军人。梁、唐的兴亡，也可算是中国军人的自相陵捽，其性质还不十分严重。至于契丹，则系以另一国家的资格侵入的，其性质，就非沙陀之比了。以地理形势论：中国的北部，本该守阴山和黄河。守现在的长城，已非上策。自燕、云割后，不但宣、大全失，山西方面，只有雁门内险可守；河北方面，则举居庸等险而弃之，遂至专恃塘泺之类，以限戎马。宋朝所以不敢和契丹开衅，最大的原因，实缘河北方面，地利全失之故。燕、云不能恢复，女真之祸，自然接踵而来了。所以十六州的割弃，实在是中国最大的创伤。然而外有强敌，而内争不已，其势必至于此而后止。

晋高祖的称臣于辽，臣下心多不服。高祖知国力不足与辽敌，唱高调的人，平时唱着高调，临事未必肯负责任，甚且有口唱高调，实怀通敌之心的。所以始终不肯上当。对辽总是小心翼翼，不失臣礼。九四二年，高祖死了。兄子重贵立，是为出帝。听信侍卫景延广的话，罢对辽称臣之礼。辽人来诘问，景延广又把话得罪他。两国的兵端遂启。国与国的竞争，不但在兵力，而亦在纲纪。纲纪整饬，即使兵力不足，总还可以支持。纲纪荡然，那就无从说起了。晋辽启衅之后，辽兵连年入寇，晋兵从事防御，胜负亦还相当。然而国力疲敝，调兵运饷，弄得骚然不宁，本已有岌岌可危之势。加以假借外力，晋祖既开其端，安能禁人之效尤。于是有替契丹力战的赵延寿，又有举兵以降敌的杜重威。九四六年，辽人遂入大梁，执出帝而去。明年，辽太宗入大梁。

辽太宗是个粗才，不懂得治理中国的——假使这时，来的是太祖，汴梁的能否恢复，就成为问题了——于是遣打草谷军，四出钞掠。又遣使诸道，搜括财帛。多用其子弟亲信为刺史。一班汉奸，因而依附着他，扰害平民，弄得群盗四起。太宗无可如何，反说："我不料中国人难治如此。"乃弃大梁北归。行至滦城而死。刘知远先已自立于太原，及是，发兵入大梁，是为后汉高祖。

后汉高祖，也是沙陀人，入汴后两年而死。子隐帝立。三年而为郭威所篡，中原之地，自后唐入据以来，至此始复脱沙陀的羁轭，而戴汉人为主。汉高祖之弟旻，称帝于太原，称侄于辽，受其封册，是为北汉。

后周高祖篡汉后，三年而殂。养子世宗立。世宗性英武，即位之初，北汉乘丧，合辽兵来伐，世宗自将，大败之于高平。当时天子的卫兵，实即唐朝藩镇之兵的变相，自唐中叶以后，地擅于将，将擅于兵，已成习惯。小不如意或有野心之家饵以重利，便可杀其将而另戴一人，此时的藩镇，看似生杀自由，实则不胜其苦。五代时的君主，所以事势一有动摇，立刻势成孤立，亦由于此。而且累朝不加简阅，全是老弱充数，所以卖主则有余，御敌则不足，这要算是五代时最根本的大患了。世宗自高平回来，深知其弊。于是大加裁汰，又命诸州招募壮勇，送至阙下。择其尤者，为殿前诸军。又裁冗费，修政事，于是国富兵强。这时候，南唐、后蜀，都想勾结契丹，以图中原。世宗乃先出兵伐后蜀，取其阶、成、秦三州。次伐南唐，尽取江北之地，南唐称臣奉贡。九五九年，世宗遂自将伐辽。时值辽穆宗在位，沉湎于酒，国势中衰。世宗恢复瀛、莫、易三州，直趋幽州，恢复亦在旦夕。惜乎天不假年，世宗因患病回军，不久就死了。子恭帝立，还只七岁。当时兵力，最强的是殿前军，而赵匡胤是殿前军的都点检。当主少国疑之日，自不免有人生心，于是讹言契丹入寇，匡胤带兵去防他。至陈桥驿，兵变，拥匡胤回汴京，废恭帝而自立，是为宋太祖。当时偏方诸国，本都微弱不振，而中原经周世宗的整顿，业已富强，加以宋太祖的英明，因而用之，而统一的机运就到了。

◆ 第三十章　宋的统一及其初年的政治 ◆

于此，得将十国的情形，略一叙述。当唐末，割据的有两种人。其一是藩镇。如：

【吴】杨行密，本是唐朝的庐州刺史。八八六年，乘淮南的扰乱，进据广陵。后来秦宗权的将孙儒来攻，行密被他打败，逃回庐州，又逃到宣州，仍被孙孺围起，后乘儒军大疫，把他灭掉。还据广陵。尽并淮南之地。

【吴越】钱镠，是唐朝的杭州刺史。平越州董昌之乱，保据两浙。时在八九六年。

【南汉】刘隐，以九〇五年，做唐朝的岭南节度使。死后，其弟岩继之。保据岭南。

【前蜀】王建，是神策军将。田令孜的养子。随令孜入蜀，为利州刺史。时令孜以其弟陈敬暄为西川节度使。王建和他翻脸。八九三年，把成都攻破。八九七年，又攻并东川。

其二是流寇。

【楚】孙儒死后，其将刘建锋、马殷等，逃据湖南。八九五年，建锋为其下所杀，推殷为主。

【闽】王潮，河南固始人。寿州人王绪造反，攻破固始，用潮为军正。绪因避秦宗权，渡江而南，直流入福建。后为其下所杀，推潮为主。

八九三年，占据福州，潮死后，弟审知继之。

诸国之中，吴的地势和中原最为接近。行密子渥，又尽并江西，地亦最大。九三七年，吴为李昪所篡，改国号为唐，是为南唐传子璟，乘闽、楚的内乱，把他灭掉。遂有觊觎中原之意。前蜀亡后，后唐以孟知祥为西川节度使。知祥攻并东川。于九三三年自立。传子昶，昏愚狂妄，亦想结契丹以图中原。所以周世宗对于这两国，要加以膺惩。湖南自楚亡后，南唐在实际上并未能有其地。其明年，即为辰州刺史刘言所据。自此王逵、周行逢，相继有其地。都居朗州。受署于后周。荆、归、峡三州之地，九〇五年，梁太祖以其将高保融为节度使。从后唐以来，自立为一国，是为南平。宋初诸国皆仅自守，惟北汉倚恃辽援与周本系世仇。至宋初，关系亦未能改善。其情势如此。

宋太祖的政策和周世宗不同。周世宗是想先恢复燕云的，宋太祖则主张先平定中国。这不但避免与辽启衅，亦且西北一带，自五代以来，中国对他的实力，不甚充足。存一北汉，虽然是个敌国，却可替中国屏蔽两面，所以姑置为缓图。九六二年，周行逢卒，子保权幼。潭州将张文表，意图吞并朗州。保权来求救，宋太祖出兵，先因假道，袭灭南平。文表已为朗州兵所击破，宋兵却前进不已。到底将朗州打破，执保权以归。诸国最昏乱的是后蜀，最淫虐的是南汉。宋于九六五、九七一两年，先后把他灭掉。南唐是事中国最谨的，亦以征其入朝不至为名，于九七五年，把他灭掉。如此，吴越知道不能自立了。灭南唐之岁，太祖崩，太宗立。九七八年，吴越遂纳土归降。其明年，太宗自将伐北汉。先是宋亦屡次伐他，其意只在示威，使之不敢南犯，这一次，则决意要灭掉他。于是先分兵绝辽援兵。北汉遂出降。自朱全忠篡唐自立至此，凡七十三年。

五代时偏方诸国，既不大，又不强，扑灭他们，原不算得什么事。但是从唐中叶以来，所以召乱而致分裂之源，则不可不把他除掉。所以召乱而致分裂之源是什么呢？一是禁军的骄横，一是藩镇的跋扈。禁军虽经周世宗的整顿，究竟结习未除。宋太祖便是因此而得大位的。此弊不除，肘腋之间，就不能保其无变，还说得上什么长治久安之计？所以宋太祖先于杯酒之间，讽示典宿卫之将石守信等，令其自请解去兵权。至于藩镇，唐时业已跋扈不堪，五代时更不必说了。宋太祖乃用渐进的手段。凡藩镇出阙的，逐渐代以文臣。属于节度使的支郡，都令直达中央。各州官出阙，都令京朝官出知，以重其体，又特设通判，以分其权。

中央的大权旁落，总是由于兵权和财权的旁落。宋太祖有鉴于此，所以特设转运使于各路，以收财赋之权。诸州的兵，强的都升为禁军，直隶三衙。弱的才留在本州，谓之厢军。不甚教阅，名为兵，其实不过给役而已。如此一来，前此兵骄和外重之患，就都除掉了。然而天下事有利必有弊。宋朝的政策，是聚天下强悍不轨之人以为兵，而聚天下之财于中央以养之。到后来，养兵未得其用，而财政却因之而竭蹶，就成为积弱之势了。又历代的宰相，于事都无所不统。宋朝则中书治民，三司理财，枢密主兵，各不相知，而言路之权又特重。这原是因大权都集于中央，以此防内重之弊的。立法之初，亦可谓具有深意。然而宰相既无大权，而举动又多掣肘，欲图改革，其事就甚难了。这就是后来王安石等所以不能有所成就，而反致酿成党争的原因。

◆ 第三十一章　变法和党争 ◆

宋辽的竞争，开始于九七九年。太宗既灭北汉，即举兵以攻幽州。大败于高梁河。九八五年，太宗听边将的话，命曹彬、田重进、潘美等分道伐辽，又不利。自此以后，宋就常立于防御的地位。一〇〇四年，辽圣宗自将入寇，至澶州。是时太宗已崩，真宗在位。宰相寇准，力劝帝亲征。真宗车驾渡河，乃以岁币银十万两，绢二十万匹成和议。辽主以兄礼事帝。一〇四二年，辽兴宗又遣使来求关南之地。宋仁宗使富弼报之。又增岁币银、绢各十万两、匹。当仁宗时，夏元昊造反。宋人屯大兵于陕西，屡战不胜。一〇四三年，亦以银、绢共二十五万五千成和议，谓之岁赐。

对外的不竞如此，内之则养兵之多，至一百十六万，财政为之困敝，而仍不可以一战。宋代的财政，和前代不同。前代开国之时，大抵取于民者甚轻，所以后来还有搜括的余地。宋朝则因养兵之故，唐中叶后所兴盐茶等税，都没有除掉。就是藩镇的苛税，虽说是削平之时，都经停罢，实亦去之未尽。所以人民的负担，在承平之时，业已不胜其重了。

内治则从澶渊和议成后，宋真宗忽而托言有天书下降。于是封泰山，祀汾阴，斋醮宫观之事纷起，财用始患不足。而政治亦日益因循。真宗之后，仁宗继之。在位最久，号为仁君，然而姑息弥甚。仁宗之后，英宗继之，则在位不过四年而已，未能有所作为。当仁宗时，范仲淹为相。曾有意于改革。然未久，即不安其位而去。至一〇六八年，神宗即位，用王安石为宰相，力行新法，而政治的情势始一变。

王安石的新法，范围所涉甚广。然举其最重要的，亦不过下列三端：

其（一）青苗、免役之法，是所以救济农民的。宋承唐、五代之后，版籍之法既坏，又武人擅土，暴政亟行，其时的农民，很为困苦。而自两税法行之后，估计丁、赀之数，以定户等，而签差以充役。役事重难，有破产不能给的。人民因此，至于不敢多种田，父子兄弟，不敢同居，甚至有自杀以免子孙之役的，其惨苦不可胜言。王安石乃立青苗之法，将各处常平、广惠仓的蓄积，当农时借与人民，及秋，随赋税交纳。取息二分，谓之青苗钱。又立免役之法，令本来应役之户出免役钱，不役之户出助役钱，以其钱雇人充役，免却签差。

其（二）裁兵、置将及保甲，是所以整顿军政的。宋朝既集兵权于中央，沿边须戍守之处，都由中央派兵前往，按时更调，谓之番戍。其意原欲令士卒习劳，不至于骄惰。然而不悉地形，又和当地的百姓不习熟，不能得其助力，往往至于败北。却因此多添出一笔“衣粮”之费，财政更受其弊。安石先将兵额大行裁减。置将统兵，分驻各地，以革番戍之弊。安石之意，以为根本之计，是要行民兵的。于是立保甲之法。令人民以五家为一保，五十家为一大保，五百家为一都保。保有保长，大保有大保长，都保有都保正、副。户有二丁的，以其一为保丁。初令保丁每日轮派五人，警备盗贼。后来教保长以武艺，令其转教保丁。募兵阙，则收其饷，以充民兵教阅之费。

其（三）改革学校、贡举之法，是所以培养人才的。自魏、晋以后，学校久已有名无实，不过是进取之一途而已。科举则进士、明经，所学都失之无用。王安石是主张行学校养士之法的。于是于太学立三舍。初入学的居外舍，以次升入内舍、上舍。上舍生得免礼部试，授之以官。又立律学、武学及医学。于科举，则因自唐以来，俗重进士而轻诸科。

乃罢诸科，独存进士。改试经义、论、策。其所谓经义，则改墨义为大义。又立新科明法，以待士之不能改业的。

王安石所行的新法，以这几件为最有关系。此外尚有农田水利，方田均税等。变法之初，特设制置三司条例司，以规划财政。安石对于理财，最为注意。当其时，一岁的用度，都编有定式。经其整顿之后，中央和各州的财政，都有盈余。宋初官制，最为特别。治事都以差遣，官不过用以定禄、秩而已。神宗才革新官制。一切以唐代为法。遂罢三司，还其职于户部。枢密仅主兵谋，所管兵政，亦还之兵部。新设的机关，亦都废罢。

王安石的新法，范围既广，流弊自然不能没有的。特如青苗，以多散为功，遂不免于抑配。抑配之后，有不能偿还的，又不免于追呼，甚或勒令邻保均赔。保甲则教阅徒有其名，而教阅的人，反因此而索诈。都是显而易见的。然而宋朝当日，既处于不能不改革之势，则应大家平心静气，求其是而去其弊。而宋朝人的风气，喜持苛论，又好为名高。又因谏官权重，朋党之风，由来已久。至此，反对新法的人，遂纷纷而起。反对无效，则相率引去。

安石为相，前后凡七年。终神宗之世，守其法不变。一〇八五年，神宗崩，哲宗立。年幼，太皇太后高氏临朝。以司马光、吕公著为宰相。新法遂尽废。安石之党，多遭斥逐。当时朝臣都奉太皇太后为主，于哲宗的意思，不甚承顺。哲宗怀恨在心。太皇太后崩后，遂相章惇，复行新法，谓之“绍述”。旧党亦多遭斥逐。一一〇〇年，哲宗崩，徽宗立。太后向氏权同听政。颇进用旧党，欲以消弭党见，而卒无成效。徽宗亲政后，亦倾向新党，复行新法。然用一反复无常的蔡京。徽宗性本奢侈，蔡京则从各方面，搜括钱财，去供给他。于是政治大坏，北宋就迫于末运了。

◆ 第三十二章　辽夏金的兴起 ◆

文化是逐渐扩大的。中国近塞诸民族，往往其初极为野蛮，经过若干年之后，忽崭然露头角。其政治兵力和社会的开化，都有可观。这并非其部落中一二伟人所能为，而实在是其部落逐渐进化的结果。辽、夏、金的兴起，都是此例。

现在的热河，自秦、汉至唐，本系中国的郡县。不过地处边陲，多有异族杂居罢了。杂居在这区域中的异族，主要的是鲜卑。当两晋时，鲜卑部落纷纷侵入内地，独有所谓奚、契丹的，仍居住于西辽河上游流域，没有移动。南北朝时，契丹曾为柔然及高句丽所破。隋时，休养生息，渐复其旧。唐武后时，其酋长李尽忠造反，又遭破坏。于是其酋长大贺氏亡，遥辇氏起而代之。然亦积弱不振。到唐末，而其部落中有一伟人出，是为契丹太祖耶律阿保机。契丹旧分八部，部各有一大人。尝公推一大人司旗鼓。“及其岁久，或国有疾疫而畜牧衰”。则公议，更立其次。太祖始并八部为一。遂于九一六年，代遥辇氏，为契丹的君长。这时候，北方适无强部。于是太祖东征西讨，东北灭渤海，服室韦。西北服黠戛斯。西征回鹘，至于河西。其疆域，东至海，西接流河，北至胪朐河，南与中国接壤，俨然北方一大国了。

太祖初与李克用约为兄弟，后又背之，通好于梁，所以李克用很恨他。后唐之世，契丹和中国交兵。其时后唐兵力尚强，契丹不得逞。然而后唐的幽州守将周德威恃勇，弃渝关不守，平州遂为契丹所陷。至于营州，则唐朝设立都督府，本所以管理奚、契丹的。此时契丹盛强，唐室的威灵，久已失坠，其为所占据，更不待言了。太祖死于九二六年，次子太宗立。越十年，而石晋来求援，安坐而得燕云十六州。两河之地，遂为契丹所控制。

太宗是个粗才，所以入中国而不能有。先是太祖的长子名倍，通诗书，善绘画，又工医药等杂技，是个濡染中国文化极深的人。而太祖的皇后述律氏，不喜欢他。平渤海之后，封为东丹王，命其镇守东垂，东丹王浮海奔后唐。废帝败亡时，先杀之而后死。太宗死后，述律后又要立其第三子李胡。李胡暴虐，国人不附。于是契丹人就军中拥立东丹王的儿子，是为世宗。李胡发兵拒敌，给世宗打败。世宗在位仅四年。死后，太宗的儿子穆宗继立。沉湎于酒，不恤国事。中国当此时，很有恢复燕、云的机会，惜乎周世宗早死，以致大功不成。九六九年，穆宗被弑，世宗之子景宗立。在位十四年。子圣宗继之。圣宗年幼，太后萧氏同听政。圣宗时，为辽的全盛时代。澶渊之盟，即成于此时。一〇三一年，圣宗死，子兴宗立。年少气盛，于是有派人到中国来求割关南之举。中国遣富弼报使，反复争辩，才算把求地之议打消。此次所增岁币，中国和契丹，争论纳、贡两个字。《宋史》上说系用纳字，《辽史》上则说用贡字的，未知孰是。然而即使用纳字，也体面得有限了。兴宗时，算是契丹蒙业而安的时代。一〇五五年，兴宗死，子道宗立。任用佞臣耶律乙辛，政治始坏。一一〇一年，道宗死，孙天祚帝立。荒于游畋，于国事简直置诸不管。而东北方的女真，适于此时兴起，辽人就大祸临头了。

西夏是党项部落。唐太宗时，归化中国。其酋长姓拓跋氏。后裔思敬，以讨黄巢功，赐姓李。为定难节度使。世有夏、银、绥、宥、静五州。传八世，至继捧，以宋太宗时来降。尽献其地。而其族弟继迁叛去。九八五年，继迁袭据银州。明年，降于辽。一〇〇二年，又袭据灵州。明年，为蕃族潘罗支所杀。子德明立。三十年未曾窥边。然以其间西征回鹘，取河西，地益大，一〇三二年，德明子元昊立。立二年，遂反。至一〇四三年才成和。元昊定官制；造文字；设立蕃、汉两学；区划郡县；分配屯兵。其立国的规模，亦颇有可观。

金室之先，是隋、唐时的黑水靺鞨。渤海盛时，靺鞨都役属于他。渤海亡后，改称女真。在混同江以南的，系辽籍，谓之熟女真。以北的不系籍，谓之生女真。金朝王室的始祖，是高丽人，名函普。入居生女真的完颜部。劝解部人和他部的争斗，娶其六十未嫁之女，遂为完颜部人。生女真程度，本来很低，函普以高丽的文化教导之，才渐次开化。函普的曾孙献祖，徙居安出虎水，始筑室，知树艺。其子昭祖，渐以条教，统辖诸部。昭祖耀武，至于青岭、白山，入于苏滨、耶懒之地。至其子景祖，则统门、五国诸部，亦来听命。女真民族，渐有统一之望了。景祖始受辽命，为生女真部族节度使。其三子世祖、肃宗、穆宗，相继袭职。以至于世祖之子太祖。遂有叛辽之举。

女真人虽甚野蛮，然自渤海立国以来，业已一度的开化。更加以高丽人的启发，遂渐起其民族自负之心。当这时候，女真人的强悍，非辽人所能敌，女真人亦自知之。特苦于部族众多，势分而弱，不足以与辽敌。从景祖以来，诸部渐次统一，而金朝人的欲望，亦渐次加大。刚又遇着天祚帝的荒淫，年年遣使到海上去求海东青，骚扰无所不至，为诸部族所同怨。金太祖遂利用之以叛辽。金太祖的叛辽，事在一一一四年。兵一举而咸州、宁江州、黄龙府，次第陷落。天祚帝本是个不懂事的，得女真叛信，立刻自将大兵去征讨。兵未全到，闻后方有人叛乱，又忽遽西还。其兵遂为金人所袭败。东京亦陷落。天祚帝忽又把金事置诸度外，恣意游畋。而遣使与金议和。迁延不就。至一一二一年，金太祖再进兵，遂陷辽，上京。旋辽将耶律余睹来降。金人用为向导，中京、西京，又次第陷落。南京拥立秦晋国王淳，亦不能自立。而宋人夹攻之兵又起。

◆ 第三十三章　宋和辽夏的关系 ◆

宋自仁宗以前和辽、夏的关系，已见第三十一章。神宗时，对辽还保守和平，对夏则又开兵衅。夏元昊死于一〇五一年，子谅祚立。十六年而死。子秉常立，年方三岁。是年，宋鄜州将种谔袭取绥州。明年，为神宗元年，夏人请还前此所取塞门、安远两寨。以换取绥州。神宗许了他。而夏人并无诚意。于是改筑绥州，赐名绥德。又进筑了许多寨。夏人遂举兵来犯。神宗用韩绛、种谔，以经营西边，迄不得利。而开熙河之议起。熙河是现在甘肃南部之地。唐中叶后，为吐蕃所陷。后来虽经收回，而蕃族留居其地的很多。大的数千家，小的数十百家为一族。其初颇能助中国以御西夏，后来亦不免有折而入之的。神宗时，王韶上平戎之策。说欲取西夏，必先复河湟。王安石主其议，用为洮河安抚使。王韶就把熙、河等州，先后恢复，建为一路。时在一〇七三年。其后八年，有人说秉常为其母所囚。神宗乃发兵五路，直趋灵州。未能达到。明年，给事中徐禧城永乐，又为夏人所败。这两役，中国丧失颇多。一〇八六年，为哲宗的元年。是岁，秉常死，子乾顺立。来归永乐之俘。当时执政的人，不主张用兵，就还以神宗时所得的四个寨。而夏人侵寇仍不绝。于是诸路同时拓地进筑。夏人国小，不能支持，乃介辽人以乞和。一〇九九年，和议成。自此终北宋之世，无甚兵衅。

天下事最坏的是想侥幸。宋朝累代，武功虽无足称，以兵力论，并不算薄。然而对辽终未敢轻于启衅。实以辽为大国，自揣兵虽多而战斗力实不足恃之故。徽宗时，民穷财尽，海内骚然。当时东南有方腊之乱。虽幸而打平，然而民心的思乱，兵备的废弛，则已可概见了。乃不知警惕，反想借金人的力量，以恢复燕云，这真可谓之“多见其不知量”了。宋朝的交通金人，起于一一一八年。所求的，为石晋时陷入契丹故地。金太祖答以两国夹攻，所得之地即有之。一一二二年，童贯进兵攻辽，大败。是岁，辽秦晋国王淳死。辽人立天祚帝次子秦王定。尊淳母萧氏为太后，同听政。辽将郭药师来降。童贯乘机再遣兵进攻，又败。贯大惧，遣使求助于金。于是金太祖从居庸关而入，攻破燕京。辽太后和秦王都逃掉。明年，而金太祖死，弟太宗立。是时，辽天祚帝尚辗转西北。传言夏人将遣兵迎致。金人分兵经略。夏人亦称藩于金。至一一二五年，而天祚帝卒为金人所获。辽朝就此灭亡。宋朝去了一个和好百余年的契丹，而换了一个锐气方新的女真做邻国了。

以契丹的泱泱大风，而其灭亡如此之速，读史的人，都觉得有点奇怪。然而这亦并无足异。原来契丹的建国，系合三种分子而成：即（一）部族，（二）属国，（三）汉人州县。（二）、（三）的关系，本不密切。便（一）也是易于土崩瓦解的。国民没有什么坚凝的团结力，仅恃一个中心人物，为之统驭；这个中心人物而一旦丧失，就失其结合之具；一遇外力，立即分崩离析，向来的北族，本是如此的，契丹也不过其中之一罢了。

当金人初起兵时，其意至多想脱离辽人的羁绊，而自立一国。说这时候，就有灭辽的思想，是绝无此理的。辽人的灭亡，全是自己的崩溃。在金人，只可谓遭直天幸。然而虽有如此幸运，而灭辽之后，全辽的土地，都要经营，也觉力小而任重，有些消化不掉了。所以燕云的攻克，都出金人之力，而仍肯以之还宋。但是金人此时，亦已有些汉人和契丹人，代他谋划了。所以其交涉，亦不十分易与，当时金人提出的条件是：燕京之得，全出金人之力，所以应将租税还给金人。营、平、滦三州，都非石晋所割，所以不能还宋。交涉久之，乃以宋岁输金银、绢各二十万两、匹，别输燕京代税钱一百万缗的条件成和。于是燕云之地，金人都次第来归。平心而论，以这区区的代价，而收回燕云十六州，如何不算是得计？然而营、平、滦三州的不复，却不但金瓯有缺，而且是种下一个祸根。这不得不怪交涉的人的粗心，初提条件时，连这一点都不曾想到了。于是金人以平州为南京，命辽降将张觉守之。金人这时候，所有余的是土地，所不足的是人民。尤其是文明国民，若把他迁徙得去，既可免土满之患，又可得师资之益，真是一举两得。于是还宋燕京之时，把人民都迁徙而去，只剩得一个空城。宋人固然无可如何。而被迁徙的人民，颠沛流离，不胜其苦。路过平州，乃劝张觉据城降宋。张觉本是个反复无常的人，就听了他们的话。而宋朝人亦就受了他。等到金人来攻，张觉不能守，逃到燕山。金人来质问，宋人又把张觉杀掉，函首以畀金。徒然使降将离心，而仍无补于金人的不满。一一二五年，金人遂分两道入寇。

◆ 第三十四章　宋和金的关系 ◆

当时的宋朝，万无能抵敌金人之理。于是宗望自平州，宗翰自云州，两道俱下。宗翰之兵，为太原张存纯所扼。而宗望陷燕山，渡黄河，直迫汴京。徽宗闻信，先已传位于钦宗，逃到扬州。金兵既至，李纲主张坚守。宋人又不能始终信用。宋朝的民兵，本来有名无实。募兵当王安石时，业已裁减。蔡京为相，又利用其阙额，封桩其饷，以备上供。这时候，不但有兵而不可用，亦几于无可用的兵。到底陕西是多兵之地，种师道，姚古，又算那方面的世代将家，先后举兵入援。然亦不能抵抗。不得已，乃以割太原、中山、河间三镇；宋主尊金主为伯父；宋输金金五百万银五千万两，牛马万头，表段百万匹；以亲王宰相为质的条件成和。旋括京城内金二十万两，银四十万两，交给金兵。金兵才退去。这是一一二六年的事。此时宗翰还顿兵太原，听得这个消息，也差人来求赂。宋人说既已讲和，如何又来需索？不给。宗翰大怒。分兵攻破威胜军、隆德府。宋人以为背盟，遂诏三镇固守。又把金朝派来的使臣萧仲恭捉起来。这萧仲恭，是辽之国戚。急了，要想脱身之计。乃假说自己亦故国之思，能替宋朝招降耶律余睹。宋朝人信了他，给以蜡书。仲恭到燕山，便把蜡书献给宗望。于是宗望、宗翰，再分兵南下。此时太原已陷，两路兵都会于汴京。京城不守，一一二七年，徽、钦二宗及后妃、太子、宗室诸王等，遂一齐北狩。金人立张邦昌为楚帝。

此时只有哲宗的废后孟氏，因在母家，未被掳去。兵退之后，张邦昌乃让位，请她出来垂帘，立高宗为皇帝。即位于归德。

高宗初即位时，用李纲为相，命宗泽留守汴京。二人都是主张恢复的。然而当时北方的情势，实在不易支持。于是罢李纲，而用汪伯彦、黄潜善。高宗南走扬州。这时候，宋使王师正请和于金，又暗中招谕汉人和契丹人，为金人所发觉。于是宗望、宗翰，会师濮州。遣兵南下。高宗逃到杭州。金人焚扬州而去。这是一一二九年的事。未几，金宗弼又率兵渡江。陷建康，自独松关入，陷杭州，高宗先已逃到明州。金兵进逼，又逃入海。金人以舟师入海追之三百里，不及，乃还。宗弼聚其掳掠所得，自平江北还。韩世忠邀击之于江中。相持凡四十八日，宗弼乃得渡。自此以后，金人以“士马疲敝，粮储未丰”，不再渡江，宋人乃得偏安江南。然而东南虽可偷安，西北又告紧急。当宗翰与宗望会师时，曾遣娄室分兵入陕西。宋人则以张俊为京湖川陕宣抚使。俊以金兵聚于淮上，出兵以图牵制。而宗弼渡江之后，亦到陕西参战。两军会战于富平，宋兵大败。陕西之地多陷。幸而张俊能任赵开以理财，又有吴玠、吴璘、刘子羽等名将，主持军事，总算把四川保全。

这时候，宋人群盗满山。自一一二九年之后，金人不复南侵，乃得以其时平定内乱。而金人亦疲敝已极。于是立宋朝的叛臣刘豫于汴京，国号为齐，畀以河南、陕西之地。想借为缓冲，略得休息。而刘豫又起了野心，想要吞并江南。屡次借兵于金以入寇。又多败衄。至一一三七年，遂为金人所废。先两年，金太宗死了，熙宗继立。挞懒专权用事。当金人立张邦昌时，秦桧为御史大夫，上状于金人，请立赵氏之后。为金人所执。金太宗以赐挞懒。后来乘机逃归。倡言要“南人归南，北人归北”，天下才得太平。高宗用为宰相。至此，遣使于金，请将河南陕西之地相还。挞懒答应了。一一三八年，遂以其地来归。明年，挞懒以谋反伏诛。宗弼入政府。金朝的政局一变。和议遂废。宗弼和娄室，再分攻河南、陕西。此时宋朝的兵力，已较前此略强。而宗弼颇有轻敌之意。前锋至顺昌，为刘琦所败。岳飞亦自荆襄出兵，败金人于郾城。吴璘亦出兵收复陕西州郡。而秦桧主和议，召诸师班师。一一六〇年，以下列的条件成和：东以淮水，西以大散关为界。宋称臣于金，宋岁输金银、绢各二十五万两、匹。

宋南渡以后之兵，以韩、岳、张、刘为大。四人在历史上，都号称名将，而且都是我国民族的英雄。可惜刘光世死后，其兵忽然叛降伪齐，留下韩世忠、岳飞、张俊之兵，号为三宣抚司。秦桧与金言和，乃召三人论功，名义上虽各授以枢府，而实际上则罢其兵柄。未几，岳飞被害，韩世忠骑驴湖上，亦做了个闲散的军官了。于是诸军虽仍驻扎于外，而改号为某州驻扎御前诸军，直隶中央，各设总领，以司其饷项。

和议成后八年，金熙宗被弑，海陵庶人立。先迁都于燕，后又迁都于汴。一一六〇年，发大兵六十万入寇。才到采石，东京业已拥立世宗。海陵想尽驱其兵渡江，然后北还。仓促间，为虞允文所败。改趋扬州，为其下所弑。金兵遂自行撤退。一一六二年，高宗传位于孝宗。孝宗是有志于恢复的。任张俊为两淮宣抚使。张俊使李显忠等北伐，大溃于符离。一一六五年，和议复成。宋主称金主为伯父。岁币银、绢各减五万。地界则如前。

金世宗时，是金朝的全盛时代。当海陵时，因其大营宫室，专事征伐，弄得境内群盗蜂起，世宗为图镇压起见，乃将猛安、谋克户移入中原，夺民地以给之。于是女真人的村落，到处散布，中国人要图反抗更加不容易了。然而金朝的衰弱，亦起于此时，诸猛安、谋克人，都唯酒是务，“有一家百口，垅无一苗”的。既失其强悍之风，而又不能从事于生产，女真人就日趋没落了，然而还非宋人所能侮。

宋孝宗亦以生时传位于光宗，光宗后李氏，与孝宗不睦；光宗又有疾，因此定省之礼多阙。群臣以为好题目，群起谏净。人心因之颇为恐慌。

一一九四年，孝宗崩。光宗因病不能出。丞相赵汝愚，乃因阁门使韩侂胄，请命于高宗的皇后吴氏，请其出来主持内禅之事，光宗遂传位于宁宗。宁宗立后，韩侂胄亦想专权，而为赵汝愚所压。乃将汝愚挤去。朱熹在经筵，论其不当。侂胄遂将朱熹一并排斥。此时道学的声势正盛，侂胄因此大为清议所不与。要想立大功以恢复名誉。当光宗御宇之日，亦即金章宗即位之年。章宗初年，北边仍岁叛乱，河南、山东，又颇有荒歉。附会韩侂胄的人，就张大其辞，说金势有可乘。韩侂胄信了他。暗中预备。至一二〇六年，遂下诏伐金。开战未几，到处皆败。襄阳、淮东西，失陷之处甚多。侂胄复阴持和议。金人复书，要斩侂胄之首。侂胄大怒，和议复绝。而宁宗的皇后杨氏，和侂胄有隙，使其兄次山和礼部侍郎史弥远密谋，诱杀侂胄，函首以畀金，和议乃成。岁币增为三十万两匹。时为一二〇八年。明年，金章宗死，卫绍王立，而蒙古兵亦到塞外了。

• 第三十五章　宋的学术思想和文艺 •

宋朝是一个有创辟的时代。其学术思想和文艺，都有和前人不同之处。

天下事物极必反，有汉儒的泥古，就有魏晋人的讲玄学。有佛学的偏于出世，就有宋学的反之而为入世。

宋学的巨子，当推周、程、张、朱。周子名敦颐，道州人。著有《太极图说》和《通书》。其大意，以为无极而太极。太极动而生阳，静而生阴。因其一动一静，而生五种物质，是为五行，再以此为原质，组成万物。人亦是万物之一，所以其性五端皆具。但其所受之质，不能无所偏胜，所以人之性，亦不能无所偏。当定之以仁、义、中正而主静。张子名载，陕西郿县横渠镇人。他把宇宙万物，看成一汇。物的成毁，就是气的聚散。由聚而散，为气的消极作用，是为鬼。由散而聚，为气的积极作用，是为神。所以鬼神就在万物的本身，而幽明只是一理。气是一种物质。各种物质相互之间，本有其好恶迎拒的。人亦气所组成，所以对于他物，亦有其好恶迎拒，此为物欲的根源。此等好恶，不必都能合理。所以张子分性为气质之性和义理之性，而说人当变化其气质。周、张二子所发明的，都是很精妙的一元论。二程所发明，则较近于实行方面。二程是弟兄。洛阳人，大程名颢，小程名颐，大程主“识得此理，以诚敬存之”。小程则又提出格物，说“涵养须用敬，进学在致知”。朱子名熹。他原籍婺源，而居于闽，所以周、程、张、朱之学，亦称为濂、洛、关、闽。朱子之学，是承小程之绪的。他读书极博，制行极谨严。对于宋代诸家之说，都有所批评，而能折中去取，所以称为宋学的集大成。但同时有金溪陆九渊，以朱子即物穷理之说为支离。他说心为物欲所蔽，则物理无从格起，所以主张先发人本心之明。大抵陆子之说，是为天分高，能直探本源的人说法的。朱子之说，则为天分平常，须积渐而致的人说法的。然正惟天分高，然后逐事检点不虑其忘却本源；亦惟天分平常，必先使他心有所主。所以清代的章学诚说朱陆是千古不能无的同异，亦是千古不可无的同异。以上所说，是宋学中最重要的几个人。此外在北宋时，还有邵雍，则其学主于术数。南宋时，张栻、吕祖谦和朱熹，同称乾淳三先生。祖谦喜讲史学。永嘉的陈傅良、叶适，永康的陈亮，都受其影响。其说较近于事功。讲宋学的人，不认为正宗。然实亦互相出入。宋学家反对释氏。他们说"释氏本心，吾徒本天"。而他们所谓天，就是理，所以其学称为理学，尊信其说的人，以为其说直接孔、孟；而孔、孟之道，则是从尧、舜、禹、汤、文、武、周公，相传下来的，所以又称为道学。后来的考据家，则谓宋学的根源，是《先天》、《太极》两图；而此两图，都是出于宋初华山道士陈抟的，所以说宋学实出道家。又有因宋儒好谈心性，以为实是释氏变相的。然后一时代的学问，对于前一时代的学问，虽加反对，势不能不摄取其精华；而学问的渊源，和其后来的发展、成就，也并无多大的关系，往往有其源是一，其流则判然为两的。所以此等说，都无足计较。宋学总不失为一种独立而有特色的学术。

清代的汉学家，对于宋学，排斥颇力。其实考据之学的根源，亦是从宋代来的。宋儒中如著《困学纪闻》的王应麟，著《日钞》的黄震，都是对于考据很有工夫的。所以宋朝人对于史学，亦很有成绩。自唐以后，正史必出于合众纂修，已成通例。只有宋代，《新五代史》是欧阳修所独撰，《新唐书》为修及宋祁所合撰。虽出两人之手，亦去独撰的不远。司马光修《资治通鉴》，自战国迄于五代，为编年史中的巨著。朱子因之而作纲目，虽其编纂不如《通鉴》的完善，而其体例，则确较《通鉴》为优。袁枢又因《通鉴》而作《纪事本末》，为史书开一新体。马端临因《通典》而作《文献通考》。其事实的搜集，实较《通典》为备，而门类的分析，亦较详。郑樵包括历代的史书而作《通志》，虽其编纂未善。然论其体例，确亦能囊括古今，删除重复的。而二十略中，尤多前人未及注意之点。此外宋朝人对于当代的史料，搜辑之富，亦为他时代所不及。而史事的考证和金石之学，亦始自宋人。

唐朝虽为古文创作时代，其实当时通行的仍是骈文。至于宋朝，则古文大盛。如欧阳修、王安石、三苏父子、曾巩等，都为极有名的作家。宋朝人的骈文，亦生动流利，和唐以前人所作，虽凝重而不免失之板滞的不同。诗亦于唐人之外别开新径。唐人善写景，宋人则善言情。比较起来，自然是唐诗含蓄而有余味。然而宋人亦可谓能开拓诗的境界，有许多在唐代不入诗的事物，至此都做入诗中了。词则宋代尤推独绝，南北宋都有名家。宋学家是讲究道理，不注重词华的。所以禅家的语录，宋学家亦盛行使用。又其时平民文学，甚为发达。说话之业甚盛。后来笔之于书，就是所谓平话体的小说了。

印刷术的发达，是推动宋代文化的巨轮。古代的文字，书之于简牍。要特别保存得长久的，则刻之于金石。不论金石和简牍，总是供人观览，而非以为摹拓之用的。汉魏的《石经》，还是如此。但是后来渐有摹拓之事。摹拓既兴，则刻之于木，自较刻之于石，为简易而省费。据明代陆深所著的《河汾燕间录》，说隋文帝开皇十年——公元五九〇年——敕天下废像遗经，悉令雕版。这是我国印刷术见于记载之始。然当隋、唐之世，印刷之事，还不盛行。所以其时的书，还多是钞本，得书尚觉艰难。至公元九〇八，即后唐明宗长兴三年，宰相冯道、李愚，才请令国子监校正《九经》，刻板印卖。是为官家刻书之始。此后官刻和私人为流传而刻，书贾为牟利而刻的就日多。

宋以后的书籍，传于世的，远非唐以前所能比，就是受印刷术发达之赐。活字板是宋代毕昇所创，事在仁宗庆历中——公元一〇四一至四八——其时字以泥制。到明代，无锡华氏才改用铜制。

◆ 第三十六章　宋的制度和社会 ◆

宋代的兵制和北宋以前学校选举之制，已见第三十一和三十四章。今再补述其余的制度如下：

宋代的制度，都是沿袭唐代的。其取之于民的，共分五项：（一）为公田之赋。（二）为民田之赋，这都是田税。（三）为丁口之赋，是身税。（四）为城郭之赋，是宅税和地税。（五）为杂变之赋，亦谓之沿纳，是唐行两税之后，复于两税之外，折取他物，而后遂变为常赋的。凡此种种，其取之都用两税之法，于夏、秋分两次交纳。宋代病民的，不在于税而在于役。自王安石行青苗法后，元祐复行科差，绍圣再变为雇役。自后差雇两法并行。因欲行签差之法，必须调查人民的资产。其中责令人民自行填报的，谓之"手实"。由官派人查轧的，则谓之"推排"。卖买田产时，将物力簿同时改正的，则谓之"推割"。诸法都难得公平，又难于得实，总是厉民之政。在中国法律上，官和人民交易，亦同人民和人民交易一样，谓之"和"。所以和籴及和买，本应确守私法上的原则。然而其后，都有短给和迟给的，甚或竟不给钱，而所籴所买，遂变为赋税。这亦是厉民之政。

两税以外的赋税，都起于唐中叶以后。因其时藩镇擅土，中央的收入减少，不得不求之于此。宋代养兵太多，遂沿而未改。其中最重要的是盐税。其法起于唐之刘晏。借民制盐，而免其徭役，谓之灶户，亦称亭户。在刘晏时，还是行就场征税之法。一税之后，任其所之。后来渐变为官卖。又或招商承买，则谓之通商。茶法，亦起于唐中叶之后。制茶的人，谓之园户。岁输定额的茶，以代赋税。其余悉数由官收买。官买茶的价钱，都是先给的，谓之“本钱”。于江陵、真州、海州、汉阳军、无为军、蕲州的蕲口，设立榷货务六处。除淮南十三场外，其余的茶，都运到这六榷货务，由官发卖。酒：州郡都置务官酿。县、镇、乡、闾，则听民酿而收其税。坑冶：官办的置监、冶、场、务等机关，民办的，则按一定分数，“中卖”于官。商税，起于唐代的藩镇，而宋因之。州县各置收税的机关，名之为务。税分过税和住税两种。过税取百分之二，住税取百分之三。所税的物品和其税额，各处并不一律。照例都应得榜示出来，然而实际能否一一榜示，榜示之后，能否确实遵守，就很难言之了。这实在也是厉民之政，和清代的厘金无异。宋代还有一种借官卖以省漕运的办法，是为“入边”和“入中”。其法：令商人入刍粟于边，或入现钱及金帛于京师榷货务。官给以钞，令其到指定的地方，支取货物。其初只解池的盐，用此办法，为陕西沿边之备。后来东南茶盐和榷货务的缗钱，都许商人指射，谓之三说。更益以犀、象、香药，则谓之四说。在实物经济时代，运输货物，本是件最困难的事。如此，既省行政上的麻烦，又省转运时的弊窦，本是个好法子。但官吏和商人，通同作弊，把商人所入的刍粟，高抬其价，谓之“虚估”，而官物遂不免虚耗。又且入刍粟的土人，并不会做盐茶等卖买，得钞都是卖给商人或京师的交引铺，他们都要抑勒钞价，实际入刍粟的并无利益，群情遂不踊跃，边备仍不充实。后来乃令商人专以现钱买茶，官亦以现钱买刍粟。于是茶不为边备所需，而通商之议起。通商之议既起，乃停给茶户本钱，但计向者所得的息钱，取之茶户，而听其与商人卖买。到蔡京出来，又变茶法。由官制长引、短引，卖给商人。商人有此引的，即许其向茶户买茶。如此，便只是一种买茶的许可证了。后来淮浙之盐，亦用此法，为后世所沿袭。南渡之后，地方削小，而费用增广。盐茶等利，较北宋都有所增加。又有所谓经总制钱、板帐钱等。系将各种杂税，或某种赋税上增取之数，以及其他不正当的收入，凑起来的。其厉民更甚。

宋代的人民是很为困苦的。因为唐中叶以后，武人擅土，苛税繁兴，又好用其亲信做地方官或税收官吏之故。宋兴，此等苛税，多所捐除，然而仍不能尽。至于豪强兼并，则自天宝以来，本未有抑强扶弱的政令；加以长期的扰乱，自然更为厉害了。所以宋代的平民，其受剥削特甚。当时民间借贷，自春徂秋，出息逾倍。而且各种东西，都可以取去抵债。折算之间，穷人自然格外吃亏了。当时司马光上疏，诉说农民的疾苦，曾有这几句话：

> 幸而收成，公私之债，交争互夺。谷未离场，帛未下机，已非己有。所食者糠粃而不足，所衣者绨褐而不完。直以世服田亩，不知舍此更有何可生之路耳。

可谓哀切极了。王安石所以要推行青苗法，其主意，就是为防止民间的高利贷。然而以官吏办借贷之事，总是无以善其后的。所以其法亦不能行。在宋代，得人民自助之意，可以补助行政的，有两件事：其（一）是社仓。社仓之法，创于朱子。其以社为范围，俾人民易受其益，而且易于感觉兴味，便于管理监督，和义仓之法同。而在平时可兼营借贷，则又得青苗法之意。其(一)是义役。义役是南宋时起于处州的松阳县的。因为役事不能分割，所以负担不得平均。乃由众出田谷，以助应役之家。此两法若能推行尽利，确于人民很有益处，而惜乎其都未能。南渡之后，两浙腴田，多落势家之手，收租很重。末年，贾似道当国，乃把贱价强买为官田，即以私租为税额。田主固然破家者众，而私租额重而纳轻，官租额重而纳重，农民的受害更深。南宋亡后，虽其厉民之政，亦成过去。然而江南田租之重，则迄未尝改。明太祖下平江。恶其民为张士诚守，又即以私租为官赋。江南田赋之重，就甲于天下。后来虽屡经减削，直到现在，重于他处，还是倍蓰不止。兼并之为祸，可以谓之烈了。

宋代士大夫的风气，亦和前代不同。宋人是讲究气节的。这固然是晚唐、五代以来，嗜利全躯的一个反动，而亦和其学术有关系。宋朝人的议论，是喜欢彻底的，亦是偏于理论的。所以论事则好为高远之谈，论人则每作诛心之论。这固然也有好处，然而容易失之迂阔，亦容易流于过刻。而好名而激于意气，则又容易流为党争。自辽人强盛以来，而金，而元，相继兴起，宋人迭受外力的压迫，其心理亦易流于偏狭。所以当国事紧急之时，激烈的人，往往发为“只论是非，不论利害”、“宁为玉碎，毋为瓦全”的议论。这固然足以表示正义，而且也是民族性应有的表现。然而不察事势，好为高论，有时亦足以偾事。而此等风气既成之后，野心之家，又往往借此以立名，而实置国家之利害于不顾，则其流弊更大。此亦不可以不知。

◆ 第三十七章　元的勃兴和各汗国的创建 ◆

当公元十三世纪之初，有一轩然大波，起于亚洲的东北方，欧、亚两洲，都受其震撼。这是什么事？这便是蒙古的兴起。

蒙古，依中国的记载，是室韦的分部。唐时，其地在望建河南。但其人自称为鞑靼。鞑靼是靺鞨别部，居于阴山的。据蒙古人自著的《元朝秘史》看起来：他始祖名孛儿帖赤那，十传而至孛儿只吉歹。孛儿只吉歹的妻，唤做忙豁勒真豁阿。忙豁勒真豁阿，译言蒙古部的美女。我们颇疑心孛儿只吉歹是鞑靼人。因其娶蒙古部女，才和蒙古合并为一。和金朝王室的始祖，以高丽人而为生女真的完颜部人一样。

蒙古部落，自孛儿只吉歹之后，又十一传而至哈不勒，是为成吉思汗的曾祖，始有可汗之号。可以想见其部落的渐强。哈不勒死后，从弟俺巴孩，继为可汗。为金人所杀。部人立哈不勒子忽都剌为可汗。向金人报仇，败其兵。忽都剌死后，蒙古无共主，复衰。成吉思汗早年，备受塔塔儿、蔑儿乞及同族泰亦赤兀诸部的龉龁。后来得客列部长王罕、札答剌部长札木合为与部，乃把诸部次第打平。此时沙漠西北的部落，以乃蛮为最强。而金朝筑长城，自河套斜向东北，直达女真旧地，使汪古部守其冲。乃蛮约汪古部同伐蒙古。汪古部长来告。成吉思汗先举兵伐乃蛮，破之。公元一二〇六年，漠南北诸部，遂大会于斡难沐涟之源，公上成吉思汗的尊号。

成吉思汗既即汗位，其目光所注，实在中原。于是于一二一〇年，伐夏。夏人降。明年，成吉思汗遂伐金。此时金朝的兵力，业已腐败。加以这一次，汪古与蒙古言和，放其入长城，出其不意。于是金兵四十万，大败于会河堡。蒙古兵遂入居庸关，薄燕京。明年，成吉思汗再伐金。留兵围燕京。自将下山东。分兵攻河东和辽西。到处残破，黄河以北，其势就不可守了。此时金人已弑卫绍王，立宣宗。成吉思汗还兵，屯燕城北。金人妻以卫绍王之女请和。蒙古兵已退，金宣宗迁都于汴。成吉思汗说他既和而又迁都，有不信之心。再发兵陷燕京。此时金人的形势，本已岌岌待亡，因成吉思汗有事于西域，乃又得苟延残喘。

成吉思汗的西征，是花剌子模国的骄将所引起的。先是唐中叶以后，大食强盛，葱岭以西诸国，悉为所并。然不及三百年，威权渐替。东方诸酋，多据地自擅，其间朝代的改变甚多。当辽朝灭亡时，雄视西亚的塞而柱克朝已衰，花剌子模渐盛。辽朝的宗室耶律大石，逃到唐朝的北庭都护府，会合十八部王众，选其精锐而西。遂灭塞而柱克，服花剌子模。立国于吹河流域的虎思斡耳朵，是为西辽。乃蛮既亡，其酋长太阳罕的儿子古出鲁克，逃到西辽。和花剌子模王阿拉哀丁・谟罕默德内外合谋，篡西辽王之位。于是乃蛮复立国于西方，而花剌子模亦乘机拓土，成为西方的大国。这时候，雄张于西域的，实在仍是回族。成吉思汗既定漠南北，在天山北路的畏吾儿和其西的哈剌鲁都来降。蒙古和西域交通的孔道遂开。花剌子模王有兵四十万，都是康里人。王母亦康里部酋之女。将士恃王母而骄恣，王母亦因举国的兵，都是其母族人，其权之大与王埒。所以国虽大而其本不固。成吉思汗既侵入中原，古出鲁克和前此逃往西域的蔑儿乞酋长忽秃，都乘机谋复故地。成吉思汗怕漠北根本之地，或有摇动。乃于一二一六年北还。命速不台打平忽秃，哲别打平古出鲁克。于是蒙古的疆域就和花剌子模直接。成吉思汗因商人以修好于花剌子模，花剌子模王也已应允了。未几，蒙古人四百余，随西域商人西行。花剌子模讹打剌城的镇将，指为蒙古间谍，把他尽数杀掉。其中只有一个人，得逃归报信。成吉思汗闻之，大怒，而西征的兵遂起。

成吉思汗的西征，事在一二一九年。先打破讹打剌和花剌子模的都城寻思干，花剌子模王遁走。成吉思汗命哲别、速不台追击。王辗转逃入里海中的小岛而死。其子札剌哀丁逃到哥疾宁，成吉思汗自将追之。破其兵于印度河边。乃东归。时在一二二二年。哲、速二将的兵，别绕里海，越高喀斯山败阿速、撒耳柯思和钦察的兵。钦察的酋长逃到阿罗思。二将追击。阿罗思人举兵拒敌，战于孩儿桑。阿罗思大败。亡其六王七十侯，兵士死掉十分之九。列城都没有守备，只待蒙古兵到迎降。而二将不复深入，但平康里而还。

成吉思汗东归后，于一二二七年，再伐西夏，未克而殂，遗命秘不发丧。夏人乃降。一二二九年，太宗立，再伐金。金人从南迁后，尽把河北的猛安谋克户，调到河南。又夺人民之地以给之。人民怨入骨髓，而这些猛安谋克户，既不能耕，又不能战，国势益形衰弱。于是宋人乘机，罢其岁币。金人想用兵力胁取，又和夏人因疆埸细故失和，三方都开了兵衅。国力愈觉不支。到一二二五年，宣宗殂，哀宗立，才和夏人以兄弟之国成和，而对于宋朝的和议，则始终不能成就。当成吉思汗西征时，拜木华黎为太师国王，命其经略太行以南。这时候，蒙古兵力较薄，在金人，实在是个恢复的好机会。然而金人亦不能振作。仅聚精兵二十万，从邳州到潼关，列成一道防线。太宗因此线不易突破，乃使拖雷假道于宋，宋人不允，拖雷遂强行通过。从汉中历襄、邓而北，与金兵战于三峰山，金兵大败。良将锐卒都尽。太宗又自白坡渡河，命速不台将汴京围起，攻击十六昼夜，因金人守御坚，不能破，乃退兵议和。而金朝的兵，又逞血气之勇，把蒙古使者杀掉，和议复绝。汴京饥窘不能立。金哀宗乃自将出攻河北的卫州，想从死里求生，又不克，乃南走蔡州。而宋人此时，又袭约金攻辽的故智，和蒙古人联合以攻金，金人遂亡。时在一二三四年。

约元攻金，是袭约金攻辽的故智，而其轻于启衅，亦是后先一辙的。金宣宗死的明年，宋宁宗也死了。宁宗无子，史弥远援立理宗，因此专横弥甚。弥远死后，贾似道又继之。贾似道的为人，看似才气横溢，实则虚浮不实，专好播弄小手段，朝政愈坏。灭金之后，武人赵葵、赵苑等，创议收复三京，宰相郑清之主之。遣兵北侵。入汴、洛而不能守，却因此和蒙古启了兵衅。川、楚、江淮，州郡失陷多处。这时候是蒙古太宗时代，还未专力于攻宋。一二四一年，太宗死了。到一二四六年，定宗才立。又因多病，不过三年而殂。所以此时，宋人还得偷安旦夕。一二五一年，蒙古宪宗立。命弟阿里不哥留守漠北，忽必烈专制漠南。一二五八年，宪宗大举入蜀，围合州。先是忽必烈总兵自河洮入吐蕃，平大理。留兀良合台经略南方而北还。及是，忽必烈亦自河南南下，围鄂州。兀良合台又出广西、湖南，和他会合。贾似道督兵援鄂，不敢战，遣使于忽必烈，约称臣，输岁币，划江为界以请和。适会蒙古宪宗死于合州城下，忽必烈急于要争夺汗位，乃许宋议和而还。贾似道却讳其和议，以大捷闻于朝。

明年，忽必烈自立，是为元世祖。时世祖以各方面多故，颇想与宋言和，而贾似道因讳和为胜之故，凡元使来的，都把他拘囚起来。一二六四年，元世祖迁都于燕。明年，理宗崩，度宗立。此时元人尚未能专力攻宋，而宋将刘整，因与贾似道不合，叛降元，劝元人专力攻襄阳。一二六八年，元人就把襄阳围起。围经六年，宋人竟不能救。一二七三年，襄阳陷落，宋势遂危如累卵。一二七四年，度宗崩，恭帝立。年幼，太后谢氏临朝。元使伯颜总诸军人寇。伯颜分兵平两湖。自将大军，长驱东下。陷建康。一二七六年，临安陷。太后及恭帝皆北狩。宋故相陈宜中等立益王于福州。旋为元兵所逼，走惠州。后崩于硇洲。宋人又立其弟卫王，迁于厓山。一二七九年，元将张宏范来攻。宋宰相陆秀夫，负帝赴海而死。大将张世杰收兵到海陵山，亦舟覆而死。中国至此，遂整个为蒙古所征服。汉族武力之不竞，至此可谓达于极点了。

蒙古不但征服中国，当太宗时，又尝继续遣兵西征。再破钦察，入阿罗思。遂进规孛烈儿和马札剌。入派特斯城。西抵威尼斯。欧洲全境震动，会太宗凶问至，乃班师。宪宗时，又遣兵下木剌夷，平报达。渡海收富浪岛。当金末，辽东和高丽之间，叛乱蜂起。蒙古因遣兵平定，和高丽的兵相遇，约为兄弟之国。后来蒙古使者，为盗所杀，蒙人疑为高丽人所为，两国遂起兵衅。直至一二五九年，和议才成。高丽内政，自此常受元人的干涉。甚至废其国王而立征东行省于其地。对于南方，则兀良合台尝用兵于安南。其后世祖时，又尝用兵于安南、占城及缅，都不甚利。然诸国亦都通朝贡。对于南洋，曾一用兵于爪哇，其余招致而来的国亦颇多。惟用兵于日本，最为不利。世祖先命高丽人往招日本，后又自遣使往招，日本都不应。一二七四年，遣忻都往征，拔对马，陷壹歧，掠肥前沿海。以飓风起而还。一二八一年，再遣忻都、范文虎率兵二十万东征。兵至鹰岛，以“飓征”见，文虎等择坚舰先走。余众遂多为日人所杀。世祖大怒，更谋再举，以正用兵安南，遂未果。以当日蒙古的兵力，实足以踏平日本而有余，乃因隔海之故，致遭挫衄，在日本，亦可谓之遭直天幸了。

综观蒙古用兵，惟对于东南两方，小有不利，其余则可谓所向无前。这也是遭际时会，适逢其时各方面都无强国之故。蒙古是行封建之制的，而成吉思汗四子，分地尤大。因为蒙人有幼子袭产的习惯，所以把和林旧业，分与第四子拖雷。此外长子术赤，则分得花剌子模、康里、钦察之地。三子窝阔台，即太宗，则分得乃蛮故地。二子察合台，则分得西辽故地。其后西域直到宪宗之世，才全行戡定。其定西北诸部，功出于术赤之子拔都，而定西南诸部，则功出于拖雷之子旭烈兀。所以术赤分地，拔都之后，为其共主。伊兰高原，则旭烈兀之后君临之。西史所谓窝阔台汗国，就是太宗之后。察合台汗国，是察合台之后。钦察汗国，是拔都之后。伊儿汗国，是旭烈兀之后。总而言之，世祖灭宋之日，就是元朝最盛之时。然而其分裂，也就于此时开始了。

第三十八章　中西文化的交通

从近世西力东渐以前，有元一代，却算得一个中西交通最盛的时代。因为前此中西交通，差不多只靠海路，至此时，则陆路也发达了。

在西半球尚未发现，绕行非洲南端之路，亦未通航，黑海、地中海、红海、波斯湾，实在是东西两洋交通的枢纽。而其关键，实握于大食人之手。所以在当时，东西交通，以大食人为最活跃。当北宋中叶，十字军兴，直至南宋之末，这二百年之中，虽然天方教国和景教国喋血相争，极宗教史政治史上的惨苦，然而开发文明的利器，罗盘针、印刷术、火药，中国人所发明的，都经大食人之手，而传入欧洲。给近世的欧洲以一个大变化。至元代西征成功之后，其疆域跨据欧洲，而其形势又一变了。

元太宗时，曾因奉使的人，都经民地，既费时又扰民，商诸察合台，拟令千户各出夫马，设立站赤。察合台也赞成了。他即于所辖境内设立。西接拔都，东接太宗辖境。如此，欧亚两洲之间，就不啻开辟出一条官道了。

当时景教诸国，正因和天方教国兵争，要想讲远交近攻之策。于是一二四五年，罗马教皇派柏朗嘉宾（Plano Carpini），一二五三年，法王路易第九又派路卜洛克（Rubruk），先后来到和林。而当时的商人，更为活跃。他们或从中央亚西亚经天山南路，或从西伯利亚经天山北路，远开贩路于和林及大都。至于水路：则自唐宋以来，交通本极繁盛。在宋时，浙江的澉浦、杭州、秀州、明州、台州、温州，福建的福州、泉州，广东的广州以及今江苏境内的华亭和江阴，山东境内的板桥镇，都曾开作通商港。输入的犀、象、香药等，很为社会所宝贵。政府至用以充籴本，称提钞价。而税收或抽分所得，尤为岁入大宗。元时，还继续着这般盛况。

蒙古是新兴的野蛮民族，戒奢崇俭，不宝远物等古训，是非其所知的。所以对于远方的珍品，极其爱好。尤优待商人和工人。其用兵西域时，凡曾经抗拒的城池，城破后都要屠洗，独工人不在其列。太宗时，西商售物于皇室的，都许驰驿。太宗死后，皇后乃蛮氏称制，信任西商奥鲁剌合蛮，至于把御宝宫纸交给他，听其要用时填发。又下令：凡奥鲁剌合蛮要行的事，令史不肯书写的，即断其腕。此等行为，给久经进化的中国人看起来，真是笑话。然却是色目人在元朝活动的唯一好条件。元代本是分人为三级，以蒙古为上，色目次之，汉人、南人为下的。所以当时，大食、波斯的学者、军人，意大利、法兰西的画家、职工，都纷集于朝。特如意大利的马哥博罗（Marco Polo），以一二三七年来到中国。仕至扬州达鲁花赤。居中国凡三十年。归而刊行游记，为欧人知道东方情形之始。

和元朝关系最深的，自然还是大食的文化。蒙古本来是没有文字的。成吉思汗灭乃蛮之后，获塔塔统阿，才令其教太子、诸王“以畏兀字书国言”。后来世祖命八思巴造新字，于一二七〇年颁行。案成吉思汗的灭乃蛮，事在一二〇四年，则蒙古人专用畏兀字，实在有六十余年。蒙古字颁行之后，虽说“玺书颁降，皆以蒙古字书之，而以其本国字为副。百官进上表章，则以汉字为副。有沿用畏兀字者罚之”，然而后来又说：亦思替非文字，便于计帐，依旧传习。而终元之世，回回国子学，亦是和普通学及蒙古国子学并立的。西方输入中国的文化，除宗教而外，要推美术和工业两端。《元史·阿尔尼格传》，说他善于画塑及铸金为像。当时元朝，有王楫使宋所得明堂针灸铜像。年久坏掉了，没有会修的人。世祖叫把给他看。他居然制成了一具新的。关鬲脉络，无不完备。当时两京寺观的像，多出其手。元代诸帝的御容，织锦为之的，亦是阿尔尼格所制。当时的人，叹为图画弗及。其弟子刘元，则精于西天梵相。两都名刹的塑像，出于其手的很多。又火药的发明，虽起自中国，而火炮的制造，则中国人似乎反从欧洲学来。《明史·兵志》说：古代的炮，多系以机发石。元初得西域火炮，攻蔡州始用之，而造法不传。直到明成祖平交趾，得其枪炮，才设神机营肄习。至武宗末，白沙巡检何儒，得佛郎机炮。一五二九年，中国才自行制造起来。有最初的发明，而后来不能推广之以尽其用。这个，中国人就不能不抱愧了。

◆ 第三十九章　元的制度 ◆

凡异族入居中国的，其制度，可以分做两方面来看：（其一）他自己本无所有，即使略有其固有的习惯，入中国以后，亦已不可复用，乃不得不改而从我。在这一点上，异族到中国来做皇帝，和中国人自己做差不多，总不过将前代的制度，作为蓝本，略加修改罢了。（又其一）则彼既系异族，对于中国人，总不能无猜防之心。所以其所定的制度，和中国人自己所定的，多少总有些两样。元朝的制度，便该把这种眼光来看。

元朝中央的官制，是以中书省为相职，枢密院主兵谋，御史台司监察，而庶政则分寄之于六部的。这可说大体是沿袭宋朝。至于以宣政院列于中央，而管理吐蕃，则因元朝人迷信喇嘛教之故，这也不足为怪。其最特别的，乃系于路、府、州、县之上，更设行省。在历代，行省总是有事时设置，事定则废的。独至元朝而成为常设之官。这即是异族入居中国，不求行政的绵密，而但求便于统驭镇压的缘故。这本不是行政区域，明朝乃废其制而仍其区域，至清代，督抚又成为常设之官，就不免政治日荒，而且酿成外重之弊了。元代定制，各机关的长官，都要用蒙古人的。汉人、南人，只好做副贰，而且实际见用的还很少。这也是极不平等之制。

学校，元朝就制度上看，是很为注重的。虽在当时未必实行，却可称为明朝制度的蓝本。我国历代，学校之制，都重于中央而轻于地方。元制，除京师有普通的国子学和蒙古国子学、回回国子学外，一二九一年，世祖诏诸路、府、州、县都立学。其儒先过化之地，名贤经行之所和好事之家，出钱粟以赡学的，都许立为书院。各行省所在之地，都设儒学提举司，以管理诸路、府、州、县的学校。江浙、湖广、江西三省，又有蒙古提举学校官。其制度，总可算得详备了。

其科举，则直到一三一五年才举行。那已是灭金之后八十一年，灭宋之后三十七年了。其制：分蒙古、色目和汉人、南人为二榜。第一场：汉人南人试经疑、经义，蒙古色目人则但试经问。第二场：蒙古、色目人试策，汉人、南人试古赋诏诰章表内科一道。第三场：汉人、南人试策，蒙古色目人则不试。案宋自王安石改科举之制后，哲宗立，复行旧制。然士人已有习于经义，不能作诗赋的，后来乃分经义，诗赋为两科。金朝在北方开科举，亦是如此。至此则复合为一。此亦明制所本。而其出身，则蒙古人最高，色目人和汉人南人，要递降一级，这也是不平等的。

其猜防最甚的为兵制。元朝的兵，出于本族的，谓之蒙古军。出于诸部族的，谓之探马赤军。入中原后，发中国人为兵，谓之汉军。平宋所得，谓之新附军。蒙古和诸部族，是人尽为兵的。男子年十五以上，七十以下，都入兵籍。调用汉人之法：其初或以户论，或以丁论，或以贫富论。天下既定之后，则另立兵籍，向来当过兵的人都入之。其镇戍之法：边徼襟喉之地，命宗王带兵驻扎。河洛、山东，戍以蒙古军和探马赤军。江淮以南，则戍以汉兵和新附军。都是世祖和其一二大臣所定。元朝的兵籍，是不许汉人阅看的。在枢密院中，亦只有长官一二人知道。所以有国百年，而汉人无知其兵数者。其民族的色彩，可谓很显著了。

法律亦很不平等的。案辽当太祖时，治契丹及诸夷，均用旧法，汉人则断以律令。太宗时，治渤海亦依汉法。到道宗时，才说国法不可异施，命更定律令，把不合的别存之，则辽已去亡不远了。金朝到太宗时，才参用辽宋旧法。熙宗再取河南，才一依律文。这都是各适其俗的意思。元朝则本族人和汉人，宗教徒和非宗教徒，都显分畛域。如蒙古人杀死汉人，不过“断罚出征”和“全征烧埋银”。又如“僧、道、儒人有争，止令三家所掌会问”，“僧人惟犯奸盗诈伪，至伤人命，及诸重罪，有司归问。其僧侣相争，则田土与有司会问”等都是。

赋税，行于内地的，分丁税及地税，仿唐的租庸调法。行于江南的，分夏税及秋税，仿唐朝的两税法。役法称为科差。有丝料和包银之分。丝料之中，又有二户丝、五户丝之别。二户丝输官，五户丝则输于本位。包银之法：汉人纳银四两。二两输银，二两折收丝绢颜色。此外又有俸钞一项。把诸项合起来，作一大门摊，分为三次征收。赋役而外，仍以盐、茶两税为大宗。其行盐各有郡邑，是为“引地”之始。此外总称为额外课。就是征收随其多少，不立定额的意思，其名目颇为琐碎。

宋、金、元、明四代，有一厉民之政，便是钞法。钞法是起于北宋时的。因宋于四川区域之内，行使铁钱，人民苦于运输的不便，乃自造一种纸币，名为交子。一交一缗。三年一换，谓之一界。以富人十六户主之。后来富人穷了，付不出钱来，渐起争讼。真宗时，转运使薛田，才请改为官办。这本是便民的意思。然而后来，官方遂借以筹款，而推行于他处。蔡京时谓之钱引。南宋则始称交子，末造又造会子。成为国家所发行的纸币了。交会本当兑换现钱的，然而后来，往往不能兑换，于是其价日跌。大约每一缗只值二三百文。然而这还算好的。金朝亦行其法于北方，名之为钞，则其末造，一文不直，至于以八十四车充军赏。金朝的行钞，原因现钱阙乏，不得不然。后来屡谋铸钱。然而所铸无多，即铸出来，亦为纸币所驱逐。所以元定天下之后，仍不得不行钞。乃定以钞与丝及金、银相权。丝、金、银是三种东西，岂能一律维持其比价？这本是不通的法子。况且后来所造日多，其价日落，就连对于一物的比价，也维持不住了。至于末年，则其一文不值，亦与金代相同。明有天下，明知其弊，然因没有现钱，仍无法不用钞。而行用未几，其价大落。至宣宗宣德初——一四二六——明朝开国不满六十年，已跌得一贯只直一两文了。于是无可如何，大增税额；又创设许多新税目，把钞都收回，一把火烧掉。从此以后，钞就废而不用了。当金朝末年，民间交易，已大多数用银。至此，国家亦承认了他。一切收入及支出，都银钱并用。银亦遂成为正式的货币。然而量物价的尺，是不能有二的。银铜并用，而不于其间定出一个主辅的关系来，就成为后来币制紊乱的根源了。

◆ 第四十章　元帝国的瓦解 ◆

元朝从太祖称汗，到世祖灭宋，其间不过七十四年，而造成一个空前的大帝国，其兴起可谓骤了。然而其大帝国的瓦解，实起于世祖自立之时，上距太祖称汗之岁，不过五十五年。而其在中国政府的颠覆，事在一三六八年，上距太祖称汗之岁，亦不过一百七十一年；其距世祖灭宋，则不过九十年而已。为什么瓦解得这么快？

原来元朝人既不懂得治中国之法，而其自身又有弱点。蒙古人的汗，本系由部众公推的。忽图剌之立，便系如此。太祖之称成吉思汗，则是汉南北诸部的大汗，亦系由诸部公推。太祖以后，虽然奇渥温氏一族，声势煊赫，推举大汗，断无舍太祖之后而他求之理。然而公举之法，总是不能遽废的。所以每当立君之际，必须开一“忽烈而台”。宗王、驸马和诸管兵的官，都得与议。太宗之立，因有成吉思汗的遗言，所以未有异议。太宗死后，太宗的后人和拖雷的后人，已有竞争。定宗幸而得立。又因多病，三年而死。这竞争便更激烈起来。太宗后人，多不惬众望；而拖雷之妃，很有交际的手腕，能和宗王中最有声望的拔都相结。宪宗遂获登大位。太宗之孙失烈门等谋叛，为宪宗所杀。并杀太宗用事大臣，夺太宗后王兵柄。蒙古本族的裂痕，实起于此。宪宗死后，世祖手下汉人和西域人多了，就竟不待忽烈而台的推戴，自立于现在的多伦。于是阿里不哥亦自立于漠北。拖雷后人之中，又起了纷争。后来阿里不哥总算给世祖打败。而太宗之孙海都，复自擅于远。察合台、钦察两汗国都附和他。蒙古大帝国，遂成瓦解之势。

因海都的抗命，于是常须派亲王宿将镇守和林。世祖是用汉法立太子的，而又早死。其时成宗戍守北边。世祖死后，伯颜以宿将重臣归附成宗，所以未曾有乱。成宗既立，武宗继防北边。成宗死后，皇后伯岳吾氏，要立安西王阿难答。而右丞相哈剌哈孙，要立武宗。因为武宗在远，先使人迎其弟仁宗于怀州，监国以待。武宗既至，杀安西王，弑伯岳吾后而自立。武宗以仁宗为太子。武宗死后，仁宗继之。却自立其子英宗为太子，而出武宗之子明宗于云南。其臣奉之奔阿尔泰山，依察合台后王。仁宗死，英宗立。为奸臣铁木迭儿所弑。无子。泰定帝立。死于上都。子天顺帝立。签密院燕帖木儿，迫胁大都百官，迎立武宗之子。于是抄袭武宗的老文章，一面先使人迎文宗于江陵，先即皇位。发兵陷上都。天顺帝不知所终。明宗至漠南，即位。文宗和燕帖木儿入见，明宗暴死。文宗再即位。然而心不自安。遗命必立明宗之子。文宗死后，燕帖木儿要立其子燕帖古思。文宗皇后翁吉剌氏不肯。于是先迎立宁宗。数月而死。燕帖木儿又要立燕帖古思。翁吉剌氏仍不肯。乃再迎顺帝。顺帝既至，燕帖木儿不让他即位。迁延数月，恰好燕帖木儿死了，顺帝乃得立。既立之后，追治明宗暴死故事。毁文宗庙主。流翁吉剌氏和燕帖古思于高丽，都死在路上。

如此，每当继承之际，必有争乱，奸臣因之擅政，政治自然不会清明的。况且蒙古人本也不知道治中国之法。他无非想朘削中国人以自利。试看他户、工二部，设官最多，便可见其一斑。其用人，则宿卫勋臣之家，以及君主的嬖幸、诸王公主的私属，都得以平流而进。真是所谓“仕进有多途，铨衡无定法”。再加以散居各处的蒙古、色目人对于汉人的凌侮，喇嘛教僧侣的骚扰，自然弄得不成个世界了。

元代之主，惟世祖最为聪明，颇能登用人才，改定制度，然亦好用言利之臣。后来则惟仁宗以李孟为相，政治稍见清明。此外大都仍是游牧部落酋长的性质，全不了解中国文化的——元代诸主，大都不认得汉字的——而又都运祚短促。在位长久的，世祖而外，唯有顺帝，而其荒淫又特甚。客帝的宝位，自然要坐不住了。

元朝当世祖时，江南还屡有叛乱，后来才逐渐镇定。顺帝初年，反者屡起。然尚未为大患。至一三四八年，方国珍起兵于台州，元朝就不能戡定。于是白莲教徒刘福通，起兵安丰，奉教主之子韩林儿为主。李二起于徐州。徐寿辉起于湖北。郭子兴起于濠州。张士诚起于高邮。长江流域，几于非元所有。

顺帝既荒淫无度，其臣脱脱、太平、韩嘉纳等，因而结党相争。嬖臣哈麻、雪雪，初和脱脱相结，后又变而互排。南方乱起，脱脱的兄弟也先铁木儿带兵去征讨，连年无功，反大溃于沙河，军资器械，丧失殆尽。脱脱不得已，自出督师。已把李二打平，进围张士诚。而二人把他排掉。于是大局愈坏。革命军之中，气势最盛的，要算刘福通。居然于一三五八年，分兵三道北上。自挟韩林儿陷开封。但元朝的兵虽无用，而其时，有起兵河南，护卫元朝的察罕帖木儿和李思齐，则颇有能力。刘福通攻陕西的兵，给他打败。回兵再救山东。刘福通的将，遣人把察罕刺死。其子库库帖木儿，代将其军，到底把山东也打平。刘福通还有一枝兵，北出晋冀的，虽然打破上都，直攻到辽东，也终于破散了。福通在开封站不住，只得走回安丰。革命军的势力又一挫。然而驻扎大同的孛罗帖木儿，先已因图据冀宁之故，和察罕相攻。至此，仍与库库构兵不止。顺帝次后奇氏，生太子爱猷识里达腊。后及太子，都阴谋内禅。哈麻、雪雪，亦与其谋。事发，二人都杖死。然宰相搠思监，仍系因谄事奇后的阉人朴不花而得的。搠思监和御史大夫老的沙不协，因太子言于顺帝，免其职。老的沙奔大同。搠思监遂诬孛罗谋反。孛罗举兵犯阙。杀搠思监和朴不花。太子奔库库。库库奉以还京。此时孛罗已给顺帝遣人刺死。而奇后又要使使库库以兵力胁顺帝内禅。库库不可。顺帝封库库为河南王。命其总统诸军，进平南方。李思齐自以和察罕同起兵，耻受库库节制，和陕西参政张良弼连兵攻库库。库库之将貊高、关保，亦叛库库。于是下诏削库库官爵，命太子总统天下兵马讨之。未几，明兵北上，又复库库官爵，叫他出兵抵抗，然而已来不及了。

明太祖朱元璋，初从郭子兴起兵。后自为一军，渡江，取集庆。时徐寿辉为其将陈友谅所杀，据江西、湖北，形势最强。而张士诚徙治平江，亦在肘腋之下。太祖先后把他打定。又降方国珍。一三六八年，乘北方的扰乱，命徐达、常遇春分道北伐。达自河南，遇春自山东，两道并进。会于德州。北扼直沽。顺帝遂弃大都而去。于是命徐达下太原，乘胜定秦陇。库库逃奔和林。顺帝匿居上都，太祖命常遇春追击。顺帝又逃到应昌。未几而死。太祖再命李文忠出击。爱猷识里达腊逃奔和林，未几亦死。子脱古思帖木儿袭。时元臣纳哈出，尚据辽东。一三八七年，太祖命蓝玉等把他讨平。乘胜袭破脱古思帖木儿于捕鲁儿海。脱古思帖木儿北走，为其下所弑。其后五传都遇弑。蒙古大汗的统绪，就此中绝了。元朝分封诸王，大都不能自振。惟梁王把匝剌瓦尔密，据云南不降。太祖当出兵北伐之时，即已分兵平定闽、广。徐寿辉死后，其将明玉珍，据四川自立，传子升，亦为太祖打平。一三八一年，又遣兵平云南。南方亦都平定。

◆ 第四十一章　明初的政局 ◆

明朝虽然驱逐胡元，把中国恢复过来，然而论其一代的政治，清明的时候，却是很少的。这个推原其始，亦可说是由于太祖诒谋之不臧。

太祖初定天下，即下诏禁止胡服胡语，把腥膻之俗扫除。所定制度，亦颇详备。边防的规模，亦是很远的。然而专制的气焰太盛，私天下之心又太重。只要看其废除宰相，加重御史之权，及其所定的兵制，就可知道了。而其诒害尤巨的，则为封建之制。

太祖定都金陵，称为应天府。以开封为北京。又择名城大都，分封诸子，共计二十五人。虽定制不许干预政治，然而体制崇隆，又各设有卫兵，在地方政治上，总觉得不便。而燕王棣在北平，晋王㭎在太原，均得节制诸将，威权尤重。太祖太子早死，立建文帝为太孙。太祖崩，建文帝立。用齐泰、黄子澄之谋，以法绳诸王。燕王就举兵反。太祖时，功臣宿将，杀戮殆尽。这时候，更无能够抵御的人。燕兵遂陷京城。建文帝不知所终。燕王即位，是为成祖。改北平为北京，于一四二一年迁都。

成祖是个暴虐的人，当其破南京时，于建文诸臣，杀戮甚惨。后来想迁都北京，营建宫室，又极扰累。在位时，北征鞑靼、瓦剌，南平安南，又遣郑和下南洋，武功亦似乎很盛的。然而太祖时所定北边的防线，到成祖时，规模反缩小了。原来明初北边的第一道防线，是开平卫。这就是元朝的上都。据此，则可以俯临漠南，宣、大都晏然无事了。后来元朝的大宁路来降，又设泰宁、朵颜、福余三卫。其地直抵今吉林境。都隶北平行都司。使宁王权居大宁以节制之。明朝这时候，东北方的防线，实在超越辽河，而达到现在的松花江流域。对于女真人，威力所至，亦极远。一四〇九年所设的奴儿干都司，远至黑龙江口，库页岛亦来臣服。成祖起兵，怕宁王议其后，诱而执之，而徙北平行都司于保定。把三卫地方，给了兀良哈。开平卫的形势就孤了。一四二四年，成祖崩，仁宗立。在位仅一年。宣宗继立。就徙开平卫于独石。于是宣、大的形势赤露，而兀良哈为瓦剌所胁服，其势愈张。遂有土木之变。

明太祖定制，内侍本不许读书。成祖起兵，颇得阉人内应之力。即位后，就选官入内教习。又设京营提督，使之监军。又命随诸将出镇。并有奉使外国的。当太祖时，以锦衣卫治诏狱，本已轶出正式司法机关之外。成祖又立东厂。以司侦缉，亦命宦官主其事。于是自平民以至官吏，无不在宦官伺察之中。终明之世，毒害所及，真乃不知凡几。宣宗崩后，英宗即位。年幼，宠信司礼太监王振。此时瓦剌强盛，王振不度德、不量力，轻与挑衅。瓦剌酋长也先入寇，王振又劝帝亲征。至大同，知不敌，急班师。又因振家在蔚州，想邀英宗临幸，定计走紫荆关，后来又变计走居庸关。回旋之间，遂为敌兵追及于土木堡。英宗北狩。振死于乱军之中。警报达京师，议论蜂起。侍讲徐有贞等主张迁都。侍郎于谦则主张坚守。到底于谦一派战胜了。于是以太后之命，奉英宗的兄弟郕王监国。旋即位，是为景帝。尊英宗为太上皇。也先挟太上皇，自紫荆关入攻京城。于谦督总兵石亨等力战，总算把他击退。谦乃整顿边备，以重兵守大同、宣府。也先屡入寇，总不得志，乃奉太上皇还。

这是明人一天之喜。君主被掳，仍能安稳归来，和西晋、北宋，可谓大不相同了。然而政变即因此而起。徐有贞因于谦有功，自觉惭愧。石亨亦因恃功骄恣，为谦所裁抑，内怀怨望。乃和太监曹吉祥等结托，乘景帝卧病，以兵闯入宫中，迎接太上皇复位。是为“夺门”之变。于谦被杀。有贞旋为石亨所排挤，贬死。亨又以谋反伏诛。英宗复辟之后，亦无善政。死后，宪宗立。宠任太监汪直。于东厂之外，别立西厂，使直主其事。宪宗崩，孝宗立。任用刘健、谢迁、李东阳等，政治总算清明。孝宗之后，武宗继之。则其荒淫，又较前此诸君为甚。初宠东宫旧竖刘瑾，日事游戏。别立内厂，使瑾主其事，并东西厂亦在监察之中。武宗坐朝，有人投匿名书于路旁，数瑾罪恶。瑾便矫诏，诏百官三百余人，跪在午门外，加以诘责。至于半日之久，然后把他送入狱中。其专横如此，朝臣自然无从举发他的罪恶了。后来安化王寘镭，反于宁夏。都御史杨一清，前往征讨，把他打平。凯旋之日，杨一清劝监军太监张永，举发刘瑾罪恶。武宗才算省悟，把他除掉。又有个大同游击江彬，交结内监家奴，以蹴鞠侍帝。导帝出游宣、大、延、绥等处。于是人心惶惶。宁王宸濠，又因此反于南昌。幸得南赣巡抚王守仁，起兵蹑其后，总算一战而平。武宗却又借亲征为名，出游江南而还。此时畿南、山东，盗贼横行，连年不得平定。其不至于土崩瓦解，只算侥幸罢了。一五二一年，武宗崩。无子，世宗入继大统。世宗颇知学问，性质亦近于严厉。驾御宦官颇严。明自中叶以后，宦官的敛迹，无过于世宗时的。然严而不明。中年以后，又溺于神仙，不问政事。严嵩因之，盗窃朝权，一味蒙蔽。内政既坏，外患又深，明朝遂几成不可收拾之局了。

◆ 第四十二章　明和北族的关系 ◆

明朝是整个中国，被胡人陷没之后，把他恢复过来的。论理，对于北方的边防，应较历代格外注重。然而终明之世，只有太祖一朝，规模稍远。成祖时，虽兵出屡胜，而弃地实已甚多。从此以后，就更其不能振作了。

明代的北方，是鞑靼、瓦剌，迭起称雄的时代。瓦剌，元时称为斡亦剌，亦系北方部族之一。明初，其部落分而为三。成祖时来降。都封其首领以王号。而顺宁王马哈木最强。元朝的大汗统绪绝后，有个唤作鬼力赤的，自称鞑靼可汗。后为知院阿鲁台所杀。迎立元朝后裔本雅失里。成祖曾亲征，把他们打破。又曾打破马哈木。后来本雅失里，到底为马哈木所杀。其子脱欢，并瓦剌三部为一。又袭杀阿鲁台。要想自立为可汗，其部下的人不肯。乃迎立元裔脱脱不花。脱欢子也先，声势更甚，并兀良哈亦为所胁服。遂有土木之变。此为瓦剌极盛时代。土木变后，也先杀脱脱不花自立。一四五二年，为知院阿剌所杀。瓦剌复衰。

于是鞑靼酋长，有名为孛来的，杀阿剌，立脱脱不花的儿子麻儿可儿，号为小王子。麻儿可儿死后，众共立马古可儿吉思，为孛来所杀。有唤做毛里孩的，又杀孛来，迎立他可汗。又有唤做斡鲁出的，和毛里孩互相仇杀。先是鞑靼的入寇，或在辽东，或在宣府、大同，或在宁夏、庄浪。往来无常，为患不久。英宗复辟后，斡鲁出才入据河套，和别部长孛鲁乃合。至宪宗时，则孛来、小王子、毛里孩，先后皆至，为患益深。孛来死后，又有唤做满鲁都的，继之而至。这便是明朝所谓“套寇”。总而言之，自也先死后，瓦剌之患已衰；此时的鞑靼，亦只是些零碎部落，并不足为大患。然而明朝措置无方，北边遂迄无息肩之日。到一五〇四年，达延汗再即汗位，而其形势又一变了。

为蓝玉所袭破而遇弑的脱古思帖木儿，《明史》谓是爱猷识里达腊之子，《蒙古源流考》则谓系爱猷识里达腊之弟。其子曰额勒伯克汗，尝杀其臣而娶其妻，是为洪郭斡拜济。洪郭斡拜济归汗时，有了三个月的身孕。又四个月而生一子，名为阿寨。阿寨的儿子名阿噶巴尔济，是个助卫拉特以攻蒙古的人。阿噶巴尔济生子曰哈尔固楚克，为也先的女婿。生子，名巴图蒙克。是为达延汗。达延汗为中兴蒙古的伟人。他有四个儿子：长名图鲁特，早死。季子格埒森札赉尔，留守漠北，是为喀尔喀诸部之祖。达延汗以次子乌鲁斯为右翼，三子巴尔苏为左翼。乌鲁斯为满鲁都所杀。达延汗怒，命巴尔苏击杀满鲁都。这时候，漠南北本无强部，满鲁都死后，蒙古遂复呈统一之观。达延汗和图鲁特之卜赤，徙牧南近长城，称为插汉儿部，就是现在的察哈尔。巴尔苏二子：长名衮必里克图，为鄂尔多斯部之祖。次为阿勒坦汗，即《明史》的俺答，为土默特部之祖。衮必里克图早死，其众皆归于俺答，所以俺答独强。世宗时，屡为北边之患，一五五〇、一五五九、一六三三年，曾三次进犯京畿。严嵩以辇毂之下，败不可掩，戒诸军不得与战，因此寇益得志。后来俺答之孙把汉那吉，娶妻而美，为俺答所夺，发怒来降。把汉那吉是幼孤而育于俺答之妻的。俺答之妻，怕中国把他杀掉，日夜哭泣。俺答才遣使请和。于是穆宗于一五七〇年，封俺答为顺义王。此时俺答亦已受了喇嘛教的感化，自此不复犯边。而东方的插汉儿部转盛。其时高拱当国，用戚继光守蓟镇，李成梁守辽东。继光持重，善守御，而成梁屡战却敌。神宗时，张居正当国，对于这两个人，任用更专。所以十六七世纪之间，北边颇获安息。明朝末年，漠南诸部，仍以插汉儿为最盛。插汉儿的林丹汗，为达延汗的八世孙。其妻，为叶赫部女。而叶赫为清所灭，所以林丹汗与清为仇。明朝就重加岁赐，命其联合诸部，以牵制满洲。然林丹汗骄恣，为同族所恶。先是一五九三年，蒙古东方的科尔沁等部，曾联合满洲诸部以伐清，为清太祖所败，科尔沁等遂附于清。至是，并西方的土默特等部，亦和清通声气。一六三八年，清太宗会合蒙古诸部，出其不意，袭击林丹汗。林丹汗欲拒战，而下不听命，乃出走。死于青海的大草滩。明年，其子额哲降清。于是漠南蒙古，就全为清人所征服了。

有明一代，对于北方的边防，不可谓不认真。现在的长城，就大都是明代造的。最初防线撤废之后，后来又以辽东、蓟州、宣府、大同、榆林、宁夏、甘肃、固原、太原为九边，都成为节制调度的重心。沿边的兵额，配置颇为充足。兵额亦常能维持。器械亦比较精利。论其实力，本可以扫荡漠南北而有余。然而将骄卒惰之弊，亦在所不免，玩敌而不恤士卒，尤为通常之弊。所以兵力虽厚，而士气不盛，始终只立于防御的地位。对于区区的套寇，尚且不能扫穴犁庭，更无论绝漠而北了。

◆ 第四十三章　明朝的殖民事业和外患 ◆

中国人移殖的能力，是很大的。照第八章和第二十二章所述，则在很古的时代，中国人在海外的航线，业已很远；而第三世纪以后，已几乎把欧、亚的航路打通了。在这很长的时期中，中国人一定有在海外经营拓殖之业的。惜乎年深月久，文献多已无证。现在可考见的，大都是明以来的事迹罢了。

在大陆上，最易和海洋接触的是半岛。亚洲大陆，有三个最大的半岛——前后印度、朝鲜——其中两个，本来都有一部分属于中国的。自唐、五代以来，才逐渐地丧失了。明成祖时，因安南陈、黎二氏的篡夺，发兵戡定其地。于一四〇六设立交趾布政司，和内地的制度一样。因守土的官吏，不尽得人，奉使的中官，尤多暴横，土人叛乱不绝。于是一四二七年，宣宗又把他弃掉。然当元、明两代，西南的土司，还几于包括伊洛瓦谛江流域。安南、暹罗，虽各列为国，亦都朝贡于我。南洋群岛的交通，亦是历代不绝的。所以航行很为便利。

元朝人是好勤远略的。当世祖时，曾遣唆都、李庭璧，招致南洋诸国。当时南洋之国，以俱蓝、马八儿为纲维。马八儿便是今印度的马拉巴尔（Malabar)。俱蓝为其后障，当在马拉巴尔之北。当时先后来朝的，共有十国。都是今印度沿岸和南洋群岛之地。明初，使节所至亦远。成祖又命中官郑和往使。和乃自造大船，长四十四丈，宽十八丈的。共有六十二只，带着士卒三万七千人，从苏州娄家港出海，遍历南洋诸国。有不服的，则威之以兵。自一四〇五至一四三三，三十年之间，凡七奉使，三擒番长。后来奉使海外的，无不盛称和以炫耀诸国。其事业，亦可谓之伟大了。《明史·郑和传》，于和事迹，记载不详。近代梁启超作《郑和传》，推考其航路：则当自南海入暹罗湾。沿马来半岛南下，至新加坡。绕苏门答腊和爪哇两岛。入孟加拉湾。循行印度半岛的两岸。绕锡兰岛。又入波斯湾。沿东岸北航，至底格利斯河口。再循西岸南航，至亚丁，越亚丁湾，入红海。北航至麦加。南航，出莫三鼻给海峡，掠马达加斯加岛的南端而东归。其航线所至，亦可谓之极远了。当时华人移殖海外的甚多。在小吕宋一带，尤为繁盛。而作蛮夷大长的，亦大有其人。其见于《明史》的：则有吕宋的潘和五，婆罗的王，爪哇新邦的邦主，三佛齐的梁道明、陈祖义。其事在明开国至万历年间，约当十四世纪后半至十五世纪之末。梁启超作《中国殖民八大伟人传》，得诸口碑的：又有戴燕国王吴元盛，昆仑国王罗大，都是清朝乾嘉年间，战胜土蛮的。又有叶来，则为英属海峡殖民地的开辟者。其事在嘉道之间，则已在十八世纪中叶至十九世纪前半了。还有潮州郑昭，随父流寓暹罗，为其宰相。乾隆时，暹罗为缅甸所灭，郑昭起兵恢复，事见第四编第六章。近代西人的东航，实在明中叶以后。哥伦布的发现美洲，事在一四九三年，葡萄牙人的发现印度新航路，则事在一四九八年，较郑和的下西洋，实后八九十年。西人东航之初，中国人的足迹，早已遍布南洋了。中国西北负陆，而东南面海。闽、广之北，限以重山，其民不易向中原分布，所以移徙到海外的很多。南洋群岛，气候和煦，物产丰饶，实在是中国的一片好殖民地。不但如此，中国人作事平和，凡事都以共存共荣为目的。假使开发南洋的责任，而由中国负之，南洋群岛的土人，决没像现在饱受压迫，濒于灭亡之惨。徒以昔时狃于“不勤远略”之见，有此基础，不能助以国力，向前发展，这真是一个大错误。不但如此，因海防的废弛，通商政策的不得宜，反还因海洋交通，而深受其害，这便是所谓倭寇。

倭寇是起于元、明之间的，至明中叶而大盛。原来日本自与元构衅后，禁止其人民，不许和中国往来。于是冒禁出海的，都是无赖的边民，久之遂流为海寇。当元中叶，日本分为南北朝。后来南朝为北朝所并。遗民亦有入海，与海寇合的。朝鲜沿海，受患最深，而中国亦所不免。所以明初，于沿海设卫甚多；而明代的市舶司，意亦不重于收税，而重于管理制驭。世宗时，废司不设。贸易之事，移主于达官势家。多负倭直不偿。倭人贫不能归，遂都变为海盗，沿海的莠民，亦都附和他；或则冒其旗帜，以海岛为根据地，饥则入掠，饱则远扬。沿海七省，无一不受其患。甚至沿江深入，直抵南京。明朝竟无如之何。直至一五五六年，胡宗宪总督浙江军务，诱诛奸民，绝其内应，倭寇势才渐衰。又约十年，乃为戚继光、俞大猷所剿平。然而沿海之地，已凋敝得不堪了。

倭寇平定未几，复有朝鲜之役，则其事已在神宗时了。日本自开国以来，世与虾夷为敌。八世纪之末，日本拓地益广，乃于东北边置征夷大将军。源、平二氏，世守其地。后来中央政争，多借源、平二氏为助。平氏先以外戚执政，后为源氏所灭。乃遍置武职于诸州，以守护封土，而总其权于征夷大将军。于是大权尽入幕府，皇室徒拥虚名而已——日本皇室，所以始终未曾易姓，就是为此。源氏之后，北条氏、足利氏，相继以家臣覆灭幕府，格外大封将士；而其将士，又以其地分封其下，遂成全国分裂之势。十六世纪之末，有个唤做丰臣秀吉的，起而平定全国。因念乱源终未尽绝，意欲把一班军人，赶到外国去，遂有一五九二年渡海攻朝鲜之举。朝鲜开国之主李成桂，本是以打倭寇出名的。当元朝时候，屡次干预高丽的内政。其国王，多数是元朝的女婿。举国多剃发易服，习为胡化。明兴之后，高丽王氏的末主，还想扶翼元朝。李成桂则倾向中国。于是覆王氏而自立。革新内政，输入中国的文化，气象一新。然而承平日久，兵备亦不免于废弛。日本兵一至，遂势如破竹。其王先奔平壤，后走义州，遣使求援于中国。神宗命李如松前往。一战而胜，尽复汉江以北之地。旋因轻进，败于坡州的碧蹄馆。于是抚议复起。迁延数年，终不能就。直至一五九八年，丰臣秀吉死，日本兵乃解而东归。这一次，明朝运兵筹饷，骚动全国，而竟没有善策，可见其政治军备的废弛了。

第四十四章　明末的政局

明朝当世宗之时，万事废弛，本已成不能复振之局。世宗崩后，穆宗立，在位六年而崩。神宗立。时为一五七二年。穆宗时，张居正、高拱，相继为相。神宗立，年幼，拱复罢，居正辅政。居正有综核之才。史称其当国之时，一纸文书，“虽万里之外，无敢不奉行维谨”的。当时吏治败坏，又承累朝的奢侈，国计民生，均极困难，居正乃裁减用度，刷新庶政。“行官吏久任之法，严州县讳盗之诛。”在相位十年，颇有“起衰振敝”之效。然神宗本性是昏惰的。所以自居正死后，纲纪便又废弛了。而中年后的怠荒，尤为前此列朝所未有。

明朝的君主，视朝本不甚勤谨的。神宗则中年以后，不视朝者至二十余年。专一听信中官。派他们出去做税使，并到各处开矿，借端诬索，毒流天下。皇帝既不管事，群臣就结党相攻。而言路一攻，其人即自去，于是言路之权反重。明朝人本来和宋朝人一样，喜欢争意气的。当时顾宪成等讲学于无锡的东林书院。往往讽议执政，裁量人物。即朝士亦有遥相附和的。于是党祸复起。

清室之先，就是隋唐时的白山靺鞨。辽时，谓之长白山女真。清人自谓国号满洲。据近人所考证，则满洲二字，明人写作满住，乃大酋之称，不徒非国名，并非部族之名。清室之先，实在是明朝的建州女真。明朝分女真为三卫：曰海西，在今吉林的西部，辽宁的西北部。曰野人，在今吉、黑两省的极东。曰建州，初设于朝鲜会宁府的河谷。事在一四一二年。受职为指挥使的，名猛哥帖木儿，即清人所谓肇祖。后为七姓野人所杀。弟凡察嗣职，迁居佟佳江流域。后来猛哥帖木儿的儿子董山出来，和凡察争印。明朝乃将建州分为左右二卫，以董山为左卫，凡察为右卫指挥使。董山渐渐桀骜。一四六六年，明朝檄调他到广宁，把他杀掉。并出兵攻破其部落。部人拥戴其子脱罗扰边，声言复仇。久之，也就寂然了。于是左卫衰而右卫盛。右卫酋长王杲，其地在今宽甸附近。为李成梁所破。逃到扈伦四部中之哈达。据《清实录》所载，当时的女真，分为满洲、长白山、扈伦、东海四大部。满洲、长白山，就是明朝的建州卫。东海为明朝的野人卫。扈伦则野人部落，南迁而据海西之地的。其中哈达、叶赫，明人称为南北关，倚以捍边，视之尤重。王杲逃到哈达后，哈达酋长把他执送李成梁。李成梁把他杀掉。王杲的儿子阿台，是清景祖的孙婿。景祖，《清实录》名觉昌安，明人谓之叫场，即清太祖之祖。其第四子显祖塔克世，明人谓之他失，为太祖之父。阿台既抱杀父之怨，助叶赫以攻哈达。满洲的苏克苏浒部长尼堪外兰，为李成梁乡导，以攻阿台。阿台被杀。叫场、他失亦俱死。清太祖向明边吏呼冤，明人乃将叫场、他失的尸体还给他。此时清太祖势甚微弱。至一五八三年，乃起兵以攻尼堪外兰。一五八六年，尼堪外兰奔明边。明人非但不加保护，反把他执付清太祖。并开抚顺、清河、宽甸、叆阳四关，许他互市。从此满洲，就渐渐强盛起来了。清人既渐强，满洲五部，都为所征服。扈伦、长白山联合蒙古的科尔沁等部来伐，亦为清太祖所败。太祖又联合叶赫，以灭哈达。至一六一六年，遂起兵叛明。

清兵既起，明以杨镐为经略，发大兵二十万，分四路东征。三路皆败。清人遂陷铁岭，进灭叶赫。明以熊廷弼为经略。旋代以袁应泰。应泰有吏材，无将略，辽、沈遂陷。清太祖自赫图阿拉迁居辽阳。一六二五年，又迁居沈阳。俨然和明朝对抗了。

边事如此，而明朝方忙于三案之争。东林、非东林，互相攻击。熹宗时，非东林党人结中官魏忠贤，把东林党人一网打尽。忠贤的骄横，尤其前此宦官所未有。直到一六二七年，毅宗即位，才把他除掉。然而外患未平，流寇复起，终于不能支持了。

流寇是毅宗初年，起于陕西的。流入山西，又流入河北，渡河，犯湖广、四川、襄郧。明朝命陈奇瑜督剿。一六三四年，奇瑜蹙贼于车厢峡。贼势业已穷蹙，而奇瑜信其伪降，受之，贼出峡即大掠。于是分为两股：一为高迎祥、李自成。一为张献忠。四处流窜。一六三六年，迎祥为孙传庭所擒，自成逃向甘肃。献忠亦给卢象昇打败，诣湖北伪降。贼势又已衰挫。而满洲又于此时入犯，诸将都撤兵东援，贼势遂复炽。

明自辽、沈陷后，再起熊廷弼为经略。因为广宁巡抚王化贞所掣肘，计不得行。辽西城堡多陷。明逮廷弼、化贞，俱论死。以王在晋为经略。在晋主守山海关。时袁崇焕以佥事监军关外，主张守宁远。大学士孙承宗是崇焕议。乃罢在晋，代以承宗。旋又代以高第。第性恇怯，尽撤守备入关。崇焕誓以死守宁远。一六二六年，清太祖见明大兵已撤，以为机有可乘，自将攻宁远。大败，受伤而死。太宗立。先定朝鲜。还攻宁远、锦州，又大败。一六二九年，太宗乃避正面，自喜峰口入长城。崇焕亦兼程入援。两军大战，胜负未分。先是崇焕以皮岛守将毛文龙跋扈，借阅兵为名，把他杀掉。毅宗虽加抚慰，实则不能无疑。至是，清人纵反间之计，毅宗遂将袁崇焕下狱杀掉。于是边事愈坏。毛文龙死后，其部将孔有德、耿仲明等逃到登州。后来造反，给官军打败，浮海降清。引清兵攻陷广鹿岛。守将尚可喜降。皮岛亦陷。明人前此，常借海军势力，牵制辽东，至此亦消灭了。然而辽西兵力还厚。太宗乃仍绕道长城各口，于一六三六、一六三八、一六四〇等年，入犯京畿，蹂躏山东。明朝剿匪的兵事，因此大受牵制。一六四〇年，清兵大举攻锦州。明蓟辽总督洪承畴往援，战于松山，大败。明年，松山破，承畴降。锦州亦陷。于是关外重镇，只有一个宁远了。然而明兵塞住山海关，清人还不敢深入。

李自成、张献忠再叛之后，献忠窜入四川，自成则再攻河南。是时，河南大饥，民从之者如流水，势遂大炽。一六四三年，自成陷西安。明年，称帝。东陷太原。分兵出真定，而自率大兵陷大同。遂陷宣府，自居庸关陷京师。毅宗自缢死。毅宗死的前一年，清太宗也死了。子世祖立。年才六岁，郑亲王济尔哈朗、睿亲王多尔衮同摄政。明山海关守将吴三桂，闻京城被围，发兵入援。至丰润，京城已陷。李自成招他投降，三桂已经答应了。后闻爱妾陈沅被掠，大怒，走回降清。多尔衮方略地关外，闻之，大喜，疾驰受其降。合兵打破李自成。自成逃回陕西。清兵遂入北京，世祖即迁都关内。

◆ 第四十五章　明的制度 ◆

有明一代，政治虽欠清明，制度则颇为详密。其大部，都为清代所沿袭，有到现在还存在的。所以明代的制度，在近世的历史上，颇有关系。

明太祖初仍元制，以中书省为相职。后因宰相胡惟庸谋反，遂废省不设。并谕后世子孙，毋得议置丞相。遂成以天子直领六部的局面。这断非嗣世的中主，所能办到的。于是殿、阁学士，遂渐起而握宰相的实权。前代的御史台，明时改称都察院。设都御史、副都御史、佥都御史，都分左右。又有十三道监察御史。除纠弹常职外，提督学校、清军、巡漕、巡盐诸务，亦一以委之。而巡按御史，代天子巡守，其权尤重。给事中一官，历代都隶门下省。明朝虽不设门下省，而仍存此官，以司封驳稽察，谓之科参。六部之官，没有敢抗科参而自行的，所以其权亦颇重。外官则废元朝的行省，而设布政、按察两司，以理政事及刑事。但其区域，多仍元行省之旧。巡抚，本系临时遣使。后来所遣浸广，以其与巡按御史不相统属，乃多以都御史为之。再后来，则以他官奉使，而加以都御史的衔。其兼军务的，则加提督，辖多权重的称总督。已有巡按，而又时时遣使，实亦不免于骈枝。但在明代，还未成为常设之官罢了。

明朝的学校选举制度，是很有关系的。原来自魏、晋以后，国家所设立的学校，久已仅存其名，不复能为学校的重心；而且设立太少，亦不足以网罗天下之士。所以自唐以后，变为学问由人民自习，而国家以考试取之的制度，而科举遂日盛。科举有但凭一日之短长之弊。所以宋时，范仲淹执政，有令士人必须入学若干日，然后得以应试之议。王安石变法，则主张以学校养士。徽宗时，曾令礼部取士，必由学校升贡。其后都未能行。然应举之士，仍宜由学校出身，则为自宋以来，论法制的人所共有的理想。到明朝，而此理想实现了。明制：京师有国子监。府、州、县亦皆有学。府州县学，初由巡按考试，后乃专设提举学校之官。提学官在任三载，两试诸生。一名岁试，是所以考其成绩优劣的。一则开科之年，录取若干人，俾应科举。应科举的，以学校生徒为原则。间或于此之外，取录一二，谓之充场儒士，是极少的。国子监生及府州县学生，应乡试中式的，谓之举人。举人应礼部试中式，又加之以殿试，则为进士。分三甲。一甲三名，赐进士及第。第一人授职修撰，第二三人授职编修。二甲若干人，赐进士出身。三甲若干人，赐同进士出身。都得考选庶吉士。庶吉士是储才之地，本不限于进士。而自中叶以后，非进士不入翰林，非翰林不入内阁。所以进士之重，为历代所未有，其所试：则首场为四书五经义。次场则论、判及诏、诰、表、内科一道。三场试经、史、时务策。乡会试皆同。此亦是将唐时的明经进士，及宋以后经义、词赋两科，合而为一。所试太难，实际上无人能应。于是后来都偏重首场的四书文，其他不过敷衍而已。其四书文的格式：（一）体用排偶，（二）须代圣贤立言，谓之八股。初时还能发挥经义，后来则另成为一种文字，就不懂得经义的人，也会做的。应试之士，遂多不免于固陋了。

明朝的兵制，名为模仿唐朝，实在亦是沿袭元朝的。其制：以五千六百人为卫，一千一百十二人为千户所，一百十二人为百户所。每所设总旗二人，小旗十人。诸卫或分属都司，或直属中左右前后五军都督府。都司则都属都督府。卫所的兵，平时都从事于屯田。有事则命将充总兵官，调卫所之兵用之。师还，则将上所佩印，兵各归其卫所。于此点最和唐朝的府兵相像。而卫指挥使和千户、百户，大都世袭；都督、同知、佥事等，多用勋戚子孙，则是模仿元朝的。元朝以异族人居中国，这许多人，多半是他本族，所以要倚为腹心。明朝则事体不同，而还沿袭着他，实在很为无谓。凡勋戚，总是所谓世禄之家。骄奢淫逸惯了，那里有什么勇气？明朝后来，军政的腐败，这实在是一个很大的原因。其取兵之途有三：一为从征，二为归附，都是开国时的兵，后来定入军籍的。这亦是模仿元朝。而明朝最坏的是谪发，便是所谓充军。有罪的人，罚他去当兵，这已经不尽适宜，却还有理可说。而一人从军，则其子孙永隶军籍。身死之后，便要行文到其本乡去，发其继承人来充军，谓之勾补。继承人没了，并且推及其他诸亲属，这实在是无理可说。而事实上弊窦又多。要算明朝第一秕政。

法律：明初定《大明律》，大致以《唐律》为本。又有《会典》，亦是模仿《唐六典》的。中叶以后，则律与例并行。其刑法，亦和前代相同，惟充军则出于五刑之外。

明代最精详的，要算赋役之制。其制：有黄册，以户为主，备载其丁、粮之数。有鱼鳞册，以土田为主，详载其地形地味，及其属于何人。按黄册以定赋役。据鱼鳞册以质土田之讼，其制本极精详。后来两种册子都失实，官吏别有一本，据以征赋的册子，谓之白册。白册亦是以田从户的。其用意本和黄册一样。但自鱼鳞册坏后，田之所在不可知，就有有田而不出赋役，无田而反出赋役的，其弊无从质正，而赋役之法始坏。明代的役法：系以一百十户为一里。分为十甲。推丁多之家十人为长。分户为上中下三等以应役。役有“银差”，有“力差”。中国财政，向来量入为出的，惟役法则量出为入。所以其轻重繁简，并无一定。明朝中叶以后，用度繁多，都借此取之于民。谓之加派。就弄得民不聊生。役法最坏的一点，还不在其所派的多少，而在一年中要派几次，每次所派若干，都无从预知。后来乃有“一条鞭”之法。总计一年的赋役，按照丁粮之数，均摊之于人民。此外更有不足，人民不再与闻。

力役亦由官招募。人民乃少获苏息。唯其末年，又有所谓三饷，共加至一千六百七十万，人民不堪负担，卒至于亡国而后已。赋役而外，仍以盐、茶为收入的大宗。明初，命商人纳粮于边，而给之以盐，谓之开中盐，而以茶易西番之马。商人因运输困难，就有自出资本，雇人到塞下屯垦的。不但粮储丰满，亦且边地渐渐充实。国马饶足，而西番的势力，多少要减削几分。真是个长驾远驭之策。后来其法坏了，渐都改为征银，于是商屯撤废，沿边谷价渐贵，而马群也渐耗减了。茶盐之外，杂税还很多。大抵以都税所或宣课司榷商货，抽分场，局税竹、木、柴薪，河泊所收鱼税，都不甚重要。惟钞关之设，初所以收回纸币，后遂相沿不废，成为一种通过税。在近代财政上，颇有关系。

◆ 第四十六章　元明的学术思想和文艺 ◆

元明的学术思想，是承宋人之流的。在当时，占思想界的重心的，自然还是理学。理学是起于北方的。然自南宋以后，转盛行于南方，北方知道的很少。自元得赵复后，其说乃渐行于北。元时，许衡、姚枢等，都号为名儒，大抵是程朱一派。只有一个吴澄，是想调和朱陆的。明初，也还是如此。到公元十五六世纪之间，王守仁出，而风气才一变。

王守仁之说，是承陆九渊之绪，而又将他发挥光大的。所以后来的人，亦把他和九渊并称，谓之陆王，和程朱相对待。守仁之说，以心之灵明为知。为人人所同具。无论如何昏蔽，不能没有存在的。此知是生来就有的，无待于学，所以谓之良知。人人皆有良知，故无不知是非之理。但这所谓知，并非如寻常人所谓知，专属于知识方面。“如恶恶臭，如好好色”，知其恶，自然就恶，知其善，自然就好。决非先知其恶，再立一个心去恶；先知其好，再立一个心去好的。好之深，自然欲不做而不能自已。恶之甚，自然万不肯去做。所以说“知而不行，只是未知”，所以说知行合一。既然知行就是一事，所以人只要在这知上用功夫，就一切问题，都解决了。时时提醒良知，遵照他的指示做：莫要由他昏蔽，这个便是致良知。如此，凭你在“事上磨炼”也好，“静处体悟”也好。简单直接，一了百了。这真是理学中最后最透彻之说，几经进化，然后悟出来的。

讲理学的人，本来并没有教人以空疏。但是人心不能无所偏重。重于内的，必轻于外。讲理学的人，处处在自己身心上检点，自然在学问和应事上，不免要抛荒些，就有迂阔和空疏之弊。程朱一派，注意于行为，虽然迂阔空疏，总还不失为谨愿之士。王学注重于一心——在理学之中，王学亦称为心学——聪明的人，就不免有猖狂妄行之弊。本来猖狂的人，也有依附进去的。其末流流弊就大著。于是社会上渐渐有厌弃心学，并有厌弃理学的倾向。但这所谓厌弃，并不是一概排斥，不过取其长，弃其短罢了。在明末，顾炎武、黄宗羲、王夫之三先生，最可以为其代表。

这三位先生，顾王两先生，是讲程朱之学的。黄先生则是讲陆王之学的。他们读书都极博，考证都极精，而且都留意于经世致用，制行又都极谨严，和向来空疏、迂阔、猖狂的人，刚刚一个相反。中国自秦汉以后，二千年来，一切事都是因任自然，并没加以人为的改造。自然有许多积弊。平时不觉得，到内忧外患交迫之日，就一一暴露出来了。自五代以后，契丹、女真、蒙古，迭起而侵掠中国。明朝虽一度恢复，及其末造，则眼看着满洲人又要打进来。反观国内，则朝政日非，民生日困，风俗薄恶，寇盗纵横，在在都觉得相沿的治法，有破产的倾向。稍一深思熟考，自知政治上、社会上都须加一个根本的改造。三先生的学问，都注意到这一方面的。黄先生的《明夷待访录》，对于君主专制政体，从根本上下攻击。王先生的《黄书》，这种意见也很多。顾先生的《日知录》，研究风俗升降、政治利弊，亦自信为有王者起，必来取法之书。这断非小儒呫哔，所能望其项背。后来清朝人的学问，只讲得考据一方面，实不足以继承三先生的学风。向来讲学术的人，都把明末诸儒和清代的考证学家，列在一处，这实在不合事实，不但非诸先生之志而已。

讲到文艺，元明人的诗文，亦不过承唐宋之流，无甚特色。其最发达的，要算戏曲。古代的优伶，多以打诨、取笑为事。间或意存讽谏，饰作古人，亦不可谓之扮演。扮演之事，惟百戏中有之。如《西京赋》叙述《平乐观》角觝，说“女娲坐而清歌，洪崖立而指挥”之类。然而不兼歌舞。南北朝时，兰陵王入陈曲、踏谣娘等，才于歌舞之中带演故事。然还不是代言体。宋时的词，始有叙事的，谓之传踏。后来又有诸宫体。至于元代的曲，则多为代言体。演技者口中所歌，就作为其所饰的人所说的话，其动作，亦作为所饰的人的表情。就成为现在的戏剧了。戏剧初起时，北方用弦索，南方用箫笛。明时，魏良辅再加改革，遂成为今日的昆曲。此外说话之业，虽盛于宋。然其笔之于书，而成为平话体小说，则亦以元明时代为多。总而言之，这一个时代，可以算得一个平民文学发达的时代。

◆ 第四十七章　元明的宗教和社会 ◆

元代是以蛮族入据中国，没什么传统的思想的。所以对于各种宗教，一视同仁。各教在社会上，遂得同等传播的机会。其中最活跃的，则要算佛教中的喇嘛教。喇嘛教是佛教中的密宗。其输入西藏，据《蒙古源流考》，事在七四七年。始祖名巴特玛撒巴斡。密宗是讲究显神通的。和西藏人迷信的性质，颇为相近。所以输入之后，流行甚盛。元世祖征服西藏后，其教遂流行于蒙古。西僧八思巴，受封为帝师。其后代有承袭。受别种封号的还很多。天下无论什么事情，不可受社会上过分的崇信。崇信得过分，其本身就要成为罪恶了。喇嘛教亦是如此。元世祖的崇信喇嘛教，据《元史》上说，是他怀柔西番的政策，未知信否。然即使如此，亦是想利用人家，而反给人家利用了去的。当时教徒的专横，可说是历代所无。内廷佛事，所费无艺，还要交通豪猾，请释罪囚以祈福。其诒害于政治，不必说了。其在民间，亦扰害特甚。当时僧徒，都佩有金字圆符，往来得以乘驿。驿舍不够，则住在民间。驱迫男子，奸淫妇女，无所不至。还要豪夺民田，侵占财物。包庇百姓，不输赋税，种种罪恶，书不胜书。其中最盛的杨琏真伽，至于发掘宋朝钱塘、绍兴的陵寝和大臣冢墓一百零一所，杀害平民四人，受人献美女宝物无算。攘夺盗取财物，计金一千七百两，银六千八百两，玉带九条，玉器一百十一件，杂宝一百五十二件，大珠五十两，钞十一万六千二百锭，田二万三千亩，包庇不输赋的人民二万三千户。真是中国历史上，从来未有的事情。次于喇嘛教，流行最盛的，大约要算回教。因为元时，西域人来中国的很多，大多数是信回教的。至于基督教，则意大利教士若望高未诺（Monte Carvino），曾以一二九四年，奉教皇的命令来华。元世祖许其在大都建立教堂四所。信教的亦颇不乏，但都是蒙古人。所以到元朝灭亡，又行断绝了。广东一方面，亦有意大利教士奥代理谷（Odoric）来华，都是罗马旧教。

元代社会的阶级，也很严峻的。蒙古人、色目人和汉人、南人，在选举和法律上，权利都不平等，已见第三十九章。此外最厉害的，要算掠人为奴婢一事。元初的制度，大约俘掠所得，各人可以私为已有；至于降民，则应得归入国家户籍的。然而诸王将帅，都不能遵守。其中最甚的，如灭宋时平定两湖的阿里海涯，至将降民三千八百户，没为家奴，自行置吏治之，收其租赋。虽然一二四〇年，太宗曾籍诸大臣所俘男女为民。然一二八二年，御史台言阿里海涯占降民为奴，而以为征讨所得。世祖令降民还之有司，征讨所得，籍其数赐臣下，则仍认俘掠所得，可以为私奴。《廉希宪传》说他行省荆南时，令凡俘获之人，敢杀者，以故杀平民论。则当时被俘的人，连生命也没有保障了。

北族是历代都辫发的。所以在《论语》上，已有被发左衽的话。南北朝时，亦称鲜卑为索虏，但是自辽以前，似乎没有敢强行之于中国的。金太宗天会七年，才下削发之令。但其施行的范围，仍以官吏为限，蒙古则不然，不论公人私人，都要强迫剃发。其时几于举国胡化，明有天下，才把他恢复过来。明太祖洪武元年的《实录》说：

诏复衣冠如唐制。初，元世祖起自朔漠以有天下，悉以胡俗变易中国之制，士庶咸辫发椎髻，深襜胡俗。衣服则为袴褶窄袖及辫线腰褶。妇女衣窄袖短衣，下服裙裳，无复中国衣冠之旧。甚者易其姓氏，为胡名，习胡语。俗化既久，恬不知怪。上久厌之。至是悉命复衣冠如唐制。士民皆束发于顶……其辫发椎髻，胡服、胡语、胡姓，一切禁止……于是百有余年胡俗，悉复中国之旧矣。

这个真要算中国人扬眉吐气的一天了。

然而明太祖虽能扫除衣冠辫发的污点，至于社会上的阶级，则初无如之何。太祖数蓝玉的罪，说他家奴数百，可见明初诸将的奴仆，为数亦不在少。后来江南一带，畜奴的风气更盛。顾亭林《日知录》说："江南士大夫，一登仕籍，投靠多者，亦至千人，其用事之人，主人之起居食息，出处语默，无一不受其节制。有王者起，当悉免为良，而徙之以实远方空虚之地。则豪横一清，四乡之民，得以安枕；士大夫亦不受制于人，可以勉而为善。政简刑清，必自此始。"可以想见这一班人倚势横行，扰害平民的行径。然亦明朝的士大夫，居乡率多暴横，所以此辈有所假借。明朝士大夫，暴横最甚的，如梁储的儿子次摅，和富人杨端争田，至于灭其家，杀害二百余人，王应熊为宰相，其弟在乡，被乡人诣阙击登闻鼓陈诉，列状至四百八十余条，赃至一百七十余万。温体仁当国，唐世济为都御史，都是乌程人。其乡人为盗于太湖的，至于以其家为奥主，都是骇人听闻的事。这大约仍是元代遗风。因为当时劫于异族的淫威，人民莫敢控诉。久之，就成为这个样子了。清朝管束绅士极严，虽说是异族人据，猜忌汉人，要减削其势力，而明代绅士的暴横，亦是一个大原因。

第四编

近代史

A BRIEF HISTORY
OF
CHINA

◆ 第一章　明清之际 ◆

“人必自侮，而后人侮之”，以中国之大，岂其区区东北一个小部落所能吞并？金朝的兵力，不算不强，然而始终不能吞灭南宋，便是一个证据。然则明朝的灭亡，并非清之能灭明，还只是明朝人的自己亡罢了。

北部沦陷之后，明朝的潞王常淓、福王由崧，都避难南来。当时众议，因潞王较贤，多想立他。而凤阳总督马士英，挟着兵力，把福王送到仪征。众人畏惧他，只得立了福王，是为弘光帝。士英引阉党阮大铖入阁，而把公忠的史可法排挤出去，督师江北。正人君子，非被斥，即引去。弘光帝又沉迷声色。南都之事，就不可为了。

清朝的能入关，也并非全靠自己的兵力。占据北京，已为非望，如何会有吞灭全中国的心理呢？所以世祖入关后，给南方的檄文，还有“明朝嫡胤无遗，势难孤立，用移大清，宅此北土。其不忘明室，辅立贤藩，戮力同心，共保江左，理亦宜然，予不汝禁”之语。然而南都既不能自立，清朝就落得进取。当清兵入北京之后，即已分兵打定河南、山东、山西。及世祖入关，又遣英亲王阿济格，带着吴三桂、尚可喜出榆、延；豫亲王多铎，带着孔有德出潼关；以攻陕西。李自成走死湖北的通城。多铎的兵，就移攻江南。这时候，史可法分江北为四镇。而诸将不和，互相仇视。武昌的左良玉，又和阮大铖不合，以清君侧为名，举兵东下。大铖大惧，急檄可法入援。可法兵到燕子矶，左良玉已死在路上，其兵给守芜湖的黄得功打败了。可法再回江北，则清兵已至。可法檄诸镇赴援，没有一个来的。可法守扬州七日，城陷，死之。清兵遂渡江而南。弘光帝奔芜湖。清兵追袭。黄得功拒战，中箭而死。帝遂北狩。后来殉国于北方。清兵直打到杭州而还。时为一六四五年。

于是明人奉鲁王以海，监国绍兴。唐王聿键，即位福州，是为隆武帝。当清兵初入北京之日，曾下令，强迫人民剃发。二十日之后，又听民自由。及下江南，复下剃发之令。于是江南人民，纷纷起兵抗拒。然既无组织，又无训练，大多数旬月即败。清廷复遣肃亲王豪格和吴三桂攻四川。张献忠阵殁于西充。其党孙可望、李定国、白文选、刘文秀，溃走川南。旋入贵州。清兵追至遵义，粮尽而还。贝勒博洛攻闽、浙，鲁王走入海。隆武帝颇为英武，而为郑芝龙所制，不能有为。时何腾蛟招降李自成余众，分布湖南、北。杨廷麟也起兵江西，恢复吉安。隆武帝想出就廷麟，未果而清兵至。帝从延平走汀州，入于清军。后来崩于福州。时为一六四七年。

明人又立唐王之弟聿鐭于广州，桂王由榔于肇庆，是为永历帝。清使李成栋攻广东，聿鐭殉国。孔有德、尚可喜、耿仲明攻湖南，何腾蛟退守桂林。金声桓攻江西，杨廷麟亦败殁。未几，李成栋、金声桓都反正，何腾蛟乘机复湖南。川南，川东亦来附。于是永历帝有两广、云、贵、江西、湖南、四川七省之地，形势颇张。而张名振亦奉鲁王，以舟山为根据地，出入江、浙沿海。清廷乃使洪承畴镇江宁，吴三桂取四川，耿仲明、尚可喜攻江西，孔有德攻湖南。金声桓、李成栋、何腾蛟都败死。一六五〇年，清兵进陷桂林，瞿式耜亦殉节。明年，张名振和起兵浙东的张煌言合兵攻吴淞，不克，而舟山反为清所袭陷，二人奉鲁王奔厦门。永历帝避居南宁，遣使封孙可望为秦王。可望遣兵三千，扈桂王居安隆；而使刘文秀攻四川，李定国攻桂林。孔有德伏诛。吴三桂也战败，逃回汉中。清乃命洪承畴镇长沙，以保湖南；李国英镇保宁，以守川北；尚可喜镇肇庆，以保广东；无意于进取了。而永历帝因孙可望跋扈，密使召李定国。定国迎帝入云南，可望攻之，大败。遂降清。洪承畴因之请大举。一六五八年，清兵自湖南、四川、广西三道入滇。李定国扼北盘江力战，不能敌。乃奉帝如腾越，而伏精兵于高黎贡山。清兵追之，遇伏，大败而还。时刘文秀已死，李定国、白文选奉帝入缅甸。一六六〇年，三桂发大兵出边。缅人乃奉帝入三桂军。一六六二年，为三桂所弑，明亡。此时清世祖亦已死，这一年，是圣祖的康熙元年了。

明朝的统绪虽绝，然而天南片土，还有保存着汉族的衣冠，和清朝相抗的，是为郑成功。成功是芝龙的儿子，芝龙降清时，成功不肯顺从，退据厦门，练着海陆兵，屡攻沿海之地。清兵入滇时，成功大举入江以图牵制。破镇江，薄南京，清廷大震。旋为清兵所袭破，乃收军，出海而还。一六六〇年，成功攻取台湾。于是务农练兵，定法律，设学校，筑馆以招明之遗臣渡海，归之者如织。天南片土，俨然独立国的规模了。

即以闽、广、云南而论，实亦非清朝实力所及。清朝的定南方，原靠一班汉奸，为虎作伥。所以事定之后，仍不得不分封他们，以资震摄。于是以尚可喜为平南王，镇广东；耿仲明为靖南王，镇福建；吴三桂为平西王，镇云南；是为三藩。三藩之中，三桂功最高，兵亦最强。他当时用钱用兵，户、兵二部，不能节制。用人亦不由吏部，谓之西选。西选之官半天下。清朝之于南方，简直是徒有其名，不但鞭长莫及而已。然而“偾军之将，不可以言勇；亡国之大夫，不足与图存”，既已觍颜事仇，忽又起而反抗，就不免有些进退失据：天下的人，未免要不直他，士气亦易沮丧，和始终以忠义激励其下的，大不相同了。这是三藩之所以终于无成。尚可喜受封之时，年已老迈。乃将兵事交给其儿子之信。久之，遂为所制。乃请撤藩归老辽东。清廷许之。时耿仲明已死，传子继茂以及精忠，和吴三桂都不自安，亦请撤藩，以觇清朝的意向。当时明知许之必反，廷议莫敢主持。清圣祖独断许之。一六一七三年，三桂遂举兵反。三桂的意思，本想走到中原，突然举事的，而为清朝的巡抚朱国治所逼，以是不得不发。既举兵之后，有人劝他弃滇北上。三桂也暮气深了，不能用。三桂举兵之后，贵州首先响应。明年，攻下湖南。广西、四川和湖北的襄阳，亦都响应。福建、广东，更不必说了。于是三桂亲赴常、澧督战。派一支兵出江西，以应福建；一支兵出四川，以攻陕西。清朝的提督王辅臣，亦据宁夏以应三桂。三桂想亲出兵以应辅臣，不曾来得及，而清朝的兵，反从江西打入湖南。三桂虽然回兵，把他打退，然自此遂成相持之局。这是于三桂不利的。而耿、尚二藩，又因一和郑成功的儿子郑经相攻，一苦三桂征饷，复叛而降清，三桂势穷。乃于一六七八年，称帝于衡州，以图维系人心。未几而死。孙世璠立。诸将又互相乖离。一六八一年，清兵自湖南、广西、四川，分三道入滇，世璠自杀。尚可喜先已为清人所杀，至此又杀耿精忠。中国大陆之上，就真无汉族自立的寸土了。

然而海外的台湾，还非清朝兵力所及。郑成功以一六六二年卒，子经继立。和耿精忠相攻。曾略取漳、泉等地。后为清兵所败。并失金门、厦门，退归台湾。三藩平后，清廷想照琉球之例，听其不剃发，不易衣冠，与之言和，而闽督姚启圣不可。水军提督施琅，本是郑氏的降将，尤欲灭郑氏以为功。一六八一年，郑经卒。群小构成功之妻董氏，杀其长子克壓。而立其次子克塽。郑氏内部乖离，一六八三年，施琅渡海入台湾，郑氏亡。汉族遂全被满人所征服。

◆ 第二章　欧人的东略 ◆

从亚洲的东方到欧洲，陆路本有四条：（一）自西伯利亚逾乌拉岭入欧俄。（二）自蒙古经天山北路，出两海之间。（三）自天山南路逾葱岭。（四）自前后印度西北行，两道并会于西亚。第一路荒凉太甚。第二路则沙漠地带，自古为游牧民族荐居之地，只有匈奴、蒙古自此以侵略欧洲，而两洲的声明文物，由此接触的颇少。葱岭以西，印度固斯以南，自古多城郭繁华之国。然第三路有沙漠山岭的阻隔，第四路太觉回远，而沿途亦多未开化之国，所以欧、亚两洲，虽然陆地相接，而其交往的密切，转有待于海路的开通。自欧洲至东洋的海路：一自叙利亚出阿付腊底斯河流域；二泛黑海，自阿美尼亚上陆，出底格利斯河流域。两路均入波斯湾。三自亚历山大黎亚溯尼罗河，绝沙漠而出红海。这都是自古商旅所经。自土耳其兴，而一二两道，都入其手，第三道须经沙漠，不便，乃不得不别觅新航路。其结果，海道新辟的有二：一绕非洲的南端而入印度洋。二绕西半球而入太平洋。

欧人的航行东洋，首先成功的为葡萄牙。一四八六年，始达好望角。一四八九年，进达印度的马拉巴尔海岸，一五〇〇年，遂辟商埠于加尔各答。明年，略西海岸的卧亚，进略东海岸及锡兰、摩洛哥、爪哇、马六甲。一五一六年，遂来广东求互市。明朝在广州，本设有市舶司。东南洋诸国，来通商的颇多。都停泊在香山县南虎跳门外的浪白洋，就船贸易。武宗正德时，移于高州的电白。一五三五年，指挥使黄庆纳贿，请于上官，移之濠镜，就是现在的澳门。是为西人在陆地得有根据之始。就有筑城置戍的。中国人颇疑忌他。而西人旋亦移去。只有葡萄牙人，于隆庆初，岁纳租银五百两，租地建屋。自此就公然经营市埠，视同已有。一六〇七年，番禺举人卢廷龙，入京会试。上书当道：请尽逐澳中诸番，出居电白。当事的人不能用。天启初，又有人说“澳中诸番，是倭寇的乡导”，主张把他们移到外洋。粤督张鸣冈说：“香山内地，官军环海而守。彼日食所需，咸仰于我。一怀异志，立可制其死命。移泊外洋，大海茫茫，转难制驭。”部议以为然，遂不果徙——这是后来借断绝接济，以制西洋人的根源。

葡萄牙人到好望角后七年，哥伦布始发见美洲，其到广东后三年，则麦哲伦环绕地球。于是西班牙人，于一五六五年，据菲律宾，建马尼剌。一五七五和一五八〇年，两次到福建求通商，都为葡萄牙人所阻。然中国商船，聚集于马尼剌的颇多。

荷兰人以一五八一年，叛西班牙自立。时西班牙王兼王葡萄牙，禁止其出入里斯本。荷人乃自设东印度公司，谋东航。先后据苏门答腊、爪哇、摩鹿加。于好望角和麦哲伦海峡，都筑塞驻兵。其势力反驾乎西、葡之上。一六二二年，荷兰人攻澳门，不克。一六二四年，据台湾、澎湖。至一六六〇年，而为郑成功所夺。清朝因想借荷兰之力，以夹攻郑氏，所以许其每八年到广东通商一次，船数以四为限。

英吉利的立东印度公司，事在一五九九年。东航之后，和葡萄牙人争印度。葡人战败，许其出入澳门。一六三七年，英船至澳门，为其地的葡人所拒。英人乃自谒中国官吏，求通商。至虎门，为守兵所炮击。英人还击，陷其炮台。旋送还俘掠，中国亦许其通商。此时已值明末。旋广东兵事起，英人贸易复绝。郑经曾许英人通商于厦门和安平。然安平初开，实无甚贸易，止有厦门，英船偶然一到而已。

以上所述，是从明中叶到清初，欧人从海道东来的情形。其主要的目的，可说是在于通商。至于从陆路东来的俄人，则自始即有政治的关系。俄人的叛蒙古而自立，事在十五世纪中叶。至葡萄牙人航抵好望角时，则钦察汗国之后裔，殆悉为所坏灭。此时可萨克族附俄，为之东略。蒙古族在叶尼塞、鄂毕两河间的，亦为所击破。一五八七年，俄人始建托波儿斯克。其后托穆斯克、叶尼塞斯克、雅库次克、鄂霍次克，相继建立。一六三九年，直达鄂霍次克海，就想南下黑龙江。至一六四九年，而建立雅克萨城。一六五八年，又建尼布楚城。此等俄国的远征队，只能从事于剽掠，而不能为和平的拓殖。黑龙江流域的居民大受其害。而此时正值清朝初兴，其兵力，亦达黑龙江流域。两国势力的冲突，就不可避免了。

第三章 基督教和西方科学的传入

中国和外国的交通，也有好几千年了。虽然彼此接触，总不能无相互的影响，然而从没有能使我国内部的组织，都因之而起变化的。其有之，则自近世的中欧交通始。这其间固然有种种的关系，然而其最主要的，还是东西文化的差异。东西文化最大的差异，为西洋近世所发明，而为中国所缺乏的，便是所谓科学。所以科学的传入，是近世史上最大的事件。科学与宗教，虽若相反，其最初传入，却是经教士之手的。

基督教的传入中国，亦由来已久。读第三编第二十五、第三十八两章，就可知道了。可是因中国人迷信不深，对于外国传入的宗教，不能十分相契，所以都不久而即绝。至近世，新教兴于欧洲，旧教渐渐失势，旧教中有志之士，乃思推广其势力于他洲。其中号称耶稣会的，传布尤力。耶稣会的教士，第一个到中国来的，是利玛窦。以一五八一年至澳门。初居广东的肇庆。一五九八年，始经江西到南京。旋入北京。一六〇〇年，神宗赐以住宅，并许其建立天主堂。天主教士的传教于中国，和其在他国不同。他们深知道宗教的教理，不易得华人尊信的。所以先以科学牖启中国人。后来才渐渐的谈及教理。利玛窦到北京之后，数年之间，信教的便有二百余人。徐光启、李之藻等热心科学之士，都在其内。当时的教士，并不禁华人拜天、拜祖宗、拜孔子。他们说："中国人的拜天，是敬其为万物之本；其拜祖宗，系出于孝爱之诚；拜孔子，是敬仰其人格；

都不能算崇拜偶像。”教士都习华言，通华文。饮食起居，一切改照华人的样子，他们都没有家室，制行坚卓，学问渊深。所以很有敬信他们的人。然亦有因此，而疑其别有用心的。

当利玛窦在日，就有攻击他的人。神宗因其为远方人，不听之。一六一〇年，利玛窦卒。攻击的人，更为厉害。到一六一六年，就被禁止传布。教士都勒归澳门。然而这一年，正是满洲叛明自立的一年。自此东北一隅，战争日烈，明朝需用枪炮也日亟。至一六二二年，因命教士制造枪炮，而教禁亦解。明朝所行的大统历，其法本出西域。所以当开国时候，就设有回回历科。到了末年，其法疏舛了。适会基督教中深通天文的汤若望来华。一六二九年，以徐光启之荐，命其在北京历局中，制造仪器，翻译历书，从事于历法的改革。至一六四一年，而新历成。越二年，命以之代旧历。未及行而明亡。清兵入关后，汤若望上书自陈。诏名其历为时宪。汤若望和南怀仁，都任职钦天监。这时候，基督教士，可以说很得信任了。到清世祖殁，而攻者又起。

当时攻击基督教最烈的，是习回回历法的杨光先。但他的主意，并不在乎历法。他曾说：“宁可使中国无好历法，不可使中国有西洋人。”他又说：“他们不婚不宦，则志不在小。其制器精者，其兵械亦精。”他们著书立说，说中国人都是邪教的子孙，万一蠢动，中国人和他对敌，岂非以子弟拒父兄？“以数万里不朝不贡之人，来不稽其所从来，去不究其所从去；行不监押，止不关防；十三省山川形势，兵马钱粮，靡不收归图籍，百余年后，将有知余言之不得已者”。杨光先之说如此：利用传教，以作侵略的先锋，这是后来之事——也可说是出于帝国主义者的利用，并非传教者本身的罪恶——基督教初入中国时，是决无此思想的。杨光先的见解，在今日看起来，似乎是偏狭，是顽固。但是中国历代，本有借邪教以创乱的人；而基督教士学艺之精，和其无所为而为之的精神，又是中国向来没有看见过的。这种迷信的精神，迷信不深的中国人，实在难于了解。杨光先当日，有此疑忌，却也无怪其然。不但杨光先，怕也是当日大多数人所同有的心理。即如清圣祖，他对于西洋传入的科学，可以说是颇有兴味的。对于基督教士，任用亦不为不至。然而在他的《御制文集》里，亦说“西洋各国，千百年后，中国必受其累”，这正和杨光先是一样的见解。不过眼前要利用他们，不肯即行排斥罢了。人类的互相了解，本来是不大容易的。在学艺上，只要肯虚心研究，是非长短，是很容易见得的。但是国际上和民族间的猜忌之心，一时间总难于泯灭，就做了学艺上互相灌输的障碍。近世史的初期，科学输入的困难，这实在是一个大原因。

杨光先以一六六四年，上书攻击基督教士，一时得了胜利。汤若望等都因之得罪。当时即以监正授光先。光先自陈“通历理而不知历法”，再四固辞。政府中人不听。不得已任职。至一六六七年，因推闰失实，得罪遣戍。

再用南怀仁为监正。自此终圣祖之朝，教士很见任用。传教事业，也颇称顺利。直至一七〇七年，而风波才再起。

原来利玛窦等的容许信徒拜天、拜祖宗、拜孔子，当时别派教士，本有持异议的。后来讦诸教皇。至一七〇四年，教皇乃立《禁约》七条，派多罗到中国来禁止。多罗知道此事不可造次。直迟到这一年，才以己意发布其大要。圣祖和他辩论，彼此说不明白。大怒。命把多罗押还澳门，交葡萄牙人监禁。在中国的传教事业，是印度的一部分，本归葡萄牙人保护的。后来法国人妒忌他，才自派教士到中国。葡萄牙人正可恶不由他保护的教士，把多罗监禁得异常严密。多罗就忧愤而死。然而教皇仍以一七一五年，申明前次的禁约。到一七一八年，并命处不从者以“破门”之罚。于是在华教士，不复能顺从华人的习惯，彼此之间，就更生隔碍。一七一七年，碣石镇总兵陈昂，说天主教在各省，开堂聚众，广州城内外尤多，恐滋事端。请依旧例严禁，许之。一七二三年，闽浙总督满保，请除送京效力人员外，概行安置澳门。各省天主堂，一律改为公廨。朝廷也答应了。自此至五口通商以前，教禁就迄未尝解。

基督教士东来以后，欧洲的各种科学，差不多都有输入。历法的改革，枪炮的制造，不必论了。此外很有关系的，则为清圣祖时，派教士到各省实测，绘成的《皇舆全览图》。中国地图中，记有经纬线的，实在从此图为始。当明末，陕西王征，曾译西书，成《远西奇器图说》，李之藻译《泰西水法》，备言取水、蓄水之法及其器械。徐光启著《农政全书》，也有采用西法的。关于人体生理，则有邓玉函所著的《人身说概》。关于音乐，则有徐日升所修的《律吕正义续编》。而数学中，利玛窦和徐光启所译的《几何原本》，尤为学者所推重。代数之学，清朝康熙年间，亦经传入，谓之借根方。清朝治天文、历、算之士，兼通西法的很多。形而上之学，虽然所输入的，大抵不离乎神学。然而亚里斯多德的论理学，亦早经李之藻之手，而译成《名理探》了。就是绘画、建筑等美术，也有经基督教士之手而传入的。所以在当时，传入的科学，并不为少。但是(一)因中国人向来不大措意于形而下之学；(二)则科学虽为中国人所欢迎，而宗教上则不免有所障碍；所以一时未能发生很大的影响。

◆ 第四章　清初的内政 ◆

清朝的盛衰，当以乾隆时为关键。从世祖入关，到三藩平定，这四十年，算是清朝开创之期。自此至雍正之末，五十余年，为乾隆一朝，表面上看似极盛，实则衰机潜伏于其中。至其末年，内乱一起，就步步入于否运了。

清朝的初起，和辽金元情形，又微有不同。辽、金、元初起时，都不甚了解中国的情形。清朝则未入关时，已颇能译汉书、用汉人了。当太祖之时，憎恶汉人颇甚，当时俘获汉人，都发给满人为奴。尤其是读书人，得者辄杀。到太宗时，才知道欲成大业，单靠满洲人，是不行的。所俘汉人，都编为民户，令其与旗人分居，且另选汉官治理。对于读书人，则加以考试。录取的或减免差徭，赏给布帛。于明朝的降臣、降将，尤其重视。清朝当日的创业，和一班投效的汉人，如范文程、洪承畴、吴三桂等，确是很有关系的。

但是其了解中国深者，其猾夏亦甚。所以清朝的对待汉人，又非辽、金、元之比。即如剃发一事，历代北族，没有敢强行之于全中国的。清朝则以此为摧挫中国民族性的一种手段，厉行得非常厉害。入关之后，籍没明朝公、侯、伯、驸马、皇亲的田。又圈占民地，以给旗人。也是很大的虐政。而用兵之际，杀戮尤甚。读从前人所著的《嘉定屠城》、《扬州十日》等记，就可以见其一斑了。

北族的政治，演进不如中国之深。所以其天泽之分，也不如中国之严，继嗣之际，往往引起争乱。清朝也未能免此。当太祖死时，其次子代善，五子莽古尔泰和太祖弟舒尔哈齐之子阿敏，还是和太宗同受朝拜，并称为四贝勒的。后来莽古尔泰和阿敏，次第给太宗除去了。代善是个武夫，不能和太宗争权。所以在关外之时，幸未至于分裂。太宗死后，世祖年幼。阿敏的儿子济尔哈朗和多尔衮同摄政。后来实权都入于多尔衮之手。当时一切章奏，都径由多尔衮批答，御宝亦收归其第。一时声势，是很为赫奕的。幸而多尔衮不久就死了，所以没酿成篡弑之局。世祖亲政后，大体还算清明，颇能厘定治法，处理目前的问题。当时中国的遗黎，经死亡创痛之余，实在更无反抗的实力，而又得一班降臣，为虎作伥，就渐渐地给他都压下去了。世祖在位不久。圣祖初立，亦年仅八岁。辅弼大臣鳌拜，颇为专权。然不久，亦就给圣祖除去。圣祖的聪明和勤于政治，在历代君主中，也颇算难得的，而在位又很长久。内政外交，经其一番整顿，就颇呈新气象了。

中国的国民，自助的力量，本来是很大的。只要国内承平，没甚事去扰累他，那就虽承丧乱之余，不过三四十年，总可复臻于富庶。清朝康熙年间，又算是这时候了。而清初的政治，也确较明中叶以后为清明。当其入关之时，即罢免明末的三饷。又厘订《赋役全书》，征收都以明万历以前为标准。圣祖时，曾叠次减免天下的钱粮。后来又定“滋生人丁、不再加赋”之例，把丁赋的数目限定了。这在农民，却颇可减轻负担。而当时的用度也比较地节俭。所以圣祖末年，库中余蓄之数，已及六千万。世宗时，屡次用兵，到高宗初年，仍有二千四百万。自此继长增高，至一七八二年，就达到七千八百万的巨数了。以国富论，除汉、隋、唐盛时，却也少可比拟的。

圣祖晚年，诸子争立。太子允礽，两次被废。后来就没有建储。世宗即位之后，和他争立的兄弟，都次第获罪。因此撤去诸王的护兵。并禁止诸王和内外官吏交通。满洲内部特殊的势力，可以说至此而消灭。但清朝的政治，却亦得世宗整饬之益。圣祖虽然勤政，其晚年亦颇流于宽弛。各省的仓库，多不甚盘查；钱粮欠缴的，也不甚追究。世宗则一反其所为。而且把关税、盐课，彻底加以整顿。征收钱粮时的火耗，亦都提取归公。如此，财政上就更觉宽裕。而康雍对外的兵事，也总算徼天之幸，成功时多。清朝至此，就臻于全盛。

世宗死后，高宗继之。高宗在表面上，是专摹效圣祖的，但他没有圣祖的勤恳，又没有世宗的明察，而且他的天性是奢侈的，正合着从前人一句话，“内多欲而外施仁义”。在位时六次南巡，供帐之费无艺。对外用兵，所费亦属不赀。凡事专文饰表面，虚伪和奢侈之风养成了。而中年后，更任用和珅，其贪黩为古今所无。内外官吏，都不得不用贿赂去承奉他。于是上官贪取于下属，下属诛求于小民，至其末年，内乱就一发而不可遏了。

“国于天地，必有与立。”清朝历代的君主，对于种族的成见，是很深的。他们对于汉人，则提倡尚文。一面表章程、朱，提倡理学，利用君臣的名分，以箝束臣下。一面开博学鸿词科，屡次编纂巨籍，以牢笼海内士大夫。但一面又大兴文字之狱，以摧挫士气。乾隆时，开四库馆，征求天下的藏书，写成六部，除北京和奉天、热河的行宫外，还分置于江、浙两省。看似旷古未有的盛举，然又大搜其所谓禁书，从事焚毁。据当时礼部的奏报，被焚的计有五百三十八种，一万三千八百六十二卷之多。清朝的对于士子，是严禁其结社讲学，以防其联合的。即其对于大臣，亦动辄严词诘责，不留余地。还要时用不测的恩威，使他们畏惧。使臣以礼之风，是丝毫没有的。如此，他们所倚为腹心的，自然是旗人了。确实，他们期望旗人之心，是很厚的。旗人应试，必须先试弓马。旗兵是世袭的。一人领饷，则全家坐食。其驻防各省的，亦都和汉人分居，以防其日久同化，失其尚武的风气。而又把东三省和蒙古，都封锁起来，不准汉人移殖。他们的意思，以为这是子孙帝王万世之业了。然而旗人的既失其尚武之风，而又不能勤事生产，亦和前代的女真、蒙古人相同。而至其末造，汉人却又没有慷慨奋发，帮他的忙的，于是清朝就成为萎靡不振的状态，以迄于亡。这是他们在前半期造成的因，至后半期而收其果。

◆ 第五章　清初的外交 ◆

清初的外交，是几千年以来外交的一个变局，因为所交的国和前此不同了。但是所遇的事情变，而眼光手段，即随之而变，在人类是无此能力的。新事情来，总不免沿用旧手段对付。而失败之根，即伏于此。不过当此时，其失败还潜伏着罢了。

清初外交上最大的事件，便是黑龙江方面中俄境界问题。因为这时候，俄国的远征队，时向黑龙江流域剽掠。该处地方的居民，几于不能安其生了。当一六七〇年，圣祖尝诒书尼布楚守将，请其约束边人，并交还逃囚罕帖木儿。尼布楚守将允许了，而不能实行。及一六七五年，俄人遣使来议画界通商。圣祖致书俄皇，又因俄人不通中国文字，不能了解。交涉遂尔停顿。一六八一年，三藩平定，圣祖乃决意用兵。命户部尚书伊桑阿赴宁古塔造大船，并筑齐齐哈尔、墨尔根两城，置十驿，以通饷道。一六八五年，都统彭春，以水军五千，陆军一万，围雅克萨城。俄将约降，逃往尼布楚。彭春毁其城而还。俄将途遇援兵，复相率偕还，筑城据守。明年，黑龙江将军萨布素，再以八千人围之。城垂下，而圣祖停战之命至。

是时俄皇大彼得初立，内难未平，又外与波兰、土耳其竞争，无暇顾及东方。在东方的实力，亦很不充足，无从与中国构衅。适会是时，圣祖又因荷兰使臣，诒书俄皇。俄皇乃复书，许约束边人，遣使议画疆界，而请先解雅克萨之围。圣祖亦许之。于是俄使费耀多罗东来，而圣祖亦使内大臣索额图等前往会议。一六八八年，相会于尼布楚。当费耀多罗东来时，俄皇命以黑龙江为两国之界，而索额图奉使时，亦请自尼布楚以东，黑龙江两岸之地，俱归中国，议既不谐，圣祖所遣从行的教士徐日升、张诚从中调停，亦不就。兵衅将启。此时俄使者从兵，仅一千五百，而清使臣扈从的精兵万余，都统郎谈，又以兵一万人，从瑷珲水陆并进。兵衅若启，俄人决非中国之敌，俄人乃让步，如中国之意以和。定约六条：西以额尔古讷河，东自格尔必齐河以东，以外兴安岭为界。岭南诸川入黑龙江的，都属中国，其北属俄。立碑于两国界上，再毁雅克萨城而还。

《尼布楚条约》既定，中俄的疆界问题，至此暂告结束，而通商问题，仍未解决。一六九三年，俄使伊德斯来。圣祖许俄商三年一至京师，人数以二百为限；居留于京师的俄罗斯馆，以八十日为限；而免其税。旋因俄人请派遣学生，学习中国语言文字，又为之设立俄罗斯教习馆。

当尼布楚定约前三年，蒙古喀尔喀三汗，为准噶尔所攻，都溃走漠南，至一六九七年，乃还治漠北。于是蒙、俄画界通商的问题复起。土谢图汗和俄国是本有贸易的。此时仍许其每年一至。然因互市之处无官员管理，颇滋纷扰。蒙人逃入俄境的，俄国又多不肯交还。于是因土谢图汗之请，于一七二二年，绝其贸易。至一七二七年，才命郡王策凌等和俄使定约于恰克图。自额尔古讷河以西，至齐克达奇兰，以楚库河为界。自此以西，以博木沙奈岭为界。而以乌带河地方，为瓯脱之地。在京贸易，与旧例同。俄、蒙边界，以恰克图和尼布楚为互市之地。一七三七年，高宗命停北京互市，专在恰克图。此时中、俄交涉，有棘手时，中国辄以停止互市为要挟。乾隆一朝，曾有好几次。

清初的中、俄交涉，看似胜利，然得地而不能守，遂伏后来割弃之根。这是几千年以来，不勤远略，不饬守备，对于边地仅事羁縻的结果。

至于无税通商，在后来亦成为恶例。然关税和财政、经济的关系，当时自无从梦见；而一经允许，后来遂无从挽回，亦是当时梦想不到的。所以中西初期交涉的失败，可以说是几千年以来，陈旧的外交手段不适用于新时代的结果，怪不得哪一个人，其失策，亦不定在哪一件事。要合前后而观其会通，才能明了其真相。

至于海路通商，则因彼此的不了解，所生出的窒碍尤多。通商本是两利之事，所以当台湾平后，清朝沿海的疆吏，亦屡有请开海禁的。而其开始解禁，则事在一六八五年。当时在澳门、漳州、宁波、云台山，各设榷关。一六八八年，又于舟山岛设定海县，将宁波海关，移设其地。一七五五年，英人请收泊定海，而将货物运至宁波，亦许之。乃隔了两年，忽然有停闭浙海之议。原来中国历代海路的对外通商，是最黑暗不过的。官吏的贪婪，商人的垄断和剥削，真是笔难尽述。这是二千年以来，都是如此。到了近代，自然也逃不出此例的。当时在广东方面，外人和人民不能直接贸易，而必经所谓官商者之手。后来因官商资力不足，又一人专利，为众情所不服，乃许多人为官商，于是所谓公行者兴。入行的所出的费用，至二三十万之巨。所以其取于外商，不得不重。而因中国官吏，把收税和管束外人的事，都交托给他，所以外人陈诉，不易见听，即或徇外商之请，暂废公行，亦必旋即恢复。于是外商渐舍粤而趋浙。一七五七年，闽督喀尔吉善、粤督杨应琚，请将浙关税收，较粤关加重一倍。奉谕："粤东地窄人稠，沿海居民，大半借洋船为生；而虎门，黄埔，在在设有官兵，较之宁波之可以扬帆直至者，形势亦异；自以驱归粤海为宜。明年应专令在粤。"英商通事洪任辉愤怒，自赴天津，评告粤海关积弊。中朝怒其擅至天津，命由岸道押赴广东，把他圈禁在澳门。虽亦将广东贪污官吏，惩治一二，而管束外人的苛例，反因此迭兴。一七九二年，英人派马甘尼东来，要求改良通商之事。其时正值清高宗八旬万寿。清人赏以一席筵宴、许多礼物，而颁给英王《敕谕》两道，将其所陈请之事，一概驳斥不准。未几，东南沿海，艇盗横行，而拿破仑在欧洲，亦发布《大陆条例》，以困英国。葡萄牙人不听，为法所破。英人虑其侵及东洋，要派兵代葡国保守澳门，以保护中、英、葡三国贸易，助中国剿办海寇为由，向中国陈请。中国人听了大诧，谕粤督严饬兵备。一八〇八年，英人以兵船闯入澳门，遣三百人登岸。时粤督为吴熊光，巡抚为孙玉庭，遣洋行挟大班往谕，不听，熊光命禁其贸易，断其接济。英人遂闯入虎门，声言索还茶价和商欠。于是仁宗谕吴熊光："严饬英人退兵，抗延即行剿办。"而熊光等因海寇初平，兵力疲敝，主张谨慎，许其兵退即行开舱。乃退兵贸易而去。仁宗怒其畏葸，把熊光、玉庭都革职，代以百龄和韩葑。于是管理外人愈严。一八一〇年，英人再遣阿姆哈司来聘。又因国书及衣装落后，未得觐见。于是中、英间的隔阂，愈积愈深，遂成为鸦片战争的远因了。

◆ 第六章　清代的武功 ◆

中国历代，对北方的用兵，大概最注重于蒙古，新疆地方是不烦兵力而自服的。至于青海、西藏，则除唐代吐蕃盛强之时外，无甚大问题。而蒙、新、海、藏相互之间，其关系亦甚薄弱。自喇嘛教新派——黄教盛行以后，青海、蒙古，都成了该教的区域；而天山南路，因回教盛行，团结力亦较前为强；而此诸地方，近代的形势，遂较前代又有不同。

黄教始祖宗喀巴，以一四一七年，生于西宁。因旧派末流，颇多流弊，乃入雪山修苦行，自立一派，而黄其衣冠以示别。人因称旧派为红教，新派为黄教。黄教的僧徒，是禁止娶妻的。所以宗喀巴遗命，其两大弟子达赖喇嘛、班禅额尔德尼，世世以呼毕勒罕，主持宗教事务。因西藏人信教之笃，而达赖和班禅的威权，遂超出乎政治势力之上。驯致成为西藏政教之主。一五五九年，蒙古酋长俺答，遣其二子宾兔、丙兔，袭据青海。两人亦都信了喇嘛教。一五七九年，俺答遂自迎达赖三世到漠南布教，是为喇嘛教化及蒙古之始，其后蒙人信教日笃，乃自奉宗喀巴第三大弟子哲卜尊丹巴胡土克图居库伦。而达赖五世，曾通使于清太宗。清太宗亦有报使。至世祖入关，遂迎达赖入京，封为西天大善自在佛。而清人借宗教以怀柔蒙、藏的政策，亦于是乎开始。

因喇嘛教的感化，使漠南北游牧民族犷悍之气潜消。向来侵略他人的，至此反受人侵掠，而有待于中国人的保护，这亦是一个新局面。卫拉特，就是元时的斡亦剌，明时的瓦剌。当清初，其众分为四部：曰和硕特，居乌鲁木齐。曰准噶尔，居伊犁。曰杜尔伯特，居额尔齐斯河。曰土尔扈特，居塔尔巴哈台。时红教还行于后藏。后藏的藏巴汗，为其护法。达赖五世的第巴桑结，乃招和硕特固始汗入藏，击杀藏巴汗，而奉班禅居札什伦布。是为达赖、班禅，分主前、后藏政教之始。于是和硕特部徙牧青海，遥制西藏政权。桑结又嫌恶他。再招准噶尔噶尔丹入藏。把固始汗的儿子达颜汗袭杀。其时噶尔丹业已逐去土尔扈特，又把杜尔伯特慑服了。至此，遂统一卫拉特四部，其势大张。

一六八八年，噶尔丹攻喀尔喀。三汗部众数十万，同时溃走漠南。清圣祖乃命科尔沁部假以牧地。而亲自出塞大阅，以耀兵威。一六九五年，噶尔丹以兵据克鲁伦河上流。清圣祖亲自出塞，把他打破。一六九七年，又自到宁夏，发兵邀击。这时候，噶尔丹伊犁旧地，已为其兄子策妄阿布坦所据。

噶尔丹穷蹙自杀。阿尔泰山以东悉平。三汗遂各还旧治。

然而伊犁之地，还是未能动摇。清朝乃以其间，平定西藏和青海。先是达赖五世死后，桑结秘不发丧，而嗾使噶尔丹内犯。噶尔丹败后，尽得其状。圣祖下诏切责。会桑结为固始汗曾孙拉藏汗所杀，奏立新六世达赖。圣祖乃封拉藏为翼法恭顺汗，以为藏事可从此平定了。而青海、蒙古，都说拉藏汗所立达赖是假的。别于里塘迎立一达赖。诏使暂居西宁。正在相持之间，而策妄阿布坦又派兵入藏，把拉藏汗袭杀。于是藏事又告紧急。好在西藏人都承认了青海所立的达赖。圣祖乃派皇子允禵和年羹尧，从西宁、四川两道入藏，把准噶尔的兵击退，而送青海所立的达赖入藏。一七二二年。圣祖死，子世宗立，固始汗之孙罗卜藏丹津，煽动青海诸喇嘛叛变，亦给岳钟琪袭破。于是青海、西藏都平，梗命的只有一个准噶尔了。

一七二七年，策妄阿布坦死，子噶尔丹策凌继立。清朝想一举而覆其根本。还没有出兵，而噶尔丹策凌先已入犯。清兵出战不利。策凌就进犯喀尔喀。为额驸策凌所败。清高宗乃定以阿尔泰山为准、蒙游牧之界。这是一七三七年的事。到一七四五年，噶尔丹策凌死，准噶尔又生内乱。高宗乃因辉特部长阿睦尔撒纳的降，用为乡导，发兵把准部荡平。而既平之后，阿睦尔撒纳又叛。亦于一七五七年，给兆惠等打定。

喇嘛教虽然盛行于蒙古和海、藏，而天山南路，则仍自成其为回教的区域。天山南路，在元时本属察合台汗国。后来回教教主之裔和卓木，入居喀什噶尔，因为人民的尊信，南路政教之权，遂渐入其手。而和卓木之后，又分为白山、黑山两宗，轧轹殊甚。策妄阿布坦曾废白山宗，代以黑山，而质白山酋长的二子于伊犁，是为大小和卓木。清兵定伊犁后，二子归而自立。一七五九年，亦给兆惠、富德等打平。于是从天山南北路以通西域的路全开。葱岭以西之国，如浩罕、哈萨克、布鲁特、乾竺特、博罗尔、巴达克山、布哈尔、阿富汗等，都来通朝贡。清朝对西北的国威，这时候要算极盛了。

其对于西南，则因廓尔喀侵犯西藏，于一七九二年，遣福康安把他打破。廓尔喀人请和。定五年一贡之例。廓尔喀东边的哲孟雄，本来附属于西藏；更东的不丹，则当雍正年间，即已遣使来进贡；也当然成为中国的属国。清朝因为防护西藏起见，乃提高驻藏大臣的职权，令其在体制上和达赖、班禅平等。又颁发金奔巴两个：一个藏在北京雍和宫，一个藏在西藏大昭寺。达赖、班禅和大胡土克图出世有疑义时，就在这瓶中抽签。所以管理西藏的，也渐渐严密了。

以上所述，是清朝对于西、北两方面的武功。至于南方，历代对外的关系，比之西北，似乎不重要些。然至近代，随着世运的进化，而其关系亦渐次重大。原来在南方和中国紧相邻接的，便是后印度半岛。自唐以前，安南本是中国的领土。其余诸地方，开化的程度很浅。自宋以后，安南既已独立，而半岛的西北部，又日益开化。南方的国际关系，也就渐形复杂了。当明初，西南土司，以平缅、麓川为最大。其南为缅甸。又其南为洞吾。又其南为古剌。其在普洱之南的，则为车里。车里之南为老挝。老挝之南为八百。这时候，中国的领土，实尚包括伊洛瓦底江流域和萨尔温、湄公两江上游。平缅、麓川，在元代本为两宣慰司。明太祖初命平缅酋长思氏兼辖麓川。后来又分裂其地，设立若干土司。思氏想恢复旧地，屡次造反。自一四四一后十年间，明朝尝三次发兵征讨，卒不能克，仅立陇川宣抚司而归。思氏在当时本有统一后印度半岛西部的资格。自为明所破坏，亦终至灭亡。于是缅甸日强。一五八三年，因寇边，为明将刘绖所击破，然明亦仅定陇川。自此中国对西南，实力所至，西不过腾冲，南不过普洱附近，就渐成为今日的境界了。

缅甸酋长，本姓莽氏。一七五四年，为锡箔江夷族所杀，木梳土司雍籍牙，入踞其地。取阿瓦、平古剌。至其子孟驳，又并阿剌干，灭暹罗，国势颇盛。一七六五年，遂寇云南边境。高宗两次发兵，都不能克，仅因其请和，许之而还。暹罗是当明太祖时，受封于中国的。既为缅甸所灭，其故相郑昭——本是中国潮州人——起兵恢复。以一七七八年即王位。旋为前王余党所弑。养子华，定乱自立。以一七八六年，受封于中国。缅人怕中国和暹罗夹攻他，才遣使朝贡请封。安南黎氏，自离中国独立后，至一五二七年，而为其臣莫氏所篡。至一六七四年，乃得完全恢复。当复国之时，实赖其臣阮氏之力。而郑氏以外戚执政。阮氏和他不协，南据顺化，形同独立。至清高宗时，又为西贡的豪族阮氏所破。并入东京，灭郑氏，留将贡整守之，贡整想扶黎拒阮，又为阮氏所破。时为一七八六年。清高宗出兵以讨新阮，初破其兵，复立黎氏末主。后复为阮氏所袭败，亦因其请和，封之而还。清朝对于安南、缅甸的用兵，实在都不得利。但是中国国力优厚，他们怕中国再举，所以虽得胜利，仍然请和，在表面上，总算维持着上国的位置。

至清朝对于川、滇、黔、桂诸省的用兵，虽然事在疆域之内，然和西南诸省的开拓，实在大有关系，亦值得一述。原来西南诸省，都系苗、傜、倮㑩诸族所据。虽然，自秦、汉以降，久列于版图，而散居其地的种落，终未能完全同化。元时，其酋长来降的，都授以土司之职，承袭必得朝命。有犯顺、虐民，或自相攻击的，则废其酋长，代以中国所派遣的官吏，是之谓改流。虽然逐渐改流的很多，毕竟不能不烦兵力。湖南省中，湘江流域，开辟最早。澧、沅、资三水流域，则是自汉以降，列朝逐渐开拓的，至清朝康雍时代，辟永顺和乾州、凤凰、永绥、松桃等府厅，而大功告成。贵州一省，因其四面闭塞，开辟独晚。直至一四一三年，始列于布政司。而水西安氏、水东宋氏，分辖贵阳附近诸土司，和播州的杨氏，仍均极有势力。明神宗时，播州酋杨应龙叛。至熹宗时，调川、滇、湖南三省之兵，然后把他打平。其时水东宋氏已衰，而水西安氏独盛。到毅宗初年，才告平定。于是贵州省内，惟东南仍有一大苗疆，以古州为中心。而云南东北境，有乌蒙、乌撒、东川、镇雄四土府。西南部普洱诸夷，亦和江外土司，勾结为患。清世宗以鄂尔泰总督云贵，到底把云南诸土司改流。鄂尔泰又委任张广泗，把贵州的苗疆打定。此等用兵，虽一时不免劳费，然在西南诸省的统治和开发上，总可算有莫大利益。惟四川西北境的大小金川，高宗用兵五年，糜饷七千万，然后把他打下，那就未免劳费太甚。亦可见清高宗的举措，都有些好大喜功，而实际则不免贻累于民了。

◆ 第七章　清中叶的内乱 ◆

清朝的中衰，是起于乾隆时代的，这个读第四章所述，已可见其大概了。清朝是以异族入主中原的，汉人的民族性，虽然一时被抑压下去，然而实未尝不潜伏着，得着机会，自然就要起来反抗。如此，就酿成了嘉、道、咸、同四朝的内乱。

清中叶的内乱，是起于一七九五年的。这一年，正是高宗传位于仁宗的一年。其初先借苗乱做一个引子。汉族的开拓西南，从大体上说，自然于文化的广播有功，便苗族，也是受其好处的。然而就一时一地而论，该地方原有的民族，总不免受些压迫，前章所述湖南永顺、乾州一带，当初开辟的时候，土民畏吏如官，畏官如神。官吏处此情势之下，自不免于贪求。而汉人移居其地的又日多，苗民的土地，多为所占。这一年，遂以“逐客民，复旧业”为名，群起叛乱。调本省和四川、云南、两广好几省的兵力，才算勉强打平。然而事未大定，而教匪已起于湖北了。

白莲教，向来大家都说他是邪教。从他的表面看来，自然是在所不免。但是这种宗教，是起于元代的。当元末，教徒刘福通，曾经努力于光复事业。而当清代，此教的势力，也特别盛，在清代起兵图恢复的，都自托于明裔，而嘉庆初年的所谓川、楚教匪，其教中首领王发生，亦是诈称明裔的。便可知其与民族主义不无关系。不过人民的程度不一，而在异族监制之下，光复的运动也极难，不能不利用迷信的心理，以资结合，到后来，遂不免有忘其本来的宗旨的罢了。然而其初意，则蛛丝马迹，似乎是不可尽诬的。

所谓白莲教，是于一七七五年被发觉的。教首刘松，遣戍甘肃。然其徒仍秘密传播。至一七九三年，而又被发觉。其首领刘之协逃去。于是河南、湖北、安徽三省大索，骚扰不堪，反给教徒以一个机会。至一七九六年，刘之协等遂在湖北起事。同时，冷天禄、徐天德、王三槐亦起于川东。自此忽分忽合，纵横于川东北、汉中、襄郧之境。官军四面围剿，迄无寸效。你道为什么？原来高宗此时，虽然传位，依旧掌握大权。如此，和珅自然也依旧重用。和珅是贪黩无厌的，带兵的人，都不得不刻扣军饷，去贿赂他——当时得一个军营差使，无论怎样赤贫的人，回来之后，没有不买田、买地，成为富翁的——所以军纪极坏。而清朝当这时候，兵力本已不足用。官兵每战，辄以乡勇居前，胜则攘夺其功，败亦抚恤不及。匪徒亦学了他，每战，辄以被掳的难民居前，胜则乐得再进，败亦不甚受伤。加以匪势飘忽，官兵常为所败。

再加以匪和官兵，都要杀掠，人民无家可归的，都不得不从匪。如此，自然剿办连年，毫无寸效了。直到一七九九年，高宗死了，和珅伏诛，仁宗乃下哀痛之诏；惩办首祸官吏；优恤乡勇；严核军需；许匪徒投诚；又行坚壁清野之法；一面任能战之将，往来追逐。至一八〇二年，大股总算肃清。明年，余匪出没山林的，也算平定。而遣散乡勇，无家可归的，又流而为盗。又一年余，然后平定。这一次乱事，前后九年，虽然勉强打平，然而清朝的政治力量，就很情见势绌了。

然而同时东南还有所谓艇盗。艇盗亦是起于乾隆末年的。当新阮得国之后，因财政困难，乃招徕沿海亡命，给以器械，命其入海劫掠商船。广东沿海，就颇受其害。后来土盗亦和他沟通。一发深入闽浙。土盗倚夷艇为声势，夷艇借土盗为耳目。夷艇既高大多炮，土盗又消息灵通。政府以教匪为急，又无暇顾及沿海。于是其患益深。一八〇二年，安南旧阮复国。禁绝海盗，夷艇失势，都并于闽盗蔡牵。后为浙江水师提督李长庚打败。又与粤盗朱濆相合。清朝用长庚总统闽浙水师，而前后督臣，都和他不合，遇事掣肘。一八〇七年，长庚战死南澳洋面，朝廷继任其部将邱良功、王得禄。至一八一〇年，才算把艇盗打平。

川、楚教匪定后，不满十年，北方又有天理教匪之乱。天理教，本名八卦教——后来的义和团，也是出于八卦教的。此时的天理教，是反清的，而后来的义和团，至于以扶清灭洋为口实，民族意识的易于消亡，真可以使人警惕了。当时天理教的首领，是大兴林清和滑县李文成。他们吸收徒众的力量极大。教徒布满于直隶、河南、山东、山西。便是清朝的内监，也有愿意做内应的。他们谋以一八一三年起事。乘清仁宗秋狝木兰时，袭据京城。未及期而事泄。李文成被捕下狱。林清仍进行其豫定计划。以内监为乡导，和内应，攻击京城。攻入东西华门的有百余人。文成亦被教徒劫出，攻占县城，杀掉知县。长垣、东明、曹县、定陶、金乡，都起而响应。虽然其事终于无成，亦足使清朝大吃一惊了。

天理教匪乱后八年，便是一八二〇年，仁宗死了，宣宗即位。这一年，回疆又有张格尔之变。天山南路的回民，信教最笃。清朝的征服回部，本来不能使他们心服的。但是清朝知道他们风气强悍，事定之后，亦颇加意抚绥。回民丧乱之余，骤获休息，所以亦颇相安。日久意怠，渐用侍卫和在外驻防的满员，去当办事领队等大臣。都黩货无厌，还要广渔回女。由是民心愤怨。这一年，大和卓木之孙张格尔，就借兵敖罕，入陷喀什噶尔、英吉沙尔、叶尔羌等城。清廷命杨遇春带着陕甘的兵，前往剿办，把张格尔打败。张格尔走出边。杨遇春又诱其入犯，把他擒杀。于是清廷命浩罕执献张格尔家属。这张格尔是回教教徒，认为教主后裔的，这如何办得到？于是清廷绝其贸易。浩罕就又把兵借给张格尔的哥哥玉普尔，使其入寇。交涉轇轕，直到一八三一年，才定议：清朝仍许浩罕通商，而浩罕允代中国监视和卓木的家族，这交涉才算了结。清朝在这时候，对外的威严，就也有些维持不住了。

◆ 第八章　鸦片战争 ◆

鸦片战争，是打破中国几千年来闭关独立的迷梦的第一件大事。其祸虽若天外飞来．其实酝酿已久不过到此始行爆发罢了。

中英通商问题种种轇轕，已见第五章。英国在中国的贸易，自一七八一年以后，为东印度公司所专，至一八三四年才废。公司的代理人，中国谓之大班。公行言“散商不便制驭，请令其再派大班来粤”。粤督卢坤奏请许之。于是英人先派商务监督，后派领事前来，而中国官吏，仍只认为大班，不肯和他平行交接。于是英领事义律，上书本国，说要得中国允许平等，必须用兵；而中英之间，战机就潜伏着了。而其时适又有一鸦片问题，为之导火线。

鸦片是从唐代就由阿拉伯人输入的，但只是作药用。到了明代，烟草从南洋输入，中国人开始吸食，其和以鸦片同熬的，则称为鸦片烟，才成为嗜好品。当时鸦片由葡萄牙人输入，每年不过二百箱。而吸食鸦片烟，则当一七二九年之时，已有禁例。自英国东印度公司垄断在中国的贸易后，在印度地方，广加栽种，而输入遂多。乾隆末年，粤督奏请禁止入口。嘉庆初年，又经申明禁令。鸦片自此遂成为无税的私运品，输入转见激增。海关每年，漏银至数千万两之巨。不但吸食成瘾，有如刘韵珂所说：“黄岩一邑，白昼无人，竟成鬼市。”林则徐所说：“国日贫，民日弱，十余年后，岂惟无可筹之饷，亦且无可用之兵。”未免不成样子。

而银是中国的货币，银价日贵，于财政、经济关系都是很大的。所以至道光之世，而主张禁烟的空气，骤见紧张。

当时内外的议论，都是偏向激烈的。只有太常寺卿许乃济一奏，较为缓和。宣宗令疆臣会议，覆奏的亦多主张激烈。而一八三八年，鸿胪寺卿黄爵滋奏请严禁的一疏尤甚。于是重定禁例，而派林则徐以钦差大臣，驰赴广东，查办海口事件。

则徐既至粤，强迫英商，交出鸦片二万零二百八十三箱，悉数把他焚毁。又布告各国：商船入口，都要具“夹带鸦片，船货充公，人即正法”的甘结，各国都愿遵照。惟英领事义律不可。则徐遂命沿海断绝英人接济。时英国政府，尚未决定对中国用兵；而印度总督，遣军舰两艘至澳门。义律大喜。以索食为名，炮击九龙。时则徐在沿海亦已设防，英人不得逞。乃请葡萄牙人出而转圜，请删甘结中人即正法一语，余悉如命。则徐仍不许。时英议会中，亦分为强硬缓和两派。然毕竟以九票多数，通过“对中国前此的损害，要求赔偿；对英人后此的安全，要求保证”。时为一八四〇年四月。于是英人调印度、好望角的兵一万五千人，命伯麦和加至义律统率前来，而中、英的兵衅遂启。

英兵既至，因广东有备，转攻厦门。亦不克。乃北陷定海。投英国巴里满致中国首相的书。浙江巡抚不受，乃转赴天津。清宣宗是个色厉而内荏的人。遇事好貌为严厉，而对于事情的本身，实在无真知灼见。又没有知人之明。所以其主意很易摇动。当时承平久了，沿海各省都无备，疆臣怕多事，都不悦林则徐所为，乃造蜚语以闻于上。于是朝意中变。命江督伊里布赴浙江访致寇之由。又谕沿海督抚：洋船投书，许即收受驰奏。时林则徐已署理粤督，旋革其职，遣戍伊犁，而命琦善以钦差大臣赴粤查办。

琦善既至，尽撤林则徐所设守备。时加至义律有疾，甲必丹义律代当谈判之任。琦善一开口，就许偿烟价二百万。义律见其易与，又要求割让香港。琦善不敢许。义律就进兵，陷沙角、大角两炮台。副将许连陞战死。琦善不得已，许开广州，割香港。英兵乃退出炮台。朝廷闻英人进兵，大怒。命弈山以靖逆将军赴粤剿办。英人遂进陷横当、虎门两炮台。提督关天培又战死，弈山既至，夜袭英军，不克。城外诸炮台尽陷。全城形势，已落敌人手中。不得已，乃令广州知府余葆纯缒城出见英人。许偿军费六百万，尽五天之内交出。而将军率兵，退至离城六十里之处。英兵乃退出虎门。弈山乃冒奏："进剿大挫凶锋，义律穷蹙乞抚，唯求照旧通商，永遵不敢售卖鸦片。"而将六百万之款，改称商欠。朝廷以为没事了。而英人得义律和琦善所订的《草约》，以为偿款太少，对于英人后此之安全，更无保证，乃撤回义律，代以璞鼎查。续调海军东来，于是厦门、定海，相继陷落。王锡朋、郑国鸿、葛云飞三总兵，同日战死。英兵登陆。陷镇海。提督余步云遁走。江督裕谦，时在浙视师，自杀。英军遂陷宁波。清廷以弈经为扬威将军，进攻，不克。而英人又撤兵而北。入吴淞口。陷宝山、上海。又进入长江，陷镇江，逼江宁。清廷战守之术俱穷，而和议以起。

先是伊里布因遣家人张喜，往来洋船，被参奏，革职遣戍。至是，乃用他和耆英为全权大臣，和璞鼎查在江宁议和。订立条约十三款。时为一八四二年八月二十九日。是为中国和外国订立条约之始。约文重要的：

（一）中国割香港与英。

（二）开广州、厦门、福州、宁波、上海五口，许英人携眷居住，英国派领事驻扎。

（三）英商得任意和华人贸易，无庸拘定额设行商。

（四）进出口税则，秉公议定，由部颁发晓示。英商按例纳税后，其货物得由中国商人，遍运天下，除照估价则例加收若干分外，所过税关，不得加重税则。

（五）英国驻在中国的总管大员，与京内外大臣，文书往来称照会，属员称申陈，大臣批复称札行。两国属员往来，亦用照会，唯商贾上达官宪仍称禀。

这一次条约，和英国巴里满所要求的，可以说是无大出入。总而言之，是所以破前此（一）口岸任意开闭，（二）英人在陆上无根据地，（三）税额繁苛，（四）不许英官和中国平行之局的。

五口通商的条约，可说是中国人受了一个向来未有的打击。当时的不通外情，说起来真也可笑。当时英人进犯鸡笼，因触礁，有若干人为中国所获。总兵达洪阿和兵备道姚莹奏闻。廷寄乃命其将“究竟该国地方，周围几许？所属之国，共有若干？其最为强大，不受该国统束者，共有若干人？英吉利至回疆各部，有无旱路可通？平素有无往来？俄罗斯是否接壤？有无贸易相通？……”逐层密讯，译取明确供词，据实具奏。在今日看起来，真正可笑而又可怜了。而内政的腐败，尤可痛心。当时广东按察使王廷兰，写给人家的信，说：“各处调到的兵，纷扰喧呶，毫无纪律。互斗杀人，教场中死尸，不知凡几。”甚而至于“夷兵抢夺十三洋行，官兵杂入其中，肩挑担负，千百成群，竟行遁去。点兵册中，从不闻清查一二”。又说：从林则徐查办烟案以来，“兵怨之，夷怨之，私贩怨之，莠民亦怨之，反恐逆夷不胜，则前辙不能复蹈”。而刘韵珂给人家的信，亦说：“除寻常受雇，持刀放火各犯外，其为逆主谋，以及荷戈相从者，何止万人？”人必自侮而后人侮之，这真可使人惊然警惧了。然而仅此区区，何能就惊醒中国人的迷梦？

◆ 第九章　太平天国和捻党之役 ◆

满族占据中国，倏忽二百年了。虽然他治理中国之法，还是取之于中国，然而在民族主义上，总欠光晶。加以他政治腐败，国威陵替，五口通商之役，以堂堂天朝，而受辱于海外的小蛮夷，这在当日，确是个非常之变。英雄豪杰，岂得不乘时思奋？于是霹雳一声，而太平天国以起。

太平天国天王洪秀全，是广东花县人。他以一八一二年诞生，恰在民国纪元之前百年。他是有志于驱除异族，光复河山的人。要做光复事业，不得不和下层民众结合，乃不得不借助于宗教。广东和外国交通早，西教输入的年代亦多。所以洪秀全所创的上帝教，颇与基督教相近。以耶和华为天父，基督为天兄，而自称为基督之弟。和冯云山等同到广西传布，信他的人颇多。大多数都是贫苦的客民。一八四七、一八四八年间，广西年荒盗起，居民倡团练自卫，和教中人颇有冲突。秀全乘机，以一八五〇年六月，起事于桂平的金田村。

时广西盗贼甚多，清朝派向荣等剿办，不利。洪秀全以起事的明年据永安。始建太平天国之号，自称天王。又明年，突围而出。攻桂林，不克。乃北取全州，浮湘而下。为江忠源乡勇所扼，改由陆道出湘东。攻长沙，亦不克，而清援军渐集，乃舍之，北出洞庭。克岳州．遂下武、汉。沿江东下，直抵江宁，建为天京。时为一八五三年。

当洪秀全在永安时，有人劝他，由湘西出汉中，以图关中。秀全不能用。及克武、汉，又有主张北上的，以琦善统大兵扼河南，不果。天京既建，清向荣以兵踵至，营于城东孝陵卫，而琦善之兵，移驻扬州，是为江南、江北两大营。太平军殊不在意。当时派兵两支：一自安徽出河南北伐，一沿江西上。后来北伐的兵，因形势太孤，虽经河南、山西，打入直隶，毕竟为清兵所歼灭。这个从太平军一方面论起来，实在是件可惜的事。其西上之兵，则甚为得势。再破安庆、九江，占据武、汉，并南下岳州、湘阴。

此时清朝的兵，不论绿营、八旗，都不足用，乃不得不专靠乡勇。当时办团练的地方很多。而湘乡曾国藩，以在籍侍郎，主持办团之事。国藩仿戚继光之法，倡立营制。专用忠勇的书生，训练诚朴的乡农。又创立水师，以期和太平军相角逐。遂成为太平军的劲敌。湘军以一八五四年，出境作战。初出不利。旋复战胜，克复岳州。又会湖北兵复武、汉。然进攻九江不能克，而石达开坐镇安庆，遣兵尽取江西州县。国藩孤居南昌，一筹莫展，形势甚危。长江中流，太平军仍占优势。而天国于是时顾起了内讧，遂授清军以可乘之隙。

洪秀全的为人，似长于布教，而短于治政和用兵。既据天京之后，就深居简出，把军国大事，一切交给杨秀清。旋又相猜忌，乃召韦昌辉，使杀秀清。石达开闻变回京，昌辉又杀其家属。达开缒城而遁。自此别为一军，不复受天京节制，秀全又使秀清余党，杀掉昌辉。于是太平军初起诸人略尽，遂呈散漫之象。清军乘之，以一八五七年冬克武、汉。明年春，又复九江。胡林翼居武昌，筹饷练兵，屹为重镇。太平军仅据安庆和天京相犄角，形势就很危险了。

然而太平军中，还有后起之秀，足以支持危局的，那就是李秀成。其时清军上流一方面，分遣陆军攻皖北，水军攻安庆。下流一方面，向荣的江南大营，前此被太平军攻破，清朝用其部将张国梁，主持军事，于九江失陷之际，再逼天京而军。此时捻党已盛于江北。李秀成和其首领张洛行相联络，把皖北的军事，交托悍将陈玉成，而自己入京辅政。玉成歼湘军精锐于三河集，安庆之围亦解。李秀成知道江南大营的饷源出于浙江。其时江北大营，已不置师，归江南大营兼统，泛地更广。乃出兵陷杭州，以摇动其军心。又分军扰乱各处，以分其兵力。而突合各路的兵猛攻之，大营遂溃。国梁走死。苏、松、常、太，相继皆下，太平军的形势又一振。

然而大厦非一木所能支，单靠一个忠勇善谋战的李秀成，到底不能挽回太平天国的末运。清朝此时，胡林翼已死，乃用曾国藩为两江总督。发纵指示之责，集于国藩一身。国藩使弟国荃攻围安庆。陈玉成不能遣将，诸将都不听命，遂不能救。一八六一年，秋间，安庆陷落。玉成战败走合肥，为苗沛霖所执，送于清军，被杀。曾国藩乃荐沈葆祯抚赣，左宗棠抚浙，以敌太平军方面李世贤、汪海洋的兵。使鲍超、多隆阿等分攻皖南、北。都兴阿镇守扬州。而使曾国荃沿江东下，杨岳斌、彭玉麟以水师为之声援，以逼天京。又使李鸿章募兵淮、徐，以图苏、松。李秀成力劝洪秀全出兵亲征，不听。请与太子俱出，又不听。秀成曾一度出兵江北，因张洛行已被擒，亦无成功。只得守了苏州，和天京作为声援。

借外力以平内乱是件可耻的事，亦是件可危的事。当道咸之世，清朝的昏聩反复，很为外人所厌恶。太平军在此时，很有和外人联络的机会，而太平军未肯出此——或亦是未知出此——清朝则似非所恤。一八五八、一八六〇年两役，外人在条约上所得的权利，实在多了，乃有助清人以攻太平军之议，清廷初亦未敢接受。然至苏、松失陷后，江苏巡抚薛焕和布政使吴煦，避居上海，到底借外人所训练统率的华兵，即所谓常胜军者，以御太平军。此时中国兵弱，洋将多不听命。苏人避居上海的，乃自雇汽船七艘，以迎李鸿章的淮军。太平军既未能邀击。苏州诸生王畹，献策于李秀成，请先设计封锁或扰乱上海，俾外人避居，然后出而招抚，收为己用，秀成又未能用。李鸿章至，淘汰前所募兵，代以淮勇，都强悍能战;常胜军亦隶麾下，辅以精利的器械;而上海此时，饷源又甚丰富;太平军东路的形势，遂亦陷于危急。

李秀成此时，以一身负天京和苏州两方面守御的重任，兼负调度诸军之责。当一八六二年时，曾国荃已攻破沿江要隘，直逼天京。是年秋间，其军大疫。秀成合李世贤攻浙的兵，猛攻其营。凡四十六日，卒不能破。天京之围，自此遂不能解。至一八六三年初冬，而苏州又失陷，秀成乃入天京死守。明年六月，天京亦陷。天王已死，秀成奉太子福瑱出走。于路相失，为清军所获，死之。太子会李世贤、汪海洋之师入赣，亦为清军所执，殉国于南昌。海洋、世贤的兵，没于闽、粤。石达开先别为一军，历赣、闽、湘、桂而入川，欲图割据，亦为清兵合土司所擒。陈玉成败后，在皖北的陈德才，北入河南，闻天京紧急，率兵还救，不及，自杀。太平天国自立凡十五年，兵锋所至，达十六省，卒仍为满族所征服。

然而其余众合于捻党，犹足使清廷旰食者数年。所谓捻党，是很早就有的。太平军起而捻势亦盛。蔓衍于苏、皖、鲁、豫四省之间。雉河集的张洛行、李兆受为其首领。寿州练总苗沛霖，亦阴和太平军和捻党相通。清命袁甲三等剿之，无效。一八六〇年，英、法兵陷京城。捻众亦乘机北略，至济宁。英、法兵既退，乃命僧格林沁剿办。僧格林沁攻破雉河集，张洛行、李兆受都死。苗沛霖亦被陈玉成余众所杀，捻势稍衰。太平天国既亡，余众多合于捻，其势复盛。僧格林沁勇而无谋。捻众多马队，其势飘忽，僧格林沁常为所致。遂以一八六五年，败死于曹州。清廷命曾国藩往剿。国藩首创圈制之法。练黄河水师。以济宁、徐州、临淮关、周家口为四镇，各派重兵驻扎。于运河东岸，贾鲁河西岸筑长墙，想把捻众蹙之一隅。

然而止不住捻众的冲突，一八六六年，捻众突围而出，张宗禹入陕，赖文光入山东，于是罢国藩，代以李鸿章。鸿章仍守国藩遗策，倒守运河，把东捻逼到海隅。于一八六七年打定。其西捻则由左宗棠剿击。宗棠败之渭北。捻众乃北犯延绥，渡河入山西。再出河南，以入直隶。宗棠率兵追击。李鸿章亦渡河相助。命直隶之民，多筑寨堡以自卫，而沿黄、运二河筑长墙以守。至一八六八年，才把他逼到黄、运、徒、颊之间打平。

捻匪不过是扰乱，说不上什么主义的。太平天国，则当其兵出湖南时，即已发布讨胡之令。可谓堂堂之阵，正正之旗。其定都金陵后，定田制，改历法，禁蓄妾及买卖奴婢，并禁倡伎，戒缠足，颁天条以为法律，开科举以取士，亦略有开创的规模，且颇富于新理想。有人说："中国当日，恶西教正甚，而太平天国，带西教的色彩很重，这是其所以失人心的原因。"然而天王的创教，本不过是结合的一种手段，兵势既盛之后，亦未曾尽力推行。太平天国的灭亡，其中央无真长于政治和军事的人才，实在是其最大的原因。而其踞天京之后，晏安鸩毒，始起诸人，不能和衷共济，反而互相残杀。又其后来，所谓老兄弟者日少，新兄弟日多，军纪大坏，亦是其致亡的原因。太平天国，提倡民族主义，曾国藩等，则揭橥忠君主义，以与之对抗。在当日，自然是忠君主义，易得多数人的扶助，然而民族主义的源泉，终不绝灭，遂潜伏着，以待将来的革命。

◆ 第十章　英法联军之役 ◆

鸦片战争，在中国历史上，为从古未有的奇变，然其实不过外人强迫通商的成功而已。在实际上，关系还不算很大。其种种丧权辱国的条约，实在又是五口通商以后，陆续所造成的，至一八五八年的《天津条约》，一八六〇年的《北京条约》，而作一总汇。

《江宁条约》成后，伊里布以钦差大臣赴广东办理通商事宜。死后，耆英代之，与英另订《五口通商章程》十五条。而法、美、瑞典，亦相继和中国订立条约。唯俄国仍不准在海口通商。

交涉的轇轕，起于广东英人入城问题。先是一七九三年，高宗曾有"西洋各国商人，不得擅入省城"之谕。此时另订条约，国交一新，此项上谕，自然无效，而粤民仍执之以拒各国领事入城。粤中大吏，既不能以法令效力后胜于前的道理，晓谕人民，又不敢明拒外人；而依违其间，于是粤民遂自办团练，欲以拒绝外人。以为官吏软弱，浸至官民亦生龃龉。耆英知道交涉是棘手的，乃阴谋内召。先是《江宁条约》，订明舟山、鼓浪屿的英兵，须俟赔款交清后，方行撤退。一八四六年，赔款清了，耆英要求英人撤兵。又另订条约五条，申明许英人入城，而中国不得以舟山群岛，割让他国。明年，耆英内用，英人请实行入城之约。耆英知道广东民气难犯，请展期两年。英人也答应了。

于是徐广缙为总督，叶名琛为巡抚。两人都是有些虚怯之气，好名而不通外情的。一八四九年，英人以入城之期已届，又请实行。广缙登舟止之。英人谋劫广缙，以求入城，广东练勇数万人，同时聚集两岸，呼声震天。英人惧，乃罢入城之议。事闻于朝，封广缙一等子，名琛一等男，都世袭。余官均照军功例，从优议叙。并传旨大奖粤民。于是广东人民,更为得意。遂散布流言要破坏通商之局。英人闻之,写信给广缙，请另定《广东通商专约》。广缙要求其将不入城列入《专约》之中，英人也答应了。此时广缙，名琛，都很负时望。

一八五〇年，宣宗死了，文宗继立。明年而徐广缙移督湖广，叶名琛代为总督。此时太平天国正盛，清廷怕多生枝节，亦谕令交涉谨慎；而名琛以为外国人不过虚声恐吓，遇事多置诸不理。既不能措置妥帖，而又不设防备。这时候，沿海的中国船，颇有恃外国旗号为护符的。一八五六年，有在英国登记，而业经满期的亚罗船，停泊粤河，为水师千总捕去十三人。英领事巴夏礼，要求省释。叶名琛也把所捕的人送还了。而英人又要趁此要求入城，拒绝弗受；而提出四十八小时内无确实答复，作为谈判破裂的警告。名琛置诸不答，英兵遂陷广州。然既不得本国政府的允许，而兵又少，旋又退出。而粤人又尽焚英、法、美诸国商馆。巴夏礼遂驰书本国政府请战。

时英国议会，亦不主开衅。英相巴马斯顿，把他解散，另行召集。通过“要求中国改订条约，并赔偿损失，否则开战”的议案。英国又要约俄、法、美三国。俄、美仅派使臣偕行，而法国因广西地方教士被杀，派兵和英国同行。

一八五七年，四国使臣到广州。英使先致书名琛，要求会议改约和赔偿损失,法美愿任调停。名琛均置不答。英、法兵遂陷广州,名琛被虏。四国要求派遣全权大臣至上海议善后。由江督何桂清奏闻。朝命革名琛职，代以黄宗汉。命英、法、美三使回广东，听候查办。对俄国，则申明海口不许通商之旨，令回黑龙江，和将军会议。四使不听，径行北上。

明年三月，至天津。四月，陷大沽炮台。清廷乃派大学士桂良、吏部尚书花沙纳赴津，和四使会议。各订条约。其税则，命其赴沪会同何桂清，和各国会议。又成《通商章程》十条。英、法、美三国相同。是为一八五八年的《天津条约》。

其明年，英、法二使来换约。时僧格林沁在大沽设防，请其改走北塘。弗听。强航白河。为炮台守兵所击，狼狈走上海。一八六〇年，英、法再派兵来。先照会何桂清，说："若守天津原约，仍可罢兵。"而清廷上谕，又说他"辄带兵船，毁我海口防具。首先背约，损兵折将，实由自取，所有八年议和条款，概作罢论。若彼自知悔悟，必于前议条款内，择道光年间曾有之事，无碍大体者，通融办理。仍在上海定议，不得率行北来"。于是兵端之启，遂无可避免，此时清廷亦怕启衅，所以美使后至，遵命改走北塘，即许其在天津换约。虽封锁大沽，然仍留北塘为款使议和之地。而僧格林沁又惑于"纵洋人登陆，以马队蹙而歼之"之说，遂弃北塘不守。其所埋地雷，为汉奸告知英人掘去。于是英、法兵从北塘登陆，攻陷大沽炮台。僧格林沁退驻张家湾。清廷不得已，再派怡亲王载垣和英、法议和。有人告载垣，说"巴夏礼衷甲将袭我"。载垣惧，以告僧格林沁。僧格林沁执巴夏礼。英、法兵进攻，僧格林沁败绩。助守的禁军和旗兵亦都败。文宗乃逃往热河，而留恭亲王奕䜣守京城。旋以为全权大臣。英、法兵胁开京城，又焚圆明园。奕䜣惧不敢出。因俄使伊格那提业幅的保证，乃出而与英、法议和，重行订定条约，是为《北京条约》。

这两约，实在是把五口通商以后，英、法两国所订的条约，合并整理而成的；而又有新丧失的权利。论口岸，则增开牛庄、登州、台湾、淡水、潮州、琼州及沿江各口。因此内河航行之权，亦和外人相共。领事裁判和关税协定，都自此确定。内地游历通商和传教的条文，亦起于此两约。前此清朝中央政府，恒不愿与外人直接交涉，至此则接待驻使，亦成为条约上的义务了。而又把九龙割给英国。赔英、法军费及商亏，各八百万两。《美约》还是一八五八年所定的，所以和英、法两约，又有不同。然各国的条约，都有最惠国条款，则此等异同，也不足计较了。至对于俄国的条约，则损失尤大，别见下章。

◆ 第十一章　瑷珲条约和北京条约 ◆

侵略国的思想，是爱好平和之国所梦想不到的。假如中国而有了西伯利亚的广土，亦不过视为穷北苦寒之地，置诸羁縻之列——所以黑龙江两岸，远较西伯利亚为膏腴，尚且不能实力经营。若说如俄国，立国本在欧洲，却越此万里荒凉之地，以求海口于太平洋，这是万想不到的事。然而近世的帝国主义，则竟有如此的。所以近世中国受列强的侵削，历史上国情的不同，实在是其最重要的根源。

凡事不进则退。《尼布楚条约》，中国看似胜利，然而自此以后，对于东北方，并没有加意经营；而俄人却步步进取，经过一世纪半之后，强弱自然要易位了。一八四七年，俄皇尼古拉一世以木喇福岳福为东部西伯利亚总督。木喇福岳福派员探测，始知库页之为岛。一八五〇年，俄遂建尼哥来伊佛斯克为军港。一八五二年，进占德喀斯勒湾和库页。东北的风云，就日形紧急了。

这一年，俄、土开战，英、法要援助土耳其。木喇福岳福归见俄皇，极陈当占据黑龙江，于是决议和中国重行议界。而俄国的外务部，不以为然。致书中国，请协定格尔必齐河上流界标。于是吉、黑、库伦，同时派员会勘。此时若能迅速定议，自是中国之利。而派出的人员，或以冰冻难行，或以期会相左，辗转经年，终无成议。而俄国已和英、法开战，尼古拉一世，已畀木喇福岳福以极东的全权，得径和中国交涉了。

木喇福岳福致书中国政府，说为防守太平洋起见，要从黑龙江运兵，请派员会议疆界，使者至恰克图，中国不许其进京。木喇福岳福遂径航黑龙江，赴尼科来伊佛斯克布防。瑷珲副都统见其兵多，不敢抗拒。一八五五年，木喇福岳福和黑龙江委员台恒会晤。借口为防英、法起见，黑龙江口和内地，必须联络，请画江为界。台恒示以俄国外务部来文，说该文明认黑龙江左岸为中国之地，何得翻议？木喇福岳福语塞，乃要求航行黑龙江，而境界置诸缓议。这时候，朝命吉、黑两将军和库伦办事大臣照会俄国，说此次画界，只以未设界碑的地方为限。会尼古拉一世卒，亚历山大二世立。俄外部仍不以木喇福岳福的举动为然。木喇福岳福乃再西归，觐见俄皇，自请为中俄画界大使。且请合堪察加半岛、鄂霍次克海岸和黑龙江口之地，置东海滨省。其时江以北之地，实际上几尽为俄国所占，清朝不过命吉、黑两将军，据理折辩，而且命理藩院行文俄国，请其查办而已。

然而一八五七年，普提雅廷到天津，以画界为请，上谕仍说交界只有乌特河一处未定，饬其回黑龙江会议。及一八五八年，英、法兵陷大沽，木喇福岳福带着兵到黑龙江口，派人约黑龙江将军奕山，说自己要到瑷珲去，可以就便开议。于是中国派奕山为全权大臣，和木喇福岳福定约三条：把黑龙江以北之地，都割给俄国，而以乌苏里江以东，为两国共管之地。黑龙江、松花江、乌苏里江，只准中、俄两国行船。是为《瑷珲条约》。此约成后，侍讲殷兆镛，劾奕山"以黑龙江外之地，拱手让人，寸磔不足蔽辜"。然奕山在当日，亦曾竭力争执。而俄人以开战相胁，这时候的情形，恰和结《尼布楚条约》时相反，傥使开战，中国是万无幸胜之理的，徒然弄得牵涉更广。所以边疆的不保，是坏在平时边备的废弛，并不能专怪哪一个人。

这时候，普提雅廷在天津，仍以添设通商海口；由陆路派员赴黑龙江，再清疆界为请。清朝对于俄国，前此迄未许其在海路通商。这时候，仍限于每国通商，只许五口。先是一八五〇年，俄人请在伊犁、塔尔巴哈台和喀什噶尔三处通商，清廷议许伊犁和塔尔巴哈台，而拒绝喀什噶尔。以奕山为伊犁将军，和俄国订立《通商章程》。所以这时候，清朝说俄国通商，已有三口，若再援五口之例，则共有八处，他国要求，无以折服，乃命于五口之中，选择两口，至多三口。后来因要借俄、美之力，以牵制英、法，乃先和俄、美两国订约，把前此所争执，概与通融。是为一八五七年俄国的《天津条约》。约中订明：（一）以后行文，由俄外务部直达军机处或特派的大学士。俄使遇有要事，得由恰克图故道，或就近海口进京。（二）开上海、宁波、福州、厦门、广州、台湾、琼州七处通商。（三）陆路通商，人数不加限制。（四）许在海口和内地传教。（五）京城恰克图公文，得由台站行走。（六）而仍有派员查勘边界一条。

于是俄国以伊格那替业幅为驻华公使。一八六〇年之役，奕䜣本惧不敢出，因俄使力保，和议才得成就。于是俄使自以为功，再和中国订立《北京条约》：就把（一）乌苏里江以东之地，亦割属俄国。（二）交界各处，准两国的人，随便贸易，并不纳税。（三）恰克图照旧到京。所经过的库伦、张家口，零星货物，亦准行销。（四）在库伦设立领事。（五）西疆再开喀什噶尔。（六）而其未定之界，则此约第二条预行订定大概，以俟派员测勘。这两约，不但东北割地之广骇人听闻，而蒙古、新疆方面，亦几于藩篱尽撤，就伏下将来无穷的祸根了。约既定，俄国遂将黑龙江以北之地，设立阿穆尔省，而将乌苏里江以东，并入东海滨省并建海参崴为军港。

◆ 第十二章　西北事变和中俄交涉 ◆

西北本是兴王之地，在汉、唐之世，都以此为天下根本。当时关中的武力和文化，都为全国之冠。凉州的风气，尤其强悍。所以经营西域的力量，也非常之强。自宋以后，武力不竞。北方迭受异族的蹂躏，国都非偏在东南，则僻在东北。西北方的实力，遂渐渐落后。而自元以后，回教盛行于西北，汉、回之间，尤其多生问题。

中国人是不甚迷信宗教的，所以争教的事情很少。但是信仰回教的人民，因其习俗不同，不易和普通人民同化，而汉、回之间，遂不免留着一个界限。在平时的争执，原不过民间的薄物细故。但是回人团结，而汉人散漫。所以论风气，是回强而汉弱。在官吏，就不免袒汉而抑回。到回民激而生变，则又不免敷衍了事。酿成了“汉、回相猜，民怨其上”的局面。咸同大乱之时，又发生所谓回乱。

回乱是起于西南，而蔓延于西北的。一八五五年因临安汉回的冲突，渐至蔓延。永昌的回民杜文秀，就起兵占据大理。回酋马德新，则居省城，挟巡抚徐之铭为傀儡。之铭亦挟回以自重。清朝所派的督抚，不能到任的很多。后来布政使岑毓英，结回将马如龙为援。先定省城。次平迤东，诛叛酋马连升。清朝即用为巡抚，直到一八七二年，才把大理克复，云南全省打定。总计其始末，也有十八年了。但还是限于一隅的。至西北则事变更形扩大。

西北的回乱，是起于一八六二年的。先是陕西募回勇设防。及是年，太平天国的陈德才，合捻党以入武关。回勇溃散，有和汉人冲突的，彼此聚众相仇。而云南叛回任五，此时匿居渭南，遂诱之为乱。清朝派胜保剿办，无功。赐自尽，改派多隆阿。回众被驱入甘肃。于是固原、平凉和宁夏一带，回乱大炽。回酋马化龙，居金积堡，白彦虎居董志原，为其首领，陕西北部的游勇、土匪，亦都由叛回接济，到处糜烂。叛回又派遣徒党，四出招诱。于是回酋妥得璘，以一八六四年，据乌鲁木齐。旋陷吐鲁番。据南路八城。至一八六六年，遂陷伊犁和塔尔巴哈台。其时汉人亦有起兵自卫的，以徐学功为最强。而敖罕又把兵借给张格尔的儿子布苏格，令其入据喀什噶尔。一八六七年，布苏格为敖罕之将阿古柏怕夏所废。自称喀什噶尔汗。和徐学功连和。合攻乌鲁木齐，妥得璘走死。地皆入于阿古柏。于是阿古柏想联合回教徒，在中、英、俄三国之间，建立一国。因徐学功的内附，介之以求封册，而通使于英、俄和土耳其。先是伊犁危急时，将军明绪、荣全，都想借助于俄。俄人卒未之应。及阿古柏陷北路后，俄人因与回众冲突，于一八七一年，占据伊犁。然仍与阿古柏订立《商约》。英人则更想扶助之以拒俄。英国的公使，亦替他向中国代求封册。

时中国以左宗棠督办陕甘军务。因追剿捻匪，无暇顾及回乱，所以陕、甘两省，更形糜烂。到一八六八年，捻匪平了。宗棠乃回到西安。先出兵肃清陕西。进取甘肃。甘回分扰陕西，宗棠又回兵定之。至一八七二年，而甘肃自黄河以东皆定。马化龙被杀，宗棠又进兵河西。一八七三年，河西亦定。白彦虎走归阿古柏。

其时英人仍为阿古柏祈请，而中国亦有因军费浩大，主张以南路封之的，左宗棠力持不可。一八七五年，乃以宗棠督办新疆军务。宗棠任刘锦棠，先进兵北路，一八七六年，复乌鲁木齐。明年，遂克辟展，进取吐鲁番。其时敖罕已为俄国所灭，而南路缠回，亦和阿古柏不洽。阿古柏穷蹙，乃饮药自杀。其子伯克胡里，仍据喀什噶尔，而白彦虎则据开都河，以拒华军。一八七八年，刘锦棠又进兵定之。两人都逃入俄国。于是天山南北路皆平。而伊犁仍为俄人所据，而中、俄的交涉遂起。

从一七五九年，天山南北路平定以来，中国西北数千里，都和俄国接界，而地界则自一七二八年以后，迄未重定。所以中俄边界，西方仍只规定至沙宾达巴哈为止。一八六〇年的《北京条约》，订明“西疆未定之界，应顺山岭大河，中国常驻卡伦，自沙宾达巴哈往西至斋桑淖尔，自此西南，顺天山之特穆图淖尔，南至浩罕边界为界”，此约之误，在常驻卡伦四字。其后一八六四年，明谊和俄人订立界约，就把乌里雅苏台以西之地，丧失一大段了。明谊之约既定，科布多、乌里雅苏台、塔尔巴哈台所属，均由中国派员，于一八六九、一八七〇两年间，与俄会立界牌鄂博，而伊犁属境，始终未及勘定。

所以中国此时，所重要的，实仍在画界问题。画界既定。则伊犁不索而自回，若但索一个伊犁城，就是走的下着了。而中国当日，派出一个全不懂事的崇厚到俄国去会议。不但在地界上损失甚巨，别一方面的损失，更其不可思议。议既定，中外交章论劾。主战之论大盛。郭嵩焘上书力争，论乃稍戢。于是改派曾纪泽使俄。于一八八〇年，与俄重定条约，总算把崇厚的原约，争回了些。然而其所损失，业已很大了。

要明白中、俄的《伊犁条约》，先得知道前此的中俄《陆路通商章程》。原来俄国人对于东北，固然要想侵略，而其对于蒙古，亦是念念不忘的。于是《北京条约》立后，俄人又要求到京城通商。又要在蒙古地方，随意通商。又要在张家口设立行栈、领事。且借口陆路运费贵，定税不肯照海口一律。于是于一八六二年，订立《陆路通商章程》。一八六五、一八六九两年，又两次修改。准（一）俄人于两国边界百里之内，均无税通商。（二）中国设官的蒙古地方，和该官所属的盟、旗，亦许俄人随意通商，不纳税。其未设官的地方，则须有俄边界官执照，方许前往。（三）由陆路赴天津的，限由张家口、东坝、通州行走。（四）张家口不设行栈，而准酌留货物销售。（五）税则许其三分减一。中国这时候，于商务的盈亏和税收，都不甚措意。所最忌的，是外人的遍历内地。所以所兢兢注重的，全在乎此。

崇厚原约，收回伊犁之地，仅广二百里，长六百里，曾纪泽改订之约，则把南境要隘，多索回了些，而原约偿款五百万卢布，改至九百万。肃州、吐鲁番两处，均许设领事。原约尚有科布多、乌里雅苏台、哈密、乌鲁木齐、古城五处。改约订明俟商务兴旺再议。而将蒙古的贸易，扩充至不论设官未设官之处，均准前往。凡设领事之处和张家口，都准造铺房行栈。而天山南北路通商，亦许暂不纳税。此约虽较原约为优，然所争回的地界，亦属有限；而后来定立界牌，于约文之外，又有损失。西北的境界遂大蹙，而蒙、新两方面，自此以后，亦就门户洞开了。

当曾纪泽使俄时，俄人持原议甚坚。其舰队又游弋辽海以示威。中国亦召回左宗棠，命刘锦棠代主军务。李鸿章在天津设防。后来总算彼此让步，把事情了结了。中国知道西北情势的危急，乃于一八八二年，改新疆为行省。

◆ 第十三章　晚清的政局 ◆

中国地方大而政治疏阔，要彻底改变，是很不容易的。所以一朝中衰之后，很难于重振。何况清朝，从道光以来，所遭遇的，是千古未有的变局？然而这时候，清朝还能削平内难，号称中兴，这是什么理由呢？这都是汉人帮他的忙。

清朝人满、汉之见，是很深的。从道光以前，总督用汉人的很少，专征更不必论了。到咸丰初年，而局面一变。清仁宗中岁以后，是信任曹振镛的。振镛的为人，琐屑不知大体。宣宗则初任曹振镛，后相穆彰阿。穆彰阿是个柔佞之徒。鸦片战争之役，他竭力主持和议。旧时人的议论，有诋为权奸的。其实他哪里说得上权奸？不过坐视宣宗的轻躁，而不能匡正罢了。宣宗死于一八五〇年，子文宗继立。文宗在清代诸帝中，汉文的程度号称第一。亦颇有志于图治。这时候，正值海疆多事，太平军又已起兵之际，时事很为艰难。文宗乃罢斥穆彰阿、耆英，昭雪林则徐、达洪阿、姚莹等。又下诏求直言。曾国藩、倭仁等，都应诏有所论列。海内翕然，颇有望治之意。此时因内外满员，多属昏愦庸懦，不足任用。军机大臣文庆，力言于帝，说要重用汉人。文宗颇能采纳。这是咸同时代，所以能削平内乱的根本。

专制政体，把全国的事情，都交给一个人做主。于是这一个人的智愚仁暴，就能使全国的人民，大受其影响。而君位继承之法，又和家族中的承继，并为一谈。于是家庭间的争夺，亦往往影响于国事。这是历代都是如此的，到晚清仍是其适例。清文宗因时事艰难，图治无效，意思就倦怠了。其宗室中，载垣、端华、肃顺，因此导之以游戏，而暗盗政权。军机拱手而已。一八六〇年，文宗因英、法联军进逼，逃到热河。英、法兵退了，群臣都恳请回銮，载垣等以在热河便于专权，暗中阻止。明年，文宗就死在热河。文宗皇后钮祜禄氏无子，贵妃叶赫那拉氏，生子载淳，是为穆宗。年方六岁。载垣等宣布遗诏，自称赞襄政务大臣。叶赫那拉氏和奕䜣等密谋回銮。到京，便把载垣、端华、肃顺执杀。于是尊钮祜禄氏为母后皇太后，叶赫那拉氏为圣母皇太后，同时垂帘听政。而实权都在那拉氏。

载垣等三人之中，肃顺颇有才具。重用汉人之议，肃顺亦是极力主张的。那拉后、奕䜣，虽和肃顺是政敌，却于此点能遵循而不变。当时沈桂芬、李棠阶等，尽忠于内；湘淮诸将，戮力于外；所以能把内难削平。内难既定之后，那拉后渐渐地骄侈起来。穆宗虽是那拉后所生，却和钮祜禄后亲昵。一八六九年，那拉后所宠的太监安德海，奉后命到广东。路过山东，山东巡抚丁宝桢，把他捉起来，奏闻。清朝的祖制，太监不准外出，出宫门便要处死的。那拉后无可如何，只得许其照办。有人说：此事实是穆宗授意的。从此母子之间，更生隔阂。一八七二年，穆宗将立皇后。钮祜禄氏属意于尚书崇绮之女阿鲁特氏。那拉后欲立凤秀之女富察氏，相持不能决。乃命穆宗自择。穆宗如钮祜禄后之意，那拉后大怒。大婚之后，禁止穆宗不得和皇后同居。穆宗郁郁，遂为微行，因以致疾，于一八七四年病死。宫中讳言是出天痘死的。

清朝当高宗时，曾定立嗣不能逾越世次之例。穆宗死后无子，照清朝的家法，自应在其侄辈中选出。但如此，那拉氏便要做太皇太后，未免位高而无权。加以醇亲王奕𫍽的福晋，是那拉氏的妹妹。所生的儿子载湉，就是那拉氏的外甥。于是决意迎立了他是为德宗。年方四岁，两宫再垂帘。钮祜禄氏虽然无用，毕竟是嫡后，那拉氏终有些碍着他。一八八一年，钮祜禄后忽然暴死。那拉氏从此更无忌惮。宠太监李莲英。罢奕䜣，而命军机大臣遇事和奕譞商办。卖官鬻爵。把海军衙门经费，移修颐和园。一八九一年，德宗大婚亲政。然实权仍都在那拉后之手。因此母子之间，嫌隙更深。遂成为戊戌政变的张本。

中国当道咸之世，很不愿意和外人交接。被迫通商，实在是出于无奈。同治初年，还是这等见解。所以当时欧美各国来求通商，还是深闭固拒。但是到后来，迫于无可如何，也就只得一一和他们订约了。至一八六七年，总署乃奏派志刚、孙家谷及美人蒲安臣等出聘有约各国。在美国定约八条。在欧洲各国，则申明彼此交涉。当以和平公正为主，不可挟持兵力，约外要求。这实在是中国外交更新的第一声。惜乎后来未能继续进行。至于改革，前此是说不到的。同治以后，湘淮军中人物，主持政事。他们都是亲身经历，知道西洋各国，确有其长处，我们欲图自强，是万不能不仿效的。于是同文馆、广方言馆、制造局、船厂、水师和船政学堂，次第设立。轮船、电报、铁路、邮政、新法采矿等，亦次第兴办起来。但所学的，都不过军械和技艺的末节，这断不足以挽回国势，而自进于世界强国之林。而且当时，还有顽固守旧之士，听说要造铁路，就说京津大路，从此无险可守的。闻同文馆将招正途出身的人学习，就以为于人心士气，大有关系的。又有一种不谙国际情势，而专唱高调，自居于清流之列的。在民间，则因生产方法之不同。而在经济上，渐渐受外国的侵削。而大多数平民，依旧是耕凿相安，不知道今日是何世界；即读书人亦是如此。这都是几千年以来的积习，猝难改革，而外力却愈逼愈深，就演成晚清以后种种的事变。

◆ 第十四章　中法战争和西南藩属的丧失 ◆

藩就是藩篱的意思。中国历代，所谓藩属，是外国仰慕中国的文明，自愿来通朝贡；或者专制时代，君主好大喜功，喜欢招徕外国人来朝贡，以为名高，朝聘往来，向守厚往薄来主义。从不干涉人家的内政，或者榨取什么经济上的利益。在国计民生上，是无甚实益的。所以历代的政论家，多以弊中国事四夷为戒。然当帝国主义侵略的时代，有一藩属，介居其间，则本国的领土不和侵略者直接，形势要缓和许多。所以当此时代，保护藩属，实在是国防和外交上的要义。然而中国却不能然，藩属逐渐沦亡，本国的边境也就危险了。

西南的属国，后印度半岛三国最大。当十八世纪的前半，尚在五口通商之前，安南和缅甸即已和英、法有接触。旧阮为新阮所灭后，其遗族遁入暹罗。后来借暹罗和法国的助力，于一八〇二年灭新阮，仍受封于中国，为越南国王。当越南人借助于法时，曾和法国人立有草约。许事定后割化南岛，租借康道耳岛，并许法人自由来往居住。后因法国发生革命，此约未曾签字。越南复国后，但许法人来往居住，而未曾割地，其历代君主，又多仇视外人。因此，当中国订立《天津条约》之年，法国和西班牙就联兵入广南。明年，陷下交趾。越南无力抗拒。于中国订立《北京条约》之后二年，和法国立约：割边和、嘉定、定祥三州及康道耳群岛。一八六七年，法越又因事启衅。法人取永隆、安仁、河仙三州。

下交趾遂尽为法有。这时候，马如龙因平回乱，使法商秋毕伊购买军械。秋毕伊发现溯航红河，可通中国，遂于一八七二年，强行通航。因此又和越南启衅。法人占据河内、北宁一带。先是太平天国亡后，其将吴琨占据越南边境，其后分为黄旗兵和黑旗兵，而黑旗兵较强。越南人乃结其首领刘义以拒法。把法国的兵打败！法人乃和越南结约：声明越为自主之国。割下交趾属法。从红河至中国云南的蒙自，许法人自由航行。而撤河内一带的驻兵。时为一八七四年。法人以此约照会中国。中国不承认越南自主，提出抗议。法人置诸不理，仍和越南订结《通商条约》。

其缅甸和英国的冲突，则起于一八二四年。先两年，阿萨密内乱，缅人据其地。阿萨密求救于英。英印度总督，遂于是年出兵，据仰光。缅人连战不胜。乃于一八二六年，和英人议和。割阿萨密、阿剌干、地那悉林与英。许英人订约通商。到一八五一年，又因商人受虐起衅。缅甸再割白古以和。自此缅人没有南出的海口，伊洛瓦谛江流域贸易大减，国用日蹙。缅人屡图恢复，终无成功。

廓尔喀、不丹、哲孟雄，都是西藏南方的屏蔽，而哲孟雄尤为自印入藏要途。当林则徐烧烟之年，英人已向哲孟雄租得大吉岭之地。到英法联军入北京的一年，又取得哲孟雄境内铁路敷设之权。于是西藏藩篱渐撤。缅甸和西藏都是和云南接界的，英人遂固求派员从印度入云南探测，总署不能拒，于一八七三年允许了他。明年，英国的印度总督，遂派员前往，英使威妥玛又遣参赞从上海溯江往迎。又明年，至腾越厅属的蛮允，被杀。印度所派武员续至，亦被人持械击阻，退入缅甸境。中国派员入滇查办。说英国参赞是野匪所杀，击阻印度所派探测队，是南甸都司李珍国主谋。而英人定说系大员主使。威妥玛因此出居芝罘，交涉几至决裂。乃由李鸿章追踪往议。于一八七六年定约：中国许滇缅通商。开宜昌、芜湖、温州、北海四口。重庆许英派员驻扎，查看川省英商事宜，俟轮船能驶抵重庆时，再议英国商民在彼居住及开设行栈之事。大通、安庆、湖口、武穴、陆溪口、沙市，均准英商停轮，上下客商货物。而另订专条，许英派员由北京，或历甘肃、青海，或自四川入藏抵印，探访路程；或另由藏、印交界，派员前往。这一次条约，英人因一参赞之死，所得亦不可谓之薄了。

《芝罘条约》定后六年，即一八八二年，法人复和越南启衅，陷河内。越南始来求援。中国遂由云南方面派兵入越南。这一年冬天，法国公使到天津，李鸿章和他商议：彼此撤兵画河内为界，北归中国，南归法国保护。红河许各国通航，而中国在劳开设税关。法使无异议。鸿章命驻法公使曾纪泽和法外交部定约。因法国求偿军费，不决。明年，法兵攻顺化。越南立约，许受法国保护。时中国方面，李鸿章主和，而彭玉麟等主战，清廷初以鸿章节制两广、云、贵军务。旋移鸿章督直隶，代以玉麟，而命滇、粤出兵。越南亦因政变，否认保护之约，战端遂启。旋云南、广西兵入越南的，战皆不利。乃复由李鸿章在天津和法使议定和约：中国许撤兵，承认法越前后条约。惟不得碍及中朝体制，而法允不索兵费。旋因撤兵期误会，中、法兵冲突于北黎。法人复要求赔偿兵费一千万镑。中国已批准草约，而此议仍不能决。法人乃欲占据一地，以利谈判。命其海军攻基隆，而致最后通牒于中国，将偿金减为三百二十万镑，限四十八小时答复。中国亦停止商议。而正式的战事以起。

时北洋方面，主持外交军事的是李鸿章。鸿章是顾虑国力，始终不愿启衅的，所以电令在福建方面的张佩纶等，勿得先行开衅。我福州的海军，遂为法所袭击。兵舰十一艘沉其九，船政局和马尾炮台都被毁。明年，法舰又入黄海，封锁宁波口，破镇海炮台。又南陷澎湖。其陆军亦破谅山，陷镇南关。然刘铭传弃基隆而守淡水，法军进攻，卒不能克。其海军大将孤拔，又因伤而死。而广西提督冯子材，亦大破法兵于镇南关，长驱复谅山。云南岑毓英的兵，亦击破法兵，进逼兴化。乃由英国调停。由李鸿章在天津，再与法国立约：（一）法越条约，中国悉行承认。惟中越往来，不得有碍中国威望体面，然亦不致有违此次之约。（二）画押后六个月，派员查勘边界。（三）中国边界，指定两处通商。后来界约和商约，于一八八七年成立。广西开龙州，云南开蒙自和蛮耗。中国货入越南的，照海关税则，减十分之四。越南货入中国的，则减十分之三。

缅甸自十八世纪以来，时有内乱。当一八八二年时，法人曾与结密约，允代监禁缅甸要争位的王族，而缅甸人许割湄公河以东属法。明年，此约宣露。英人大惊。乃于一八八五年，乘中法多事之秋。发兵陷蒲甘。遂陷旧都阿瓦和新都蛮得。俘其王，致诸印度。缅甸遂亡。中国和英交涉，英人说缅甸史籍，但称馈赠中国礼物，并无入贡明文，不肯承认缅甸为中国藩属。后来又说缅甸曾和法国立约，傥使仍立缅王，《法约》即不能废，欲由缅甸总督派员来华。这时候，英人将实行《芝罘条约》，派员由印入藏。中国欲杜绝此事。乃于一八八六年，和英人订立《会议缅甸条款》：（一）中国认英在缅政权。（二）每届十年，由缅甸总督选缅人入贡。（三）彼此会勘边界，另议通商专章。（四）而将派员入藏之事停止。

当英人初并缅甸时，因虑缅人不服，而中国从中援助，所以愿允中国展拓边界，并允将大金沙江，作为两国公共河流。中国要求八莫，英人未允，而允另勘一地，由中国设官收税。曾纪泽在英和英国外部互书《节略》存案，后来中国迁延未办。到一八九二年，薛福成再向英国提起，英国人就说《节略》在一八八六年条约之前，不肯承认。一八九四年，福成和英国订立《续议滇缅界务商务条款》：（一）所谓展拓边界者，遂仅允以北丹尼、科干之地归我。两属的孟连、江洪，上邦之权，仍归中国。惟未经与英议定，不得让给他国。（二）中国运货和运矿产的船，得在大金沙江行走。税钞和一切事例，与英船同。（三）其出入货品，照海口减税十分之三，或十分之四，则和法、越之约一律。中国的边界，向来是全不清楚的。当初和英国议界时，曾要求腾越所属汉龙、天马、虎踞、铁壁四关。汉龙、天马，本无问题。虎踞、铁壁，照云南省的地图，亦均在中国界内。英人以为必不致误，遂许照原界分画，后来实行查勘，才知道二关久为缅占，英人遂不肯归还。而汉龙、天马，虽许归还，汉龙又不知所在，于此约中订明“由勘界官查勘；若勘得在英国界的，可否归还中国，再行审量”，岂非笑柄？而此约所定之界，于北纬二十五度三十五分以北，又未能分画，订明俟将来再定，遂为后来英人占据片马的根本。

《英约》所以订明孟连、江洪，不得割让他国，所防的是法国。法国既并越南之后，就想侵略暹罗。暹罗在后印度半岛三国中，是最能输入西方文化的，所以未致灭亡。然靠他独拒英、法，自然力亦不足。一八九三年，法人以湄公河东曾属越南为口实，向暹罗要求割让，暹罗不能拒。而中国车里辖境，亦大半在湄公河以东，法人以画界为请，遂于一八九五年，订立《续议商务界务专条》、《商务专条》：（一）改蛮耗为河口，添开思茅。（二）云南、两广开矿，先向法人商办。（三）越南已成或拟设铁路，可接至中国境内。《界务专条》，法人亦多所侵占。而其中猛乌、乌得，实在江洪界内，亦割归法国，英人乃于其明年，与法国订立协约，放弃江洪，定以湄公河为两国势力范围界线，湄南河流域为中立之地。然后向中国提出违约割弃江洪交涉。于是一八九七年，中国再和英国订立《中缅条约附款》。照一八九四年之约，地界又有变动。而（一）申明现存孟连、江洪之地，不得割让。（二）驻蛮允领事，改驻腾越或顺宁，并得在思茅设领。（三）云南如修铁路，即允与缅甸铁路相接。（四）添开梧州、三水、江根墟。（五）许英人航行香港、广州至三水、梧州。（六）江门、甘竹滩、肇庆、德庆，均准上下客商货物。（七）北丹尼、科干，均割属英国。（八）而将查勘汉龙关一节取消。

虽然如此，西藏问题，仍未得平安无事。当一八八六年条约订定时，英国所派入藏队伍，仍未即折回。藏人乃于边外隆吐山，修筑炮台以御英。英人以地属哲孟雄，和中国交涉。总署行文驻藏大臣开导。藏人不听。至一八八八年，遂被英兵逐回。一八九〇年，乃由驻藏大臣升泰在印度和英人订立《藏印条约》：（一）承认哲孟雄归英保护。（二）藏哲通商等事，于批准后六个月会商。至一八九三年，乃成《接议印藏条约》。订开亚东关。而西藏人拒不肯行，遂为一九〇四年英兵侵藏张本。

于此还有一事，也是因英法侵略西南而引起的。葡萄牙人借居澳门，本来按年纳租。到一八四九年，才借口其头目哑吗嘞被杀，抗不交纳。一八六二年，葡人请法国介绍，和中国订立条约。因为澳门问题，未能互换。法、越事起，葡人自称系无约之国，可以不守局外中立之例。中国人怕他引法国兵船从澳门侵入，颇敷衍他。后来事情也就过去了。而鸦片从五口通商以来，就不再提禁止之事。一八五五、一八五六年间，东南各省，且纷纷抽厘助饷。一八五八年，桂良、花沙纳在上海所议《通商章程》，订明每百斤抽税三十两。并订明运入内地，专属华商。如何抽税，听凭中国办理。《芝罘条约》，又订定厘税在海关并征。而所征之数，仍未能定。后来彼此争执。直到一八八三年，才于《芝罘条约续增专条》，定为每百斤征收厘金八十两。而缉私问题又起。英人借口澳门若不缉私，香港亦难会办。中国不得已，和葡人先定《草约》四款，许其永居管理澳门。然后于一八七七年正式订立条约，遂成割澳门以易其缉私之局了。而澳门割让以后，界址又未能画定，不但陆地多所侵占，一九一〇年议界时，葡人并要求附近大小横琴诸岛屿。我国坚持不许。迄今尚为悬案。

◆ 第十五章　中日战争 ◆

使中国历史大变局面的，前为鸦片战争，后为中日战争。

欢迎西学，而畏恶西教；西人挟兵力以求通商，则深闭固拒，以致危辱；到外力的压迫深了，才幡然改图，以求和新世界适应；这是欧人东略以后，东洋诸国所同抱的态度；而日本因缘凑合，变法维新，成功的最快，遂转成为东方的侵掠者。

中国在明代，受倭寇之患是很深的。所以清开海禁以后，仍只准中国人去，而不准日本人来。而且对于日本，戒备之情很深。在一八六八年以前，实无国交之可言。这一年，日本明治天皇立，和各国订立条约。乃与其明年，遣使到中国来请立约。这时候，中国对于外国，还有深闭固拒之心。所以总署对于日本之请，是议驳的。一八七一年，日人复遣使臣前来。总署令其另派大臣再议。其时疆臣仍有以倭寇为言，奏请拒绝的。朝命曾国藩、李鸿章筹议。二人都说不可。拒绝之议乃罢。由李鸿章与立《修好规条》和《通商章程》:（一）领事裁判权，彼此都有。（二）进口货照海关税则完纳；税则未载明的，则值百抽五；亦彼此所同。（三）内地通商，明定禁止。都和泰西各国不同。明年，日本就派人来，要想议改。鸿章说约未换而先议改，未免失信贻笑，把他拒绝。

琉球是两属于中日之间的。一八七一年，琉球人遭风飘至台湾，为生番所杀。一八七三年，日本小田县民漂至，又被杀。这一年，日本副岛种臣来换约。命其副使柳原前光诘问总署。总署说："琉球亦我属土。属土之民相杀，与日本何预？小田人遇害，则没有听见。"又说："生番是化外之民。"日本人说："既如此，我们将自往问罪。"又争琉球是日本属国。彼此议不能决而罢。明年，日本派兵攻台湾。又派柳原前光到中国来，说系问罪于中国化外之地。中国声教所及，秋毫不犯。中国派沈葆桢巡视台湾，调兵渡海。日人气馁。其兵又遇疫。乃由英使调停，在津立专约三款：中国恤日本难民家属银十万两，偿还日本修筑道路房屋之费银四十万两了事。一八七九年，日本竟灭琉球，以为冲绳县。中国和他交涉，迄无结果。

朝鲜离中国，本较日本为近；其文化程度，实亦较日本为高。不幸欧人东略之时，适直其国党争积弱之际，遂致一蹶不振。当清朝同光之际，正直朝鲜国王李熙初立之时。其父昰应摄政。昰应的为人，颇有才气，而智识锢蔽，持闭关主义甚坚。欧美诸国去求通商，辄遭拒绝，各国来告中国。中国辄以向不干预朝鲜内政答之。在中国的习惯，固然如此。然和国际法属国无外交之例，却是相悖的。日人乘此机会，一八七六年，用兵力强迫朝鲜立约通商，约文中竟订明朝鲜为独立自主之国。这时候，李鸿章主持中国外交，主张引进各国势力，互相牵制。乃劝朝鲜和美、英、法、德，次第立约。约文中都申明朝鲜为中国属邦。然和属国无外交之例，仍属相背。这时候，李熙已亲政。其妃闵氏之族专权。昰应失职怏怏。一八八二年，朝鲜因聘日武官教练新兵，被裁的兵作乱，焚日使馆，复拥昰应摄政。驻日公使黎庶昌，急电直隶总督张树藩。树藩立遣提督丁汝昌督兵船前往。总署又派吴长庆率兵继往。代定其乱，执昰应以归。这一次，日本亦派兵前往，而较中国兵迟到，所以于事无及。事定之后，吴长庆遂留驻朝鲜。这时候，朝鲜分为事大、独立两党。在朝的事大党，以王妃闵氏之族为中心。一八八四年，独立党作乱。为吴长庆所镇定。日公使自焚其使馆，说是我兵炮击他的。明年，日本派伊藤博文来，和李鸿章在天津立约：（一）两国均撤兵。（二）勿派员教练朝鲜兵士。（三）朝鲜有变乱事件，两国派兵，均先行文知照；事定仍即撤回，中国和日本，对朝鲜遂立于同等地位了。其明年，出使英、法、德、俄大臣刘瑞芬建议，和英、美、俄诸国立约保护朝鲜。李鸿章颇赞成之，而总署持不可，其议遂罢。

一八九四年，朝鲜东学党作乱。全罗道求救于我。李鸿章派叶志超率兵前往。未至而乱已平。日兵亦水陆大至。屯据京城。鸿章责其如约撤兵，日本不听。而要求中国共同改革朝鲜内政。中国亦拒绝。日使大鸟圭介，遂挟众入朝鲜王宫。诛逐闵氏之党。复起昰应摄政。派兵屯据朝鲜要害。李鸿章知道中国兵力，是靠不住的，不欲轻于言战。遍告英、俄、德、法、美诸国，希望他们出来调停，而事终不就。中国租英船运兵，为日本所击沉。中国主战派，纷纷责备鸿章。中国乃正式宣战。

时中国续派左宝贵等赴朝鲜，而前所派的叶志超等，已为日本所袭败，退至平壤。日兵来攻诸军败绩。左宝贵死之。海军亦败绩于大东沟，自此蛰伏威海不能出。日人遂纵横海上。宋庆总诸军守辽东。日兵渡鸭绿江，连陷九连、安东。庆退守摩天岭。日兵遂陷凤凰城、宽甸、岫岩。其第二军又从貔子窝登陆，陷金州。进陷大连湾，攻旅顺。宋庆把摩天岭的防守，交给聂士成，自统大军往救，亦不克。旅顺又陷落，于是中国仅以重兵塞山海关至锦州。而日兵又分扰山东。自成山登陆，陷荣城。攻威海。海军提督丁汝昌以兵舰降敌，而自仰药死。山东巡抚李秉衡，自芝罘退守莱州。日兵复陷文登、宁海。明年二月，日兵并力攻辽东，陷营口、盖平、海城。辽阳、沈阳，声援俱绝。其舰队又南陷澎湖，逼台湾。于是中国势穷力竭，而和议以起。

当旅顺危急时，中国即派德璀琳赴日议和。后又改派张荫桓、邵友濂。均给日本拒绝。乃改由李鸿章自往。日本要求驻兵大沽口、天津、山海关，方行停战。鸿章不许。而日人持之甚坚。鸿章乃请缓停战，先议和。议未定，鸿章为刺客所伤，日人惭惧，乃定停战之约。旋议定《和约》十款。其中重要的：（一）中国认朝鲜自主。（二）割让奉天南部和台湾、澎湖。（三）赔款二万万两，分八次交清。（四）换约后订立《通商行船条约》、《陆路通商章程》，均以中国与泰西各国现行约章为准。（五）添开沙市、重庆、苏州、杭州。（六）日军暂占威海，俟一二次赔款缴清；通商行船约章批准互换；并将通商口岸关税，作为余款及利息的抵押；方行撤退。此约割地之多，赔款之巨，不待更论。通商行船。一照泰西各国条约，是日本求之多年而不得的。而（七）约中又订明“日本臣民，得在中国通商口岸城邑，从事各项工艺制造；又得将各项机器，任便装运进口”，则又是泰西各国，所求之而不得的。从此以后，中国新兴幼稚的工业，就更受帝国资本主义的压迫，求自振更难了。

约既定，台湾人推巡抚唐景崧为总统，总兵刘永福主军政，谋自立。旋因抚标兵变，景崧出走，台北失陷。永福据台南苦战，亦以不敌内渡，台湾遂亡。

其奉天南部之地，则因俄、德、法的干涉而还我。三国当时由驻使照会日本外部，以妨碍东洋平和为辞，劝日本将辽东归还中国。日人得照会，急开御前会议，筹商或许，或拒，或交列国会议。多数主张第三策。而其外相大为反对，说：“列国会议，各顾其私，势必不能以辽东问题为限，全部条约，都要生变动了。”于是日人运用外交手腕，请美国劝俄国不必干涉。又求英国援助，愿意给予报酬。英、美都不肯援助。日本再和俄国交涉，愿意归还辽东，但求割一金州，俄人亦不许。日人不得已，乃照三国的要求，径行承诺。而要求我出偿款一万万两。后由三国公议，定为三千万两。由李鸿章和日人另订《交还辽东条约》，把拟订陆路章程之事取消。

◆ 第十六章　中俄密约和沿海港湾的租借 ◆

从鸦片战争到中日战争，为时恰好半世纪。这半世纪之中，中国藩属的丧失和本国权利的被剥削，其情形也可谓很危急了，然而中日战争以后，还有更紧张的局势。

当中、日战争时，李鸿章知道兵力的不足恃，本想借别国之力牵制日本的。这时候，别国中对远东有野心的，自然以俄国为最。所以后来三国的干涉还辽，亦以俄国为主动。前门拒虎，后门进狼，当帝国主义横行之日，哪里有仗义执言之举？果然，辽东甫行归还，而俄国的要索继起，一八九六年，俄皇尼古拉二世举行加冕礼。俄人示意总署，要派李鸿章为贺使。鸿章到俄，俄人遂以援助中国等甘言相诱，订立所谓《中俄密约》。其条件是：

（一）日本如侵占俄国亚洲、中国、朝鲜的土地，两国应将所能调遣的水陆各军，尽行派出，互相援助。军火粮食，亦尽力互相接济。

（二）当开战时，如遇紧要之事，中国各口岸，均准俄兵船驶入。

（三）许俄国西伯利亚铁路，经黑、吉以达海参崴。由中国国家交华俄银行承办。俄国于照前款御敌时，可由此运兵、运粮、运械；平时亦得运过境的兵粮。

此项条约，系属攻守同盟性质，以我国兵力之弱，俄人果何所利而与我联合呢？则其意之所在，不言可知了。李鸿章当时，亦深虑俄人借此以行侵略。所以对于铁路，由俄国国家承办，竭力反对。然而后来中国和俄国订结的《华俄道胜银行契约》，仍给该银行以收税、铸币、建筑铁路、架设电线之权。契约立后，复与该银行订立《东省铁路公司契约》，又给以开矿和设警之权。其非单纯承造铁路的公司，又不言可知了。

势力范围这个名词，本起于欧人分割非洲之际。傥使要实行分割，这预定的势力范围，便是分割时的界线。这真是个不祥的名词，如何竟会使用到中国领土上来呢？列国在中国的所谓势力范围，以要求某某地方不割让为保证，而以各于其中攘夺筑路开矿的权利为第一步的侵略。其事起于一八九五年的《中法续议商务界务专条》，已见第十四章。此次《界务专条》中，把前此许英人不割让的江洪，割让了一部分，于是又有一八九七年的《中缅附约条款》。其事亦已见十四章。而法人遂于是年，要求我国宣言海南岛不得割让他国。至此，则干涉还辽的俄法两国，都已得有报酬，唯德国尚抱向隅。

这一年冬天，山东巨野县杀掉两个德国教士。德国遂以兵舰闯入胶州湾。明年，强迫中国立《租借胶州湾条约》：（一）以九十九年为期。（二）胶济、胶沂济铁路，由德承造。其由济往山东边界，与中国自办干路相接，则俟造至济南后再商。（三）铁路附近三十里内煤矿，许德开采。（四）山东各项事务，如用外国人、外国资本、物料，均先和德商办。山东全省，俨然成为德国的势力范围了。

于是俄人起而租借旅顺、大连湾，其租期为二十五年。并准东省铁路，展筑支线。英人亦起而租借威海卫，其租期和旅、大一样。又立《展拓香港界址专条》，租借香港后面九龙地方，亦以九十九年为期。并要求长江流域各省，不得割让他国。法人亦要求两广、云南不割让。日人亦要求福建省不割让。这都是一八九八年的事。其明年，广东遂溪县杀害法国的武官和教士，法人又以兵船闯入广州湾，迫我立租借之约，亦以九十九年为期。

中国当甲午以前，筑路的阻力是很大的。甲午以后，却渐渐地变了。于是有筑芦汉、津镇两大干线之议。而芦汉一线，遂成为各国争夺的起点。此时争中国路权的，英、美、德为一派，俄、法为一派。芦汉铁路的终点，在英国势力范围之内。倘使由俄、法承修，一定要为英人所反对，所以由比国出面，于一八九八年，成立契约。然而其内容是俄国，谁不知道？于是英人又要求（一）津镇，（二）河南到山西，（三）九广，（四）浦信，（五）苏杭甬五路。同时俄人要求山海关以北的铁路，全由俄国承造。英人又捷足先得，和中国订立了从牛庄到北京的铁路承造契约。英、俄两国，鉴于形势的严重，乃于一八九九年，在圣彼得堡换文。英国承认长城以北铁路归俄，俄国承认长江流域铁路归英。同时，英德由银行团出面，在伦敦订立条文。英国承认山东和黄河流域，为德国势力范围。但除外：山西铁路，可与正定以南的京汉路相接，并再展筑一线，以入于长江流域。德国承认山西省、长江流域及江以南各省为英国势力范围。而津浦铁路，遂由英、德两国，分段承造。

如此，中国竟要成为机上之肉，任人宰割了。在中国，自然更无抵抗之力。然而列强的分赃，也很难得均匀。倘使因分赃不均，而引起冲突，中国固然很糟，列国亦有何利？况且其中还有在中国并无所谓势力范围的，岂非独抱向隅？于是美国的国务卿海约翰，于一八九九年，向英、俄、德、法、意、日六国通牒，要求在中国有势力范围之国，都承认三个条件：

（一）各国对于中国所获利益范围，或租借地域，或他项既得权利，彼此不相干涉。

（二）各国范围内各港，对他国入港商品，都遵中国现行海关税率课税，由中国征收。

（三）各国范围内各港，对他国船舶所课入口税，不得较其本国船舶为高。铁道运费亦然。

这就是所谓门户开放主义。门户开放，无非各国维持其对中国条约上已得的权利。倘使中国的领土而有改变，条约上的权利，不能维持，自然无待于言，所以又必连带而及于保全领土。这就是所谓均势。势力范围，固然是瓜分的代名词，固然很危险，借均势而偷安，亦岂是长久之道？在这种情势之下，无怪中国人要奋起而求自己解决自己的问题了。

◆ 第十七章　维新运动和戊戌政变 ◆

中国的该变法，并不是和外国人接触了，才有这问题的。一个社会和一个人一样，总靠新陈代谢的作用旺盛，才得健康。但是总不能无老废物的堆积。中国自秦汉统一之后，治法可以说是无大变更。到清末，已经二千多年了，各方面的积弊，都很深了。便是没有外人来侵略，我们种种治化，也是应当改革的。但是物理学的定例，物体静止的，不加之以力，则不能动，社会亦是如此。所以我们近代的改革，必待外力的刺激，做一个诱因。

中国受外力刺激而起反应的第一步，便是盲目的排斥，这可谓自宋以来，尊王攘夷思想的余波。排斥的目的，已经非是，其手段就更可笑了。海通以后，最守旧的人，属于这一派。其第二步，则是中兴时代湘淮军中一派人物。大臣如曾国藩、李鸿章，出于其幕府中的，则如薛福成、黎庶昌之类。此派知道闭关绝市是办不到的。既已入于列国并立之世，则交际之道，不可不讲，内政亦不得不为相当的改革。但是他们所想放效他人的，根本上不离乎兵事。因为要练兵，所以要学他们的技艺；因为要学他们的技艺，所以要学他们的学术；因此而要学他们的语文。如此，所办的新政虽多，总不出乎兵事和制造两类。当这世界更新，一切治法，宜从根本上变革的时候，这种办法，自然是无济于事的。再进一步，便要改革及于政治了。

但是从根本上改革，这句话谈何容易？在高位的人，何能望其有此思想？在下位的人而有此思想，谈何容易能为人所认识？而中日之战，以偌大的中国，而败于向所轻视的日本，这实在是一个大打击。经这一个打击，中国人的迷梦，该要醒了，于是维新运动以起。

当时的维新运动，可以分做两方面：一是在朝，一是在野。在朝一方面，清德宗虽然无权，但其为人颇聪明，颇有志于变法自强，特为太后所制，不能有为。在野一方面，则有南海康有为。他是个深通旧学，而又讲求时务，很主张变法的。清朝是禁止讲学的。但到了末年，其气焰也渐渐的衰了，其禁令，在事实上，也就渐渐的松弛了。有为很早的就在各处讲学，所以其门下才智之士颇多。一八八九年，有为即以荫生上书请变法，格未得达。中日和议将成时，又联合各省入都会试的士子，上书请迁都续战，陈变法之计。书未上而和约已换，事又作罢。有为乃想从士大夫一方面提倡。立强学会于京师。为御史杨崇伊所参，被封。而其弟子梁启超，设《时务报》于上海，极力鼓吹变法，海内耸动。一时维新的空气，弥漫于好新的士大夫间了——虽然反对的还是多数。

公车上书之后，康有为又两次上书请变法。其中有一次得达，德宗深以为然。德国占据胶州湾时，有为又走京师，上书陈救急之计，亦未得达。其明年，恭亲王奕䜣死了。朝廷之上，少了一个阻力。德宗乃和其师傅翁同龢商议，决意变法，遂下诏定国是，召用康有为、梁启超等。

此时所想模仿的，是日本的睦仁、俄国的大彼得，想借专制君主的力量，把庶政改革得焕然一新。于是废八股，设学校，奖励著新书，制新器，裁冗兵，练新操，办保甲，筹设银行，造铁路，开矿山，设农工局，立商会。大开言路，广求人才。从戊戌四月至八月间，变法之诏，连篇而下。虽然不能尽行，然而海内的精神，确已为之一振了。

专制君主的权力，在法律上是无限制的，在事实上则不尽然。历代有志改革的君主，为旧势力所包围，以致遭废弑幽禁之祸的，正自不乏。

这期间，由于意见的不同者半，由于保存权位之私者亦半。康有为是深知旧势力之不可侮的。所以他于德宗召见之时，力言请皇上勿去旧衙门，但增设新差使；擢用的小臣，赏以虚衔，许其专折奏事；就够了。有为此等见解，原以为如此，则旧人不失禄位，可以减少其反对之力，然而权既去，禄位亦终于难保；即可保，亦属无味。这仍不足以满守旧阻挠者之所欲。况且亦有出于真心反对，并不为禄位起见的。而那拉后和德宗的不和，尤其是维新的一大阻力。

那拉后是很不愿意放弃权势的，他当时见德宗变法，很不谓然。于是以其党荣禄为直隶总督，总统近畿诸军，以巩固其势力。而使裕禄在军机上行走，以侦察德宗的举动。自然有不满意于德宗的大臣，用半虚半实的诏，谮诉于那拉后。而德宗也有“不容我变法，毋宁废死”的决心。于是帝后之间，嫌隙愈深。就有旧党将乘德宗到天津去阅兵，实行废立的风说；又有新党将利用袁世凯的新兵，围颐和园之说。而政变以起。

这一年八月，那拉氏由颐和园还宫，说德宗因病不能视事，复行垂帘听政，而幽帝于南海的瀛台。康有为之弟广仁和新党谭嗣同、刘光第、林旭、杨锐、杨深秀，同时被杀。时人谓之六君子。康有为因奉德宗密诏，先期出京走香港。梁启超则于事变后走日本。新政一切废罢。和新政有关联的人，一切罢斥，朝右的新党一空。

然政治虽云复旧，人心则不能复变。于是康有为在海外立保皇党。图推翻那拉后，扶助德宗亲政。一九〇〇年，其党唐才常谋在武汉举事，事泄被杀。有为等游说当时的大臣，亦没有敢听他的话，实行清君侧的。然而舆论的势力，则日日增长。梁启超走日本后，发行《清议报》，痛诋那拉后。便国内诸报，如上海的《苏报》等，亦有明目张胆，反对旧党的。其余各报，虽不敢如此显著，亦大都偏向维新。那拉后要想禁绝他，以其地在租界，未能办到。要想照会外国，拘捕康、梁，外人又认为国事犯，加以保护。于是守旧之念，渐变而为仇外之念。而帝后间的嫌隙，积而愈深。那拉后想行废立，其党以意讽示各公使，各公使都表示反对。乃先立端郡王载漪之子溥儁为大阿哥，以觇舆情。而海外的华侨，又时时电请圣安，以示拥戴德宗。经元善在上海，亦合绅民等电争废立。太后要拘捕他，又被逃到澳门。于是后党仇外的观念愈甚，遂成为庚子拳乱的一因。

第十八章　八国联军和辛丑条约

天下事无其力则已，有其力，是总要发泄掉，才得太平的。义和团之事，亦是其一例。

中国从海通以来，所吃外国人的亏，不为不多了。自然，朝野上下，都不免有不忿之心。然而忿之而不得其道。这时候，大众的心理，以为：（一）外国人所强的，唯是枪炮。（二）外国人是可以拒绝，使他不来的。（三）而民间的心理，尤以为交涉的失败，由于官的惧怕洋人。倘使人民都能齐心，一哄而起，少数的客籍，到底敌不过多数的土著。（四）而平话、戏剧，怪诞不经的思想，又深入民间。（五）在旧时易于号召的，自然是忠君爱国之说。所以有扶清灭洋的口号，所以有练了神拳，能避枪炮之说，所以他们所崇奉的孙悟空、托塔李天王之类，无奇不有。这是义和团在民间心理上的起源。而自《天津条约》缔结，教禁解除以来，基督教的传布，深入民间，不肖的人民，就有借教为护符，以鱼肉良懦，横行乡里的，尤使人民受切肤之痛。所以从教禁解除以来，教案即连绵不绝，而拳匪的排外、闹教，亦是其中重要的一因。

这是说民间心理。至于堂堂大臣，如何也会相信这种愚谬之说呢？这真百思而不得其解了。须知居于高位的人，并不一定是聪明才智的，而位高之后，习于骄奢怠惰，尤足使其才智减退。所以怪诞不经之事，历代的王公大人，迷信起来，和平民初无以异，况且当时的中朝大臣，还有几种复杂的心理。（一）端郡王载漪，是想他的儿子早正大位的。（二）其余亲贵，也有人想居翊戴之功。（三）有一派极顽固的人，还是鸦片战争时代的旧思想，想把外国人一概排斥。如此，自然要以义和团为可信；或虽明知其不可信，而亦要想利用他了。

拳匪是起于山东的，本亦无甚大势力。而当时巡抚毓贤，加以奖励，其势遂渐盛。地方上教案时起。山东是德国人的势力范围，自然德人不能坐视，于是向总署交涉。政府无可如何，把他开缺，代以袁世凯。袁世凯知道拳匪是靠不住的，痛加剿办，其众遂流入直隶。直隶总督裕禄是那拉后的心腹。其人是不懂事的，只知道仰承意旨。当时中央既有此顽固复杂的心理，自然要利用拳匪，裕禄自然也要加以奖励了。于是拳匪大盛于京、津之间。自地方绅民，以至朝贵，也有慑于势，不得不然；也有别有用心的，到处都迎奉他们，设坛练拳。于是戕教民，杀教士；焚教堂；拆铁路；毁电线；见洋货则毁；身御洋货的人，目为二毛子，则杀。京、津之间，交通为之断绝。其事在一九〇〇年夏间。

外国公使，纷纷责问。极端守旧顽固之人，固然不知所谓。略明事理而有权的人，也开不得口。别有用心的人，又说外国人要如何，借此恐吓那拉后。遂至对各国同时宣战。其实这时候，英、美、德、奥、意、法、俄、日八国联军已到，大沽已失陷四日了。

其时驻守津、沽之间的为聂士成。因拳匪淫掠，痛加剿击。拳匪很恨他。联军攻其前，拳匪亦攻其后。士成战死。天津失陷。裕禄兵溃，自杀。巡阅长江大臣李秉衡，率兵北上勤王。兵溃，亦自杀。京城之中，其初命董福祥率甘军，合着拳匪去攻使馆。因有阴令缓攻的，所以使馆没有打破。而德国公使克林德、日本使馆书记杉山彬，都为乱民所戕。天津失陷。联军进逼通州，遂逼京城。德宗及太后出居庸关，走宣、大以达太原，旋闻联军有西进之说，再走西安。联军的兵锋，东至山海关，西南至保定而止。

这时候，两江总督刘坤一、湖广总督张之洞、两广总督李鸿章等，相约不奉伪命。派人和上海各国领事，订结保护东南，不与战事之约。战祸的范围，幸得缩小。而黑龙江将军寿山，举兵攻入俄境。于是俄人从阿穆尔和旅顺，两路出兵。阿穆尔的兵，分陷（一）墨尔根、齐齐哈尔；（二）哈尔滨、三姓；（三）珲春、宁古塔；合陷呼兰、吉林。旅顺的兵，（一）西陷锦州；（二）东陷牛庄、辽、沈；新民、安东；挟奉天将军增祺，以号令所属。东三省不啻全入俄人的掌握。

事势至此，无可如何。乃复派庆亲王奕劻和李鸿章为全权大臣，和各国议和。鸿章未能竣事而卒。代以王文韶。明年秋，和议成。与议的凡十一国。其条件是：

（一）派亲王大臣，赴德、日，表示惋惜之意。

（二）惩办首祸诸臣，开复被害诸臣原官。

（三）诸国人民遇害被虐城镇，停止考试五年。

（四）军火暨制造军火之物，禁止进口二年。

（五）赔款总数，海关银四百五十兆两，照市价易为金款，年息四厘，分三十九年偿还。

（六）划定使馆境界，界内由使馆管理，亦可自行防守。

（七）大沽及有碍京师至海口通路的各炮台，一律削平。

（八）许诸国驻兵黄村、廊坊、杨村、天津、军粮城、塘沽、芦台、唐山、滦州、昌黎、秦皇岛、山海关，以保京师至海口的交通。

（九）许改订通商行船各条约。

后来通商条约改订的，有英、美、日、葡四国。（一）因赔款重了，许我加海关进口税至值百抽一二·五，出口税至七·五，而以裁厘为交换条件。（二）中国许修改矿务章程，招致外洋资财，及修改内河行轮章程。（三）中国厘定国币，外人应在中国境内遵用。（四）律例、审断及一切相关事宜，均臻妥善，则外人允弃其治外法权。（五）英允除药用外，禁烟进口。亦皆在此约中。又开商港多处。

其俄国，当奕劻、李鸿章与各国议和时，借口东三省事件与中国有特别关系，当另议。于是以驻俄公使杨儒为全权大臣和俄国外交部商议。俄人要求甚烈。日、英、美、德、奥、意等，均警告中国，不得和俄人订立密约，交涉遂停顿。各国和约大致议定后，乃由李鸿章和俄人磋议。一九〇二年，奕劻、王文韶和俄使订立《交收东三省条约》。俄人许分三期撤兵。第一期如约撤退，第二期则不但不撤，反要求别订新约，且续调海陆军。一九〇三年六月，俄人合阿穆尔、关东，设极东大都督府，以亚历塞夫为总督。九月，俄兵复占奉天。而日、俄二国，作战于我国境内的活剧，就不可免了。

◆ 第十九章　远东国际形势 ◆

远东非复中国的远东了，亦不是中国和一两国关系简单的远东，而成为世界六七强国龙争虎斗之场。

在十六世纪以前，亚洲东北方还是个寂寞荒凉之境。乃自俄人东略以来，而亚洲的北部，忽而成为欧洲斯拉夫族的殖民地。俄人因在黑海、地中海为英、法等国所扼，转而欲求出海之口于太平洋。于是中国黑龙江以北之地割，而尼科来伊佛斯克，而海参崴，相继建立。再为进一步的侵略，则西伯利亚大铁道，横贯黑吉二省，而又分支南下，旅顺、大连湾，亦成为俄国远东的军商港。

此等情势，自然和日本的北进政策是不相容的。日本是个岛国，在从前旧式的世界，本可做个世外桃源。乃自帝国主义横行以来，而此世外桃源，亦不复能守其闭关独立之旧。不进则退，当明治维新以前，日本也是被人侵略的，这时候，就要转而侵略他人了。日本的政策，原分南进、北进两派。论气候和物产，自然南进较为相宜。但是南洋群岛，面积究竟有限，而且也早给帝国主义者所分据了。要想侵略他人，自然要伸足于大陆。如此，朝鲜半岛和中国的东三省，遂成为日俄两国势力相遇之地。

在中日战前，竞争朝鲜的主角是中日。中日战后，中国的势力，完全打倒了。但是日本是战胜国，而俄合德、法干涉还辽，是战胜国的战胜国。

其势焰已使人可惊，况且当时，日本在朝鲜的势力，很为弥漫。朝鲜人处于日本钤制之下，自然要想反抗。想反抗，自不得不借助于外力。于是俄国的势力，便乘机侵入了。当中日战时，日本即强迫朝鲜订结攻守同盟。及中日战后，《马关条约》认朝鲜为自主之国，于是朝鲜改国号为韩，号称独立。然实权都在日人手中。日人所扶翼的是大院君。闵妃一派，自然要想反抗，自然要倚赖俄国。其结果，遂酿成一八九五年闵妃遇弑之变。这一次，大院君的入宫，挟着日本兵自随。而日本公使三浦梧楼，又以日使馆卫队继其后，各国舆论嚣然，都不直日本。日本不得已，把三浦梧楼召回，禁锢在广岛，而实未尝穷究其事，这就是所谓广岛疑狱。此等举动，适足以形日人手段的拙劣。其结果，反益促成韩国的亲俄。日人无可如何，只得吞声忍气，和俄国商量。一八九六年，两国因韩事订立协商。在韩的权利，殆处于平等的地位。到一八九八年，又订立第二次协商。俄人亦仅承认日人在韩国工商业上，有特殊的利益而已。对于东三省的利益，则丝毫不许日人分润。于是亚洲的东北角，潜伏着一个日俄冲突的危机。

不但如此，便中、西亚之间，也是危机潜伏。当十八世纪中叶，中国荡平天山南北路之时，正值英人加紧侵略印度之际。而俄国的侵略中亚，亦已于此时开始进行。三国的势力，恰成一三角式。不进则退，中国对于属部，始终以羁縻视之，而英、俄两国，却步步进取。于是巴达克山，夷为英之保护国。乾竺特名为两属，实际上我也无权过问了。而俄国亦服哈萨克，慑布鲁特，灭布哈尔，并基华，并取敖罕。三国间的隙地博罗尔，竟由英、俄两国，擅行派员，划定界线。我国最西的属部阿富汗，则由两国的争夺，而卒入于英人的势力范围。而两国的争点，遂集于西藏。蒙古支族布里雅特人，是多数住居在俄国的伊尔库次克和外贝加尔两省的，亦信喇嘛教。俄人乃利用其人入藏，以交结喇嘛。一八九九和一九〇〇两年，达赖和俄政府之间，竟尔互通使聘。中国还熟视无睹，英人看着，却眼中出火了。

在中国本部的利益，自然是列国所不肯放松的，而东北一片处女地，尤其是要想投资的人眼光之所集注。当《辛丑条约》业经订结，而东三省尚未交还时，俄人侵略的形势，最为可怕，日人于此，固然视为生死关头；便英人也不肯落后，法国在东洋，关系较浅，而其在欧洲，颇想拉拢俄国，所以较易附和俄人的主张。德国便不然了。他从占据胶州湾以后，对于东方，野心勃勃，断不容俄国人独强的，至于美国，在东方本没有什么深固的根底，其利于维持均势，自更无待于言了。

所以当此时，颇有英、德、日、美诸国，联合以对付一个俄国之概。当庚子拳乱，俄人占据东三省时，英国方有事南非，自觉独力不足以制俄，乃和德国在伦敦订立《协约》，申明开放门户，保全领土之旨。此约经通知各国，求其同意。日、美、法、奥、意都复牒承认。独俄国主张限于英德的势力范围，不适用于东三省。德国因关系较浅，就承认了俄国的主张，惟英、日两国，反对最力。于是英人鉴于德国之不足恃，知道防御俄国，非在远东方面，有个关系较深切之国不可。而且印度和英国，关系太深了，亦非有一国助英防护，不足以壮声势。乃不惜破弃其名誉的孤立，而和日本订立同盟。此事在一九〇二年。而俄国亦联合法国。发表宣言，说：“因第三国侵略，或中国骚扰，致两国利益受侵犯时，两国得协力防卫。”这明是把俄、法同盟的效力，推广及于远东，以对抗英日同盟。日、俄两国的决裂，其形势已在目前了。但是以这时候的日本而和俄国开战，究竟还是件险事。所以在日人方面，还斤斤于满、韩交换之论。至一九〇四年，日本公使和俄国交涉，卒无效果，而战机就迫在眉睫了。

◆ 第二十章　日俄战争和东三省 ◆

当一九〇三年之时，日俄战争，业已迫于眉睫了。此时亦有主张我国应加入日本方面的。然（一）中国兵力，能帮助日本的地方很少。（二）而海陆万里，处处可以攻击，傥使加入，无论如何是不会全胜的。那么，日本即获胜利，亦变为半胜了。而议和之际，反受牵制，所以日本是决不愿意中国加入的。而且中国加入，则战祸益形扩大，于列强经济利益有碍。所以亦都不愿我们加入。中国的外交，自动的地方很少，而这时候，确亦很难自动。于是日俄战事，于一九〇四年之初爆发。而中国亦于其时，宣告中立，划辽河以东为战区。

日本海军，先袭败俄舰于旅顺和韩国的仁川，把旅顺港封锁了。海参崴的军舰，亦屡为日兵所击败。俄国太平洋舰队，失其效力。日军遂得纵横海上。其陆军：第一军自义州渡鸭绿江，连陷九连城、凤凰城，直迫摩天岭。后又别组第三军，以攻旅顺。旅顺天险，所以相持久之不下。这一年秋间，日本一二两军，合攻辽阳。再加以从大孤山登陆的第四军，辽阳遂陷。俄国的运兵，比日本为迟。辽阳陷后，而其西方的精锐始渐集。乃反攻辽阳，不克。这时候，天气已渐寒冷了。两军乃夹浑河相峙。而日人于其间，竭全力攻陷旅顺。到明年，俄国西方之兵益集，日亦续调大军。日兵三十四万，俄兵四十三万，开始大战。经过两旬，俄军败退。日军遂陷奉天，北取开原。俄国波罗的海舰队，因英日同盟，不敢航行苏伊士运河，绕好望角东来。又为日人邀击于对马海峡，大败。于是俄国战斗之力穷，而朴资茅斯的和议起。

《朴资茅斯和约》，共十五条。其重要的：（一）俄承认日本对韩，有政治上、军事上和经济上的卓绝利益。（二）租借地外，日俄在满洲的军队，尽数撤退，以其地交还中国。俄人在满洲，不得有侵害中国主权，妨碍机会均等主义的领土上利益，暨优先及专属的让与权利。（三）中国因发达满洲的工商业，为各国共同的设置时，日俄两国，都不阻碍。（四）俄国以中国政府的承认，将旅、大租借地和长春、旅顺间的铁路，让与日本。（五）库页岛自北纬五十度以南，让与日本。（六）日人在日本海、鄂霍次克海、白令海的俄领沿岸，有渔业权。

此时日本可调的兵，差不多都已调尽。其财政亦异常竭蹶。其急于要议和的情形，反较俄国为切。所以赔款分文未得。而且一切条件，差不多都是照俄人的意思决定的。日本战争虽胜利，和议是屈辱的。所以其全国人民，大起骚扰。费了许多气力，才镇压定。然而日本虽未能大有所得于俄，而仍可以取偿于我。当战役将终时，我国舆论，有主张乘机废弃《俄约》，并向英交涉，收回威海，而自动的和日本订立新约的。列国的眼光，则不过要把东三省作为共同投资之地，不欲其为一国所把持。而又希望其地的和平秩序，可以维持，所以有主张以东三省为一永世中立之地的。我国这时候，希望立宪之心正盛。而满族皇室，终竟迟迟不肯放弃其权利，亦有就此议论，加以修正，主张以满洲为一王国，放奥匈、瑞那之例，由中国皇帝兼其王位，而于其地试行宪政的。这许多议论，都成为画饼。仅于日、俄议和之时，由我国政府照会二国，说和约条件有涉及中国的，非得中国承认不生效力而已。日、俄和议既定，日本乃派小村寿太郎到中国来，和中国订立《会议东三省事宜协约》中国政府承认《日俄和约》第五、第六两条。而日本政府，承认遵行中俄租借地和筑路诸约。别结《附约》：（一）开凤凰城、辽阳、新民、铁岭、通江子、法库门、长春、吉林、哈尔滨、宁古塔、三姓、齐齐哈尔、海拉尔、瑷珲、满洲里为商埠。（二）安奉军用铁路，许日本政府接续经营，改为商运铁路。除运兵归国十二个月外，以两年为改良竣工之期。自竣工之日起，以十五年为限。届期请他国人评价，售与中国。（三）许设中日合办材木公司，采伐鸭绿江左岸森林。（四）满韩交界陆路通商，彼此以最惠国待遇。明年五月，日人设立南满洲铁道株式会社。七月，又设关东都督府。于是东北一隅，成为日俄两国划定范围，各肆攘夺的局面，不但介居两大之间而已。

《会议东三省善后事宜协约》，立于一九〇五年十二月二十六日。照约，安奉铁路的兴工，应在一九〇六年十二月二十七日之后，而其完工，则应在一九〇八年十二月二十六日之前。乃日人至一九〇九年，才要求派员会勘线路。邮传部命东三省交涉使和他会勘。会勘既竣，日人要收买土地。东三省总督锡良，忽然说路线不能改动。日人就自由行动，径行兴工。中国人无可如何，只得同他补结《协约》，承认了他。而所谓满洲五悬案，亦于此时解决。

（一）抚顺煤矿。日人主张是东省铁路的附属事业。中国人说在铁路线三十里之外。日人则说照该《铁路条例》，许俄人开矿，本没限定三十里。此时并烟台煤矿，都许日人开采。

（二）闲岛问题。图们江北的延吉厅，多韩民越垦。日人强名其地为闲岛。于其地设立理事官。这时候，仍认为中国之地。日所派理事官撤退。唯仍准韩民居住耕种，而中国又开龙井村、局子街、头道沟、百草沟为商埠。

（三）新法铁路。中国拟借英款兴造。日人指为南满铁路的平行线。这时候，许兴造时先和日本商议。

（四）东省铁路营口支路。是中俄《东省铁路公司契约》许俄人兴造的，这是为运料起见，所以原约规定八年之内，应行拆去，而日人抗不履行。至此，准其于南满铁路限满之日，一律交还。

（五）吉会铁路。满铁会社要求敷设新奉、吉长两路，业于一九〇七年订立契约。该会社又要求将吉长路展至延吉，和朝鲜会宁府铁路相接。至此，许由中国斟酌情形，至应开办时和日本商议。

自日俄战后，各国已认朝鲜为日本囊中之物了。所以日俄议和的一年，英日续订盟约，即删去保全朝鲜领土一条。然而对于中国门户开放，领土保全的条文，依然如故，一九〇七年的《日法协约》、《日俄协约》，一九〇八年的《日美照会》，都是如此，然而日本的行动，则大有唯我独尊，旁若无人的气概，列国自然不肯放手。而中国也总希望引进别国的势力，以抵制日俄两国的。当新法铁路照日本的意思解决时，中国要求筑造锦齐铁路时，日不反对。日人亦要求昌洮路归其承造。彼此记入会议录中。悬案解决后，中国要借英美两国之款，将锦齐铁路，延长到瑷珲，改称锦爱。日人嗾使俄人，出面抗议。于是美国人提议，各国共同出资，借给中国，由中国将满洲铁路赎回。此项借款未还清以前，由出资各国共同管理，禁止政治上、军事上的使用——此即所谓满洲铁路中立——其通牒，向中、英、德、法、俄、日六国提出。明年，日俄二国，共提抗议。这一年，日俄两国就订立新协约。约中明言维持满洲现状，现状被迫时，两国得互相商议。如此，英美的经营，反促成日俄的联合了。而这新约，或云别有密约，俄国承认日本并吞韩国，而日本则承认俄国在蒙新方面的举动，所以这《协约》于七月四日成立，而朝鲜即于八月三十日灭亡，而到明年，俄人对于蒙、新，就提出强硬的要求了。

第二十一章　清末的宪政运动

戊戌变法、庚子拳乱，清朝的失政，一步步的使人民失望。而其时人民的程度亦渐高，于是从改革政治失望之余，就要拟议及于政体了。

中国的民主思想，在历史上，本是酝酿得很深厚的。不过国土大，人民多，没有具体的办法罢了。一旦和外国交通，看见其政体有种种的不同，而且觉得他们都比我们富强；从国势的盛衰，推想而及于政权的运用，自然要拟议及于政体了。于是革命、立宪，遂成为当日思潮的两流。

戊戌政变以后，康有为在海外设立保皇党。梁启超则在日本横滨发行《清议报》，痛诋那拉后，主张拥戴德宗，以行新政。这时候，还是维新运动的思想。但是空口说白话，要想那拉后把政权奉还之于德宗，是无此情理的，所以虽保皇党要想夺取政权，亦不得不诉之于武力。人民哪里来武力呢？其第一步可以利用的，自然是会党。原来中国各种会党，溯其原始，都是人民受异族的压迫，为此秘密组织，以为光复之预备的。日久事忘，固然不免渐忘其原来的宗旨，然而他们，究竟是有组织的民众，只要有有心人，能把宗旨灌输给他们，用以举事，自较毫无组织的人民为易。所以在当时，不论保皇党、革命党，都想利用他们。就是八国联军入京的这一年，康有为之党唐才常，在上海设立国会总会，汉口设立分会。才常居汉口。后来的革命党人黄兴居湖南，吴禄贞居安徽的大通，联络哥老会党，广发富有会票，谋以这一年七月间，在武汉同时举事，而湖南、安徽为之策应。未及期而事泄。才常被杀。鄂、湘、苏、皖四省，搜捕党众，杀戮颇多。当时鄂督张之洞，有一封信，写给上海国会总会中人，劝他们不要造反。国会中人，也有一封信复他，署名为是中国民。畅发国家为人民所公有，而非君主所私有之义，为其时之人所传诵。保皇运动，浸浸接近于革命了。

但是到二十世纪的初年，而保皇党宗旨渐变。《清议报》发刊，满一百期而止。梁启超改刊《新民丛报》。其初期，颇主张革命。后来康有为鉴于法国大革命杀戮之惨及中南美诸国政权的争夺，力主君主立宪，诒书诤之，梁启超渐渐改从其说。于是《新民丛报》成为鼓吹立宪的刊物，和当时革命党所出的《民报》对峙。以立宪之说，可以在国内昌言之故，《新民丛报》在国内风行颇广，立宪的议论渐渐得势。到日俄战争以后，舆论都说日以立宪而胜，俄以专制而败，立宪派的议论，一时更为得势。

庚子一役，相信一班乱民，做这无意识开倒车的运动，以致丧权辱国，赔款之巨，尤其诒累于人民，清朝自己，也觉得有些难为情了。于是复貌行新政，以敷衍人民。然而所行的都是有名无实，人民对于朝廷的改革，遂觉灰心绝望。除一部分从事于革命外，其较平和的，也都想自己参与政权，以图改革，这是二十世纪初年立宪论所以兴盛的原因。而其首将立宪之举，建议于清朝的，则为驻法公使孙宝琦。其后两江、两湖、两广诸总督，相继奏请。到一九〇五年，直督袁世凯，又奏请简派亲贵，分赴各国，考察政治。于是有派五大臣出洋考察之举。明年回国，一致主张立宪。于是下上谕："先将官制改革，次及其余诸政治，使绅民明悉国政，以备立宪基础。数年之后，查看情形，视进步之迟速，以定期限之远近。"是为清末的所谓预备立宪。于是改订内外官制。设资政院、谘议局，以为国会及省议会的基础，颁布《城镇乡自治章程》。立审计院，颁布《法院编制法》及《新刑律》。设省城及商埠的检察、审判厅，又设立宪政编查馆，以为举行宪政的总汇。看似风起云涌，实则所办之事，都是不伦不类的，而且或格不能行，或行之而名不副实，人民依旧觉得失望。于是即行立宪和预备立宪，遂成为当日朝廷和人民的争点。

朝廷上说：“人民的程度不足，是不能即行立宪的。”舆论则说：“程度的足不足，哪有一定标准？况且正因为政治不良，所以要立宪。若使把件件政治都改好了，然后立宪，那倒无须乎立宪了。”当时政府和人民的争点，大要如此。当时的政府，是个软弱无力的。既没有直接痛快拒绝人民的勇气，又不肯直接痛快实行人民的主张。一九〇八年，各省主张立宪的政团和人民上书请速开国会。朝廷下诏，定以九年为实行之期。这一年冬天，德宗死了。那拉后立醇亲王载沣之子溥仪，年四岁，以载沣为摄政王。明日，那拉后也死了。其明年，各省谘议局成立，组织国会请愿同志会，于一九一〇年，入都请愿，亦不许。这一年，京师资政院开会，亦通过请愿速开国会案上奏。清廷乃下诏，许缩短期限，于三年之后，开设国会。人民仍有不满，请愿即行开设的，遂都遭清廷驱逐。并命京内外，有唱言请愿的，即行弹压拿办。其訑訑的声音颜色，可谓与人以共见了。

当时的清廷，不但立宪并无诚意，即其政治亦很腐败。政府中的首领，是庆亲王奕劻。他是个老耄无能的人，载沣性甚昏庸。其弟载洵、载涛，亦皆欲干预政治，则又近于胡闹。到革命这一年，责任内阁成立，仍以奕劻为总理。阁员亦以满族占多数。人民以皇族内阁，不合立宪公例，上书请愿。谘议局亦联合上书，不听。到第二次上书，就遭政府的严斥。这时候的政治家，鉴于中国行政的无力，颇有主张中央集权之论的。政府也颇援为口实。但政治既不清明，又不真懂得集权的意义，并不能励精图治，将各项政权集中，而转指人民奔走国事的，为有妨政府的大权，一味加以压制。于是激而生变，酝酿多年的革命运动，就一发而不可遏了。

◆ 第二十二章　清代的制度 ◆

清代的制度，在大体上可以说是沿袭前朝的。至于模仿东西洋，改革旧制，那已是末年的事了。

清代的宰相，亦是所谓内阁。但是只管政治，至于军事，则是交议政王大臣议奏的。世宗时，因西北用兵，设立军机处，后遂相沿未撤。从此以后，机要的事务，都归军机，惟寻常本章，乃归内阁。军机处之权，就超出内阁之上了。六部长官，都满、汉并置。而吏、户、兵、刑四部，尚侍之上，又有管部大臣，以至互相牵制，事权不一。还有理藩院，系管理蒙古的机关，虽以院名，而其设官的制度亦和六部相同。都察院，左都御史和左副都御史亦满、汉并置，其右都御史和右副都御史，则为总督、巡抚的兼衔。外官：督、抚在清代，亦成为常设的官。而属于布、按两司的道，亦若自成一级。于是督、抚、司、道、府、县，几乎成为五级了。压制重而展布难，所以民治易于荒废；统辖广而威权大，所以长官易于跋扈。和外国交通以后，首先设立的，为总理各国事务衙门，后来改为外务部。末年因办新政，复增设督办政务处等，其制度都和军机处相像。到一九〇六年，筹备宪政，才把新设和旧有的机关，改并而成外务、吏、民政、度支、礼、学、陆军、农工商、邮传、理藩、法十一部。革命的一年，设立责任内阁，并裁军机处和吏、礼两部，而增设海军部和军谘府。省的区域，本自元明两代，相沿而来，殊嫌其过于庞大。末年议改官制时，很有主张废之而但存道或府的，但未能实行。当时改订外官制，仍以督抚为一省的长官。但改按察司为提法、学政为提学，而增设交涉司；裁分巡，而增设劝业、巡警两道。东三省和蒙、新、海、藏的官制，在清代是和内地不同的。奉天为陪京，设立户、礼、兵、刑、工五部，而以将军管旗人，府尹治民事。且有奉天、锦州两府。吉黑则只有将军、副都统等官。后来逐渐设厅。直至日俄战后，方才改设行省。其蒙古和新疆、青海、西藏，则都治以驻防之官。新疆改设行省，在中俄伊犁交涉了结之后。青海、西藏，则始终未曾改制。

清代取士之制，大略和明代相同。惟官缺都分满、汉。而蒙古及汉军、包衣，亦各有定缺，为其特异之点。戊戌变法时，尝废八股文，改试论策经义。政变后复旧。义和团乱后，又改。至一九〇五年，才废科举，专行学校教育。但学校毕业之士，仍有进士、举贡、生员等名目，谓之奖励。到民国时代才废。

兵制有八旗、绿营之分。八旗编丁，起于佐领。每佐领三百人。五佐领设一参领。五参领设一都统，两副都统。此为清朝初年之制。后来得蒙古人和汉人，亦都用此法编制。所以旗兵又有满洲、蒙古、汉军之分。入关以后，收编的中国兵，则谓之绿营，而八旗又分禁旅和驻防两种。驻防的都统，改称将军。乾嘉以前，大抵出征以八旗为主，镇压内乱，则用绿营。川楚教匪之乱，八旗绿营，都不足用，反靠临时招募的乡勇，以平乱事，于是勇营大盛。所谓湘、淮军，在清朝兵制上，亦是勇营的一种。中、法之战，勇营已觉其不足恃，到中、日之战，就更形破产了。于是纷纷改练新操，是为新军。到末年，又要改行征兵制，于各省设督练公所，挑选各州县壮丁有身家的，入伍训练，为常备兵。三年放归田里，为续备兵。又三年，退为后备兵。又三年，则脱军籍。当时的计划，拟练新军三十六镇，未及成而亡。水师之制，清初分内河、外海。太平天国起后，曾国藩首练长江水师和他角逐，而内河水师的制度一变。至于新式的海军，则创设于一八六二年。法、越战后，才立海军衙门。以旅顺和威海卫为军港，一时军容颇有可观，后来逐渐腐败。而海军衙门经费，又被那拉后修颐和园所移用。于是军费亦感缺乏。中日之战，遂至一败涂地。战后，海军衙门既裁，已经营的军港，又被列强租借，就几于不能成军了。

清朝的法律，大体是沿袭明朝的。其初以例附律。后来就将两种合纂，称为《律例》。其不平等之处，则宗室、觉罗和旗人，都有换刑。而其审判机关，亦和普通人民不同。流寓中国的外国人，犯了罪，由他自己的官长审讯，这是中国历代如此。在从前，原无甚关系。但是海通以后，把此项办法，订入条约之中，就于国权大有损害了。末年，因为要取消领事裁判权，派沈家本、伍廷芳为修订法律大臣，把旧律加以修改。曾颁行《商律》和《公司律》。其民、刑律和民商、刑事诉讼律，亦都定有草案，但未及颁行，审判机关，则改大理寺为大理院，为最高审判，其下则分高等、地方、初等三级。但亦未能推行。

赋役是仍行明朝一条鞭之制的。丁税既全是征银，而其所谓丁，又不过按粮摊派，则已不啻加重田赋，而免其役，所以清朝的所谓编审，不过是将全县旧有丁税若干，设法摊派之于有粮之家而已。和实际查验丁数，了无干涉。即使按期举行，所得的丁额，亦总不过如此。清圣祖明知其故，所以于一七一二年，特下“嗣后滋生人丁，永不加赋；丁赋之额，以康熙五十年册籍为准”之诏。既然如此，自然只得将丁银摊入地粮，而编审的手续，也当然可省，后来就但凭保甲以造户口册了。地丁而外，江苏、安徽、江西、湖北、湖南、浙江、河南、山东八省，又有漕粮。初征本色，末年亦改征折色。田赋而外，以关、盐两税为大宗。盐税仍行引制。由国家售盐于大商，而由大商各按引地，售与小民。此法本有保护商人专利之嫌。政府所以要取此制，只是取其收税的便利。但是初定引地时，总要根据于交通的情形，而某地定额若干，亦是参照该地方消费的数量而定的。历时既久，两者的情形，都不能无变更，而引地和盐额如故，于是私盐贱而官盐贵，国计民生，交受其弊，而商人也不免于坐困了。关有常关和新关两种。常关沿自明代，新关则是通商之后增设于各口岸的。税率既经协定，而总税务司和税务司，又因外交和债务上的关系，限用外国人。革命之后，遂至将关税收入，存入外国银行，非经总税务司签字，不能提用。甚至偿还外债的余款，就是所谓关余的取用，亦须由其拨付，这真可谓太阿倒持了。厘金是起于太平军兴之后的。由各省布政司委员，设局征收。其额系值百抽一，所以谓之厘金。但是到后来，税率和应税之品，都没有一定，而设局过多，节节留难，所以病商最甚。《辛丑和约》，因我国的赔款负担重了。当时议约大臣，要求增加关税，外人乃以裁厘为交换条件。许我裁厘后将关税增加至值百抽五，然迄清世，两者都未能实行。

◆ 第二十三章　清代的学术 ◆

清代学术的中坚，便是所谓汉学。这一派学术，以经学为中心。专搜辑阐发汉人之说，和宋以来人的说法相对待，所以得汉学之称。

汉学家的考据，亦可以说是导源于宋学中之一派的。而其兴起之初，亦并不反对宋学。只是反对宋学末流空疏浅陋之弊罢了。所以其初期的经说，对于汉宋，还是择善而从的。而且有一部分工作，可以说是继续宋人的遗绪。但是到后来，其趋向渐渐地变了。其工作，专注重于考据。考据的第一个条件是真实。而中国人向来是崇古的。要讲究古，则汉人的时代，当然较诸宋人去孔子为近。所以第二期的趋势，遂成为专区别汉、宋，而不复以己意评论其短长。到此，才可称为纯正的汉学。所以也有对于这一期，而称前一期为汉宋兼采派的。

第一期的人物，如阎若璩、胡渭等，读书都极博，考证都极精。在这一点，可以说是继承明末诸儒的遗绪的。但是经世致用的精神，却渐渐的缺乏了。第二期为清代学术的中坚。其中人物甚多，近人把他分为皖、吴二派。皖派的开山，是江永，继之以戴震。其后继承这一派学风的，有段玉裁、王念孙、引之父子和末期的俞樾等。此派最精于小学，而于名物制度等，搜考亦极博。所以最长于训释。古义久经湮晦，经其疏解，而灿然复明的很多。吴派的开山，是惠周惕、惠士奇、惠栋，父子祖孙，三世相继。其后继承这一派学风的，有余萧客、王鸣盛、钱大昕、陈寿祺、乔枞父子等。这派的特长，尤在于辑佚。古说已经亡佚，经其搜辑而大略可见的不少。

汉学家的大本营在经。但因此而旁及子、史，亦都以考证的方法行之。经其校勘、训释、搜辑、考证，而发明之处也不少。其治学方法，专重证据。所研究的范围颇狭，而其研究的工夫甚深。其人大都为学问而学问。不搀以应用的，亦颇有科学的精神。

但是随着时势的变化，而汉学的本身，也渐渐的起变化了。这种变化，其初也可以说是起于汉学的本身，但是后来，适与时势相迎合，于是汉学家的纯正态度渐渐地改变。而这一派带有致用色彩的新起的学派，其结果反较从前纯正的汉学为发达。这是怎样一回事呢？原来汉学的精神，在严汉、宋之界。其初只是分别汉、宋而已，到后来，考核的工夫愈深，则对于古人的学派，分别也愈细。汉、宋固然不同，而同一汉人之中，也并非不相违异。其异同最大的，便是第三编第九章所讲的今、古文之学。其初但从事于分别汉、宋，于汉人的自相歧异，不甚措意。到后来，汉、宋的分别工作，大致告成，而汉人的分别问题，便横在眼前了。于是有分别汉人今古文之说，而专替今文说张目的。其开山，当推庄存与，而继之以刘逢禄和宋翔凤，再继之以龚自珍和魏源。更后，更是现代的廖平和康有为了。汉代今文学的宗旨，本是注重经世的。所以清代的今文学家，也带有致用的色彩。其初期的庄、刘已然，稍后的龚、魏，正值海宇沸腾，外侮侵入之际。二人都好作政论，魏源尤其留心于时务。其著述，涉及经世问题的尤多。最后到廖平，分别今古文的方法更精了。至康有为，则利用经说，自抒新解，把春秋三世之义，推而广之。而又创托古改制之说，替思想界起一个大革命。

清学中还有一派，是反对宋学的空谈，而注意于实务的。其大师便是颜元。他主张仿效古人的六艺，留心于礼、乐、兵、刑诸实务。也很有少数人佩服他。但是中国的学者，习惯在书本上做工夫久了，而学术进步，学理上的探讨和事务的执行，其势也不得不分而为二。所以此派学问，传播不甚广大。

还有一派，以调和汉、宋为目的，兼想调和汉、宋二学和文士的争执的，那便是方苞创其前，姚鼐继其后的桐城派。当时汉、宋二学，互相菲薄。汉学家说宋学家空疏武断，还不能明白圣人的书，何能懂得圣人的道理？宋学家又说汉学家专留意于末节，而忘却圣人的道理，未免买椟还珠。至于文学，则宋学家带有严肃的宗教精神，固然要以事华彩为戒；便是汉学家，也多自矜以朴学，而笑文学家为华而不实的——固然，懂得文学的人，汉、宋学家中都有，然而论汉、宋学的精神，则实在如此。其实三者各有其立场，哪里可以偏废呢？所以桐城派所主张义理、考据、辞章三者不可缺一之说，实在是大中至正的。但是要兼采三者之长而去其偏，这是谈何容易的事？所以桐城派的宗旨，虽想调和三家，而其在汉、宋二学间的立场，实稍偏于宋学，而其所成就，尤以文学一方面为大。

清朝还有一位学者，很值得介绍的，那便是章学诚。章学诚对于汉、宋学都有批评。其批评，都可以说是切中其得失。而其最大的功绩，尤在史学上。原来中国人在章氏以前不甚知道“史”与“史材”的分别，又不甚明了史学的意义。于是（一）其作史，往往照着前人的格式，有的就有，无的就无，倒像填表格一样，很少能自立门类或删除前人无用的门类的。（二）则去取之间，很难得当。当历史读，已经是汗牛充栋，读不胜读了，而当作保存史材看，则还是嫌其太少。章氏才发明保存史材和作史，是要分为两事的。储备史材，愈详愈妙，作史则要斟酌一时代的情势，以定去取的，不该死守前人的格式。这真是一个大发明。章氏虽然没有作过史，然其借改良方志的体例，为预备史材的方法，则是颇有成绩的。

理学在清朝，无甚光彩。但其末造，能建立一番事功的曾国藩却是对于理学，颇有工夫的，和国藩共事的人，如罗泽南等，于理学亦很能实践。

他们的成功，于理学可谓很有关系。这可见一派学问，只是其末流之弊，是要不得，至于真能得其精华的，其价值自在。

以上所说，都是清朝学术思想变迁的大概，足以代表一时代重要的思潮的。至于文学，在清朝比之前朝，可说无甚特色。称为古文正宗的桐城派，不过是谨守唐、宋人的义法，无甚创造。其余模放汉、魏、唐、宋的骈文的人，也是如此。诗，称为一代正宗的王士祯，是无甚才力的。后来的袁、赵、蒋，虽有才力，而风格不高。中叶后竞尚宋诗，亦不能出江西派窠臼。词，清初的浙派，尚沿元、明人轻佻之习。常州派继起，颇能力追宋人的作风，但是词曲，到清代，也渐成为过去之物。不但词不能歌，就是曲也多数不能协律，至其末年，则耳目的嗜好也渐变，皮黄盛而昆曲衰了。平民文学，倒也颇为发达。用语体以作平话、弹词的很多。在当时，虽然视为小道，却是现在平民文学所以兴起的一个原因。书法，历代本有南北两派。南派所传的为帖，北派所传的为碑。自清初以前，书家都取法于帖。但是屡经翻刻，神气不免走失。所以到清中叶时，而潜心碑版之风大盛。主持此论最力，且于作书之法，阐发得最为详尽的，为包世臣。而一代书家，卓然得风气之先的，则要推邓完白。清代学术思想，都倾向于复古，在书法上亦是如此的。这也可见一种思潮正盛之时，人人受其鼓荡而不自知了。

◆ 第二十四章　清代的社会 ◆

论起清代的社会来，确乎和往古不同。因为他是遭遇着旷古未有的变局的。这旷古未有的变局，实在当十六世纪之初——欧人东略——已开其端。但是中国人，却迟到十八世纪的中叶——五口通商——方才感觉到。自此以前，除少数——如在海口或信教——与西人接近的人外，还是丝毫没有觉得。

清代是以异族入主中国的。而又承晚明之世，处士横议、朋党交争之后，所以对于裁抑绅权、摧挫士气二者，最为注意。在明世，江南一带，有所谓投大户的风气。仕宦之家，僮仆之数，盈千累百。不但扰害小民，即主人亦为其所挟制。到清代，此等风气，可谓革除了。向来各地方，有不齿的贱民，如山、陕的乐籍，绍兴的惰民，徽州的伴当，宁国的世仆，常熟、昭文的丐户，江、浙、福建的棚民，在清世宗时，亦均获除籍。此等自然是好事。然而满、汉之间，却又生出不平等来了。旗人在选举、司法种种方面，所占地位都和汉人不同，具见第二十二章所述。而其关系最大的，尤莫如摧挫士气一事。宋、明两朝，士大夫都很讲究气节。风会所趋，自然不免有沽名钓誉的人，鼓动群众心理，势成一哄之市。即使动机纯洁，于事亦不能无害，何况持之稍久，为野心者所利用，杂以他种私见，驯致酿成党争呢？物极必反，在清代，本已有动极思静之势，而清人又加之以摧挫，于是士大夫多变为厌厌无气之流，不问国事。高者讲考据、治词章，下者遂至于嗜利而无耻。管异之有《拟言风俗书》，最说得出明清风气的转变。他说：

明之时，大臣专权，今则阁、部、督、抚，率不过奉行诏命。明之时，言官争竞，今则给事、御史，皆不得大有论列。明之时，士多讲学，今则聚徒结社者，渺焉无闻。明之时，士持清议，今则一使事科举，而场屋策士之文，及时政者皆不录。大抵明之为俗，官横而士骄。国家知其敝而一切矫之，是以百数十年，天下纷纷，亦多事矣。顾其难皆起于田野之奸、闾巷之侠，而朝宁学校之间，安且静也。然臣以为明俗敝矣，其初意则主于养士气，蓄人才。今夫鉴前代者，鉴其末流，而要必观其初意。是以三代圣王相继，其于前世，皆有革有因，不力举而尽变之也。力举而尽变之，则于理不得其平，而更起他祸。

清朝当中叶以后，遇见旷古未有的变局，而其士大夫，迄无慷慨激发，与共存亡的，即由于此。此等风气，实在至今日，还是受其弊的。

我们今日，翻一翻较旧的书，提到当时所谓“洋务”时，率以通商、传教两个名词并举。诚然，中西初期的交涉，不外乎此两端。就这两端看来，在今日，自然是通商的关系，更为深刻——因为帝国主义者经济上的剥削，都是由此而来的——其在当初，则欧人东来，所以激起国人的反抗的，实以传教居先，而通商顾在其次。欧人东来后，中国反对他传教的情形，读第二章已可见其大略。但这还是士大夫阶级的情形。至一八六一年，《天津》、《北京》两条约发生效力以来。从前没收的教堂，都发还。教士得在中国公然传教。从此以后，洋人变为可畏之物，便有恃入教为护符，以鱼肉邻里的。地方官遇教案，多不能持平，小民受着切肤之痛，教案遂至连绵不绝。直至一九〇〇年，拳匪乱后，而其祸乃稍戢。

至于在经济上，则通商以后，中国所受的侵削尤深。通商本是两利之事，历代中外通商，所输入的，固然也未必是必需品。然中国所受的影响有限。至于近代，则西人挟其机制之品，以与我国的手工业相竞争。手工业自然是敌不过他的。遂渐成为洋货灌输，固有的商工业亏折，而推销洋货的商业勃兴之象。不但商工业，即农村亦受其影响，因为旧式的手工，有一部分是农家的副业。偏僻的农村，并有许多粗制品，亦能自造，不必求之于外的。机制品输入而后，此等局面打破，农村也就直接间接受着外人的剥削了。此等情势，但看通商以后，贸易上的数字，多为入超可见。资本总是向利息优厚之处流入的，劳力则是向工资高昂之处移动的。遂成为外国资本输入中国，而中国劳工纷纷移殖海外的现象。

外人资本的输入，最初是商店——洋行和金融机关。从《马关条约》以后，外人得在我国通商口岸设厂，而轻工业以兴。其后外人又竞攫我的铁路、矿山等，而重工业亦渐有兴起。此等资本，或以直接投资，或以借款，或以合办的形式输入，而如铁路矿山等，并含有政治上的意味。至于纯粹的政治借款，则是从一八六六年，征讨回乱之时起的。此后每有缺乏，亦时借洋债，以资挹注。但为数不多。中、日战后，因赔款数目较巨，财政上一时应付不来，亦借外债以资应付。但至一九〇二年，亦都还清。而其前一年，因拳乱和各国订立和约，赔款至四万五千万两之巨。截至清末，中国所欠外债，共计一万七千六百万，仅及庚子赔款三之一强，可见拳乱一役，贻累于国民之深了。

我国的新式工业初兴起时，大抵是为军事起见，已见第十三章。其中仅一八七八年，左宗棠在甘肃倡办织呢局；稍后，李鸿章在上海办织布局；张之洞在湖北办织布、纺纱、制麻、缫丝四局，可称为纯粹工业上的动机。此等官办或官商合办的事业，都因官场气习太深，经营不得其法，未能继续扩充，而至于停办。前清末造，民间轻工业，亦渐有兴起的，亦因资本不足，管理不尽合宜，未能将外货排斥。在商业上，则我国所输出的，多系天产及粗制品。且能直接运销外国者，几于无之，都是坐待外商前来采运，其中损失亦颇巨。

华人移殖海外，亦自前代即有之。但至近世，因交通的便利，海外事业的繁多，而更形兴盛。其初外人是很欢迎中国人前往的。所以一八五八年的《中英条约》，一八六一年的《中俄条约》，一八六四年的《西班牙条约》，一八六八年的《中美续约》，都有许其招工的明文。今日南洋及美洲繁盛之地，原系华人所开辟者不少。到既经繁盛，却又厌华人工价的低廉，而从事于排斥，苛待、驱逐之事，接踵而起了。但在今日，华侨之流寓海外者还甚多。虽无国力之保护，到处受人压迫，然各地方的事业，握于华人之手者仍不少。譬如暹罗、新加坡等，一履其地，俨然有置身闽、粤之感。我国的国际收支，靠华侨汇回之款，以资弥补者，为数颇巨。其人皆置身海外，深受异民族压迫之苦，爱国之观念尤强，对于革命事业的赞助，功绩尤伟。若论民族自决，今日华侨繁殖之地，政权岂宜握在异族手中？天道好还，公理终有伸张之日，我们且静待着罢了。

第五编

现代史

A BRIEF HISTORY
OF
CHINA

◆ 第一章　革命思想的勃兴和孙中山先生 ◆

什么叫作革命？前编第十七章，已经说过了。凡事积之久则不能无弊。这个积弊，好像人身上的老废物一样，非把他排除掉，则不得健康。人类觉悟了，用合理的方法，把旧时的积弊，摧陷廓清，以期达于理想的境界，这个就唤做革命。

革命不是中国一国的事。以现在的情形而论，是全世界都需要革命的。但是我们生在中国，其势只得从中国做起。

然则中国的革命思想，又是如何产生的呢？我说其动机有三：

其（一）是民族思想。人生在世界上，最紧要的，是自由平等。但是因为民族的差殊，彼此利害不同，而又不能互相谅解，就总不免有以此一民族，压制彼一民族之事。

中国待异民族是最宽大的。只觉得我们是先进的民族，有诱掖启导后进的责任。绝无凭恃武力，或者靠什么经济的力量，去压迫榨取异民族之事。但是此等理想，要实现他很难。而以过尚平和故，有时反不免受异族的压迫。中古史的后半期，辽、金、元、清，叠次侵入，便是其适例。到了近世，欧人东略，民族间利害冲突的情形，就更形显著了。我们到此，自然觉得我们自己有团结以争生存的必要。同时，就觉得阻碍我们民族发展，或者要压迫榨取我们的，非加以排除抵御不可。这是潜伏在人心上的第一种动机。

其（二）是民权思想。中国的民权思想，发达得是最早的。“民为贵，社稷次之，君为轻。”“贼仁者谓之贼，贼义者谓之残，残贼之人，谓之一夫。闻诛一夫纣矣，未闻弑君也。”在纪元前四世纪时，就有人说过了。但是因为地大人多，一时没有实现的方法。每到政治不良，人民困苦的时候，虽然大家也能起来把旧政府推翻，然而乱事粗定之后，就只得仍照老样子，把事权都交给一个人。于是因专制而来的弊害，一次次的复演着，而政治遂成为一进一退之局。这种因政体而来的祸害，我们在从前，虽然大家都认为无可如何之事，然而从海通以来，得外国的政体，以资观摩，少数才智之士，自然就要起疑问了。这是潜伏在人心上的第二种动机。

其（三）是民生问题。历代的革命，从表面上看，虽然为着政治问题。然而民穷财尽，总是其中最主要的原因，这是谁都知道的。历代的困穷，不过是本国政治的腐败，经济制度的不良，其程度尚浅。到欧人东略以来，挟着帝国主义的势力，天天向我们侵削。我们就不知不觉的，沦入次殖民地的地位。全社会的经济，既然日益艰窘，生于其中的人民，自然要觉得不安了。这是潜伏在人心上的第三种动机。

此等现象，或非全国人民所共知，即其知之，亦或不知其原因所在。然而身受的困苦，总是觉得的，觉得困苦，而要想奋斗以求出路，也是人人同具的心理。如此，革命思想就渐渐地兴起于不知不觉之间了。“山雨欲来风满楼”，人心上虽然充满着不安，至于有意识，有组织的行动，则仍有待于革命伟人的指导。

革命伟人孙中山先生，是生在广东香山县——现在的中山县的。他从小就感觉外力的压迫，中国政治的不良，慨然有改革中国以拯救世界之志。他虽学的是医学，却极留心于政治问题。当公元一八八五，就是中国因和法国交战而失掉越南的一年，他才决定颠覆清廷，建立民国的志愿。此时他的同志，只有郑士良、陆皓东等几个人。一八九二年，中山先生才在澳门创立兴中会。由郑士良结合会党，联络防营，以为实际行动的准备。中日战后，中山先生赴檀香山，设立兴中会。一八九五年，谋袭据广州，不克，陆皓东于此役殉难。中山先生乃再赴檀岛，旋赴美洲，又到欧洲。这时候，清朝已知道中山先生是革命的首领了。由其驻英公使龚照瑗，把先生诱到公使馆中，拘执起来。卒因先生感动了使馆的侍役，替他传递消息出去。英国舆论哗然。先生乃因此得释。此即所谓“伦敦蒙难”。这时候，先生在欧洲考察，觉得他们国势虽号强盛，人民仍是困苦。才知道专一仿效欧洲，也不能进世界于大同，畀生民以乐利的，才决定民生主义与政治问题并重。

戊戌变法这一年，中山先生始抵日本——因其距中国较近，革命事业易于图谋之故。庚子拳乱这一年，先生命史坚如入长江，郑士良在香港，设立机关，以联络会党。于是哥老、三合两会，都决议并入兴中会。郑士良旋袭入惠州，因接济无着，退出。史坚如潜入广州，谋炸粤督德寿，以图响应，不克，亦殉难。中山先生乃再经安南、日本、檀岛，以赴美洲。所至都联络洪门，替他们改订《致公堂章程》。其第二章，说：“本党以驱除鞑虏，恢复中华，建立民国，平均地权为宗旨。”革命的主义，于此确立，其气势也更形磅礴了。

这时候，中国风气亦渐变。留学日本的人士很多。中山先生知其可以启导，乃于一九〇五年，赴日本。改兴中会为同盟会。其本部设于东京，支部则分设于海内外各处。当同盟会本部的成立，加入的有中国内地十七省的人士。从中山先生提倡革命以后，至此才有中流以上的人士参加。中山先生乃编定《革命方略》，分革命进行的次序，为军法、约法、宪法三时期。当革命行动时，一切略地、因粮以及占领地方后治理之法，也有详细的规定，并发表对外《宣言》。中山先生说：“到这时候，我才相信革命的事业，可以及身见其成功。”从此以后，革命的行动，就如悬崖转石，愈接愈厉了。

◆ 第二章　清季的革命运动 ◆

清季的革命运动，有同盟会所指导的；亦有同盟会员非秉承会的计划而自行行动的；并有并非同盟会会员怀抱政治革命或种族革命的思想而行动的。三者比较起来，自以同盟会所策划的为最多，而其声势也较壮。

一九〇三年一月，洪秀全的第三个兄弟洪福全，曾联络内地洪门会，谋以旧历壬寅除夕，乘清朝官吏聚集在万寿宫时加以袭击，然后起事。因事泄，未成。明年，黄兴组织华兴会。联络哥老会党，谋以秋间起事于长沙，亦不克。又明年，便是同盟会成立的一年了。

革命运动的初期，所联络的不过是会党。虽亦曾运动防营，而防营武力有限，且其人见解多陈旧，不易受主义的感动。会党虽徒众颇多，究不能公然行动，而其组织也并不十分紧密，所以其收效颇迟。到同盟会成立的前后，则中流社会觉悟的渐多。其时在上海报馆中，则有从戊戌政变以后，始终反对旧党的《苏报》。又有章炳麟所著的《訄书》，邹容所著的《革命军》等发行。在日本的留学界，定期和不定期的刊物尤多，大都带有革命色彩。人心风动，而革命主义的传播，遂一日千里。到同盟会成立后，更加以组织和策划。于是各种革命的势力，渐汇于一，其行动就更有力了。

此时同盟会在日本，发刊《民报》，以为宣传主义的机关。派遣同志入内地，联络各陆军学堂的学生及新军、工人。海外的同志，则担任筹募军费、接济军械等。一九〇六年，同盟会会员刘道一、蔡绍南等，联络会党，并运动防营和工人，以初冬在萍乡、醴陵、浏阳三处，同时举事。以力薄致败。这一次，系同盟会会员个人的行动，未秉承会中计划。事发之后，会中分筹应援，亦无所及，然而清廷合湘、鄂、苏、赣四省的兵力，然后把他打平。可见清廷的无用，而革命党人身殉主义的坚强了。明年，党员许雪秋又以夏初起事于广东饶平县的黄冈，亦以势弱致败。

然而黄冈事定后，未几，即有安徽候补道徐锡麟枪杀巡抚恩铭之事。徐锡麟此时，系警察学堂的提调，而恩铭则系总办。锡麟潜以革命思想，灌输学生。乘学堂毕业之时，把恩铭枪毙。率领学生，占据军械局。旋因被围攻致败。清人剖其心以祭恩铭。锡麟在其本籍绍兴，办有大通学堂。其表妹秋瑾，在学堂中担任教员，暗中主持革命事务。清人又加以围捕，把秋瑾杀害。

这一年秋间，同盟会策划在广东的钦州举事。占据防城，旋以接济不至，退入十万大山。冬间，又袭据镇南关，以百余人守三炮台。清兵攻击的数千人不能进。旋亦以无接济退出。别将入钦、廉、上思的，同时退回。此时孙中山先生，身居越南，为之调度。清朝和法国交涉。法国强迫先生退出。先生乃和党员遍历南洋英、荷各属和暹罗、缅甸。在新加坡设立同盟会南洋支部。而这一年，同盟会会员，还有拟在四川举事的。虽然未能有成，而清廷处此，真觉得风声鹤唳，草木皆兵了。

一九〇八年春，我军复集合越边之众，举义于河口。一战而清兵大败。我师进迫蒙自。这一役，革命军可谓声势百倍。旋亦以无接济退却。是年冬，清德宗和孝钦后都死了。适会湖北、两江的陆军，因秋操聚于安徽的太湖县。安徽炮营队官熊成基，乘机起事。攻城不克。乃整队北行，沿途解散其众，而自赴东三省。明年，清摄政王载沣之弟载洵赴欧洲视察海军，路经哈尔滨，成基谋把他炸死，事泄，被执，就义。

这一年秋天，同盟会在香港成立支部，策划进行。此时广东的新军，因党员的运动，充满革命空气，乃派人和他联络。一九一〇年春，广东新军举事，不克。事败之后，同盟会中人因屡次举事不成，乃有谋暗杀以摇动清廷的。于是汪兆铭只身入北京，谋炸载沣，亦因事泄被执。

一九一一，便是武昌举义的一年了。革命党人决意更图大举。乃选各路敢死之士五百人为选锋，以为新军和防营的领导。决议由黄兴率之，以攻督署。拟事成之后，分为两军：黄兴出湖南，以攻湖北，赵声出江西，以攻南京。乃因各路选锋和器械，未能同时到达，而会城之内，人多口杂，风声漏泄，未能按照预定的计划行事，遂尔又无所成。这一役，党人攻督署殉难，事后觅得尸体，丛葬于黄花岗的，共计七十二人，世称为七十二烈士。其事在三月二十九日，为自有革命以来最壮烈的一举。不及二百天，而武昌城头，义旗高举，客帝遂以退位，河山由之光复，忘身殉国的志士，也可以含笑于九原了。

◆ 第三章　辛亥革命和中华民国的成立 ◆

雄鸡一声天下白，武昌城头，义旗高举。满族占据了中国二百五十八年，就不得不自行退让了。

中国国土大，边陲的举动，不容易影响全局。要能够震动全国，必得举事于腹心之地。但是登高一呼，亦必得四山响应，而其声势方壮。此种情势，亦是逐渐造成的。革命党的运动，固然是最大的原因，而清廷的失政，亦有以自促其灭亡。

清廷到末造，是无甚真知灼见的，只是随着情势为转移。当时的舆论，因鉴于政府的软弱无力，颇有主张中央集权的。政府感于中叶以后，外权渐重，亦颇想设法挽回。但不知道集权要能办事，其举动依然是凌乱无序，不切实际，而反以压制之力，施之于爱国的人民，就激成川、鄂诸省的事变，而成为革命的导火线。

当清末，外人图谋瓜分中国，以争筑铁路，为其一种手段，这是人人共知的事实。国民鉴于情势的严重，于是收回外人承造的铁路和自行筹办铁路之议大盛。因资力和人才的阙乏，能成功的颇少，这也是事实。清廷因此而下铁路干线都归国有的上谕。粤汉铁路，初由清廷和美国合兴公司订立草约。后来合兴公司逾期未办，乃由中国废约收回自办。此事颇得舆论的鼓吹和人民的助力。于是清廷派张之洞督办川汉、粤汉铁路。之洞和英、美、德、法四国银行，订立借款草约。约未定而之洞死。

宣统末年，盛宣怀做了邮传部尚书，就把这一笔借款成立。川、鄂、湘、粤四省人民，争持自办颇烈，清廷把“业经定为政策”六个字拒绝。川督王人文，湘抚杨文鼎，代人民奏请收回成命，都遭严旨申饬。又以王人文为软弱，派赵尔丰代之。尔丰拘捕保路同志会和股东会的会长和谘议局议长。成都停课、罢市，各州县亦有罢市的。朝命端方带兵入川查办。人民群集督署，要求阻止端方的兵。尔丰纵骑兵冲杀。成都附近各县人民，群集省外。尔丰又纵兵屠杀，死者甚多。于是人心益愤。

其时革命党人，虽屡举无成，然仍进行不懈。川省事起，党人乘机，运动湖北陆军，约以旧历中秋起事。旋改迟至二十五日。未及期而事泄，乃以十九夜，即新历十月十日起事。清鄂督瑞澂、统制张彪都逃走。众推黎元洪为中华民国军政府鄂军都督。连克汉口、汉阳。照会各国领事。领事团即宣告中立，旋都承认我为交战团体。

清廷闻武昌事起，即调近畿陆军南下。派陆军大臣荫昌督师。并命海军和长江水师赴鄂。旋召荫昌回。起袁世凯为湖广总督。清兵连陷汉口、汉阳。而各省亦次第光复。唯清提督张勋，负固南京，亦为苏、浙两省联军攻克。停泊九江、镇江的海军，又先后反正。清以吴禄贞为山西巡抚。禄贞顿兵石家庄，截留清军前敌军火，为清廷遣人刺杀。而张绍曾驻兵滦州，亦对清廷发出强硬的电报。清廷乃罢盛宣怀，下罪己之诏。又罢奕劻，以袁世凯为内阁总理。旋宣布十九信条。其中第八条：“总理大臣，由国会公选。”第十九条：“国会未开会时，资政院适用之。”于是载沣退位。资政院选举袁世凯为内阁总理。

先是各省都督府，于上海设立代表联合会。旋以一半赴湖北，一半留上海。赴湖北的，议决《临时政府组织大纲》。南京光复后，又议决：“以南京为临时政府所在地。各省代表，限七日内齐集。有十省的人到齐，即开临时大总统选举会。”其时武昌民军，以英领事介绍，自十一月三十日起，许清军停战三天，旋又续停三天。期满之后，又续停十五天。袁世凯派唐绍仪为代表，和黎都督或其代表人讨论大局。民军以伍廷芳为代表。旋以廷芳为民军外交代表，不能离沪，乃改以上海为议和地点。其时民军闻袁世凯亦赞成共和，乃议缓举总统，举黎元洪为大元帅，黄兴为副元帅。临时大总统未举定前，由大元帅暂任其职权，而由副元帅代大元帅，组织临时政府。议和代表旋在上海开议。议决开国民会议，解决国体。

十二月二十五日，孙中山到上海。二十九日，十七省代表，开临时大总统选举会。选举孙中山为临时大总统。通电改用太阳历。以其后三日，为中华民国元年元月元日。孙中山即以是日就职。

于是唐绍仪因交涉失败，电清廷辞职。和议停顿。其时清廷亲贵中，最反对共和的，为军咨使良弼，被革命党人彭家珍炸杀。段祺瑞复合北方将士，电请改建共和。并说要带队入京，和各亲贵剖陈利害。清廷乃以决定大计之权，授之内阁总理。由袁世凯和民国议定优待满、蒙、回、藏暨清室条件，而清帝于二月十二日退位。失陷二百五十八年的中华，至此恢复。

◆ 第四章　二次革命的经过 ◆

革命是要把一切旧势力，从根本上打倒的，这是谈何容易的事？辛亥革命，不过四个月就告成功，自然不是真正的成功了。

当清帝尚未退位时，孙中山先生曾提出最后协议条件，由伍代表转告袁世凯。(一)袁世凯须宣布政见，绝对赞成共和。(二)中山辞职。(三)由参议院举袁世凯为大总统。参议院是根据《临时政府组织大纲》，由各省都督府所派参议员，组织而成的。于元年一月二十八日成立。到清帝退位之后，袁世凯电参议院，表示绝对赞成共和。于是中山向参议院辞职，并荐举袁世凯。参议院于二月十五日，选举袁世凯为临时大总统。

袁世凯既当选，就发生国都在南在北的问题。当时民党中人，多数主张在南。以为南方空气较为清新，多少可以限制旧时的恶势力——但亦有主张在北，以为较便于统驭北方的。参议院本已议决临时政府移设北京。后来复议，又议决仍设南京。于是派员北上，欢迎袁世凯南下就职。而北京和天津、保定，相继兵变。乃又议决：许袁世凯在北京就职。袁世凯派唐绍仪南下，组织新内阁，办理接收事宜。而临时政府和参议院，遂先后北迁。孙中山先生于四月一日去职。

依据《临时政府组织大纲》，临时政府成立后六个月，即应召集议会。这时候，因为来不及，由参议院将《临时政府组织大纲》修改为《临时约法》。于三月十一公布。依照《临时约法》，本法施行后十个月内，应由临时大总统召集国会。于是由参议院制定《国会组织法》、《参众两院选举法》，据以选举、召集。于二年四月初八日成立。

当袁世凯当选后，孙中山知道新旧势力一时不易合作，主张革命党人退居在野的地位，而自己愿意专办实业。但是这时候的革命党人，步调未能一致。于是同盟会于元年八月，改组为国民党——从革命团体变为政党。此时国民党的宗旨，近于急进，其主张偏于分权。其倾于保守，而主张扩张中央政府的权力的，则集合而为共和党。国会选举，参众两院，都以国民党占多数。共和党乃和统一党、民主党合并而成进步党。在众院中，席数差足相敌，而在参院中，则仍以国民党占多数。此时进步党是接近于政府的，国民党则与政府立于反对的地位。当国民党未成立时，袁世凯和唐绍仪内阁的同盟会阁员，已有龃龉。到国民党改组完成，国会开幕之后，两者间隔阂的情势，就更形显著了。

但是政治既未上轨道，则借为政争武器的，自然还不是议会中的议席，而是实力。以实力论，自然北政府为强。当孙中山辞职之后，曾在南京设留守府，以黄兴为留守，然未久即撤销。此时民党中人为都督的，只有安徽的柏文蔚、江西的李烈钧、湖南的谭延闿、福建的孙道仁、广东的胡汉民而已。

旧势力既已弥漫，则二次革命已势不可免。但是当时民党中人，还不能一致。而其与二次革命以刺激，而为之导火线的，则有善后大借款、俄蒙交涉和刺宋案三事。善后大借款和俄蒙交涉，别见下章。至于刺宋案：则唐绍仪内阁的阁员宋教仁，亦系民党中人。系主张政党内阁的。去职之后，为国民党理事，游历长江流域各省，发表其政见。二年三月二十日，在上海车站遇刺。越二日身故。政府命江苏都督，民政长查究。据其宣布证据，则凶手武士英，系受应桂馨主使，而应桂馨又系受国务院秘书洪述祖主使。于是舆论大哗。

南北新旧的裂痕，既日益显著。袁世凯乃于六月中，下令免柏文蔚、李烈钧、胡汉民之职。于是李烈钧以七月十二日起兵，称讨袁军。安徽、湖南、福建、广东，相继俱起。黄兴亦入南京。陈其美又起兵于上海。袁世凯早有布置。命李纯扼守九江、郑汝成守上海制造局。这时候，又派段芝贵、冯国璋率军南下，而以倪嗣冲都督安徽，龙济光都督广东，张勋为江北宣抚使。安徽、江西、广东、南京、上海，均因兵力薄弱失败。湖南、福建两省，则自行取消独立。二次革命遂告失败。

《临时约法》第五十四条，以制定宪法之权，属之国会。《大总统选举法》本宪法的一部分，二次革命之后，乃有先举总统，后制宪法之议。于是由宪法会议，将《大总统选举法》，先行议决公布。十月初六日，开总统选举会。有自称公民团的，包围议院，迫令当天将总统选出。投票三次，袁世凯乃当选为大总统。次日，又选举黎元洪为副总统。袁世凯于十月十日就职。

袁世凯就职后，两次通电各省都督、民政长，反对国会所定《宪法草案》。十一月四日，又称查获乱党魁首和议员往来密电。遂下令解散国民党。凡国会议员，籍隶国民党的，一律追缴证书、徽章。旋又下令：各省省议会，也照此办理。籍隶国民党的候补当选人，亦一律取消。议员缺额，无从递补，国会遂不能开会。

这时候，熊希龄为内阁总理，拟定大政方针。因为要设法实行，所以命各省行政长官，派员来京会议。适逢国会停顿，遂改组为政治会议。各都督民政长，呈请将残余议员遣散。大总统据以咨询政治会议。三年正月四日，据其呈复，停止两院议员职务。其省议会，亦于三月二十八日解散。又令停办地方自治，由内务部另行厘定章程。政治会议呈请特设造法机关。乃议决《约法会议组织条例》，据以选举议员。将《临时约法》修改为《中华民国约法》，于五月一日公布，此项《约法》，亦称为《新约法》。改内阁制为总统制。废国务院，于总统府设政事堂。另设参政院，以备大总统的咨询，审议重要政务，并令其代行立法。

革命尚未成功，国内到处充满着旧势力。于是孙中山先生另行组织中华革命党，以三年七月八日成立于日本的东京。以达到民权、民生主义，扫除专制政治，建设真正民国为目的。其实行的方法，仍和从前所定相同。因鉴于前此党员，多有自由行动的，党的纪律，未免松弛，所以此次组织，以服从党魁命令为重要条件。

◆ 第五章　帝制运动和护国军 ◆

凡事总免不了有反动的。中国行君主制度二千余年，突然改为共和，自不免有帝制的回光返照，然不过八十三日而取消，这也可见民意所在了。

当民国四年八月间，总统府顾问美人古德诺氏，忽然著论，论君主与共和的利弊，登载在北京报纸上。旋有杨度等发起筹安会，说从学理上，研究君主、民主两种制度，在中国孰为适宜。通电各省军民长官，上海、汉口各省城商会，请派代表来京。旋由各省旅京人士组织公民请愿团。请愿于参政院代行立法院，要求变更国体。参政院建议：召开国民会议，以谋解决。已而国民代表一千九百九十三人，所投的票，全数主张君主立宪。并委托参政院为总代表，推戴袁世凯为皇帝。袁氏于十二月十二日，下令允许。于是设立大典筹备处。改明年为洪宪元年。

已而前云南都督蔡锷，秘密入滇。和督理军务唐继尧、巡按使任可澄于二十三日发出电报，请袁氏取消帝制，限二十五日答复。届期无复。遂宣告独立。定军名为护国军。并通电，宣布袁氏伪造民意的证据。

护国军兴后，贵州首先响应。五年，正月一日，云南成立都督府。推唐继尧为都督。以蔡锷为第一军长，李烈钧为第二军长。蔡锷即率师入川。

袁世凯闻护国军兴，派兵分驻上海和福建。又命原驻岳州的兵，择要进扎。而命张敬尧率师入川，龙继光以广东兵攻广西。北军在四川不利。而广西、广东、浙江、四川、湖南，先后独立。陕西为反帝制的兵所占。

山东亦有民军起事。而日、英、俄、法、意诸国，又先后提出警告，劝袁氏缓行帝制。袁氏派往日本的专使，日人又请其延期启行。袁氏乃于三月二十二日，下令取消帝制。恢复黎元洪的副总统。以徐世昌为国务卿，段祺瑞为参谋长。由黎、徐、段三人通电护国军，请停战商善后。

护国军复电，要求袁氏退位。并通电，恭承黎副总统为大总统。暂设军务院，设抚军若干人，以合办制裁决庶政。六月六日，袁氏因病身故。遗命命以副总统代行职权。黎氏于七日就职。黎氏就职后，下令恢复临时约法，召集国会。国会于八月一日开会。旋重开宪法会议。并选举冯国璋为副总统。独立诸省，相继取消。军务院亦即裁撤。

一场帝制的风波，表面上总算过去了。然而暗中隐患，还潜伏着。原来天下大事，都生于人心。当袁氏帝制自为时，虽然怫逆民心，而中外有权力的人，却多持着观望的态度。所以护国军初起时，通电各省说：

> 尧等志同填海，力等戴山。力征经营，固非始愿所及。以一敌八，抑亦智者不为。麾下若忍于旁观，尧等亦何能相强？然长此相持，稍亘岁月，则鹬蚌之利，真归渔人，萁豆相煎，空悲轹釜。言念及此，痛哭何云。而尧等与民国共存亡，麾下为独夫作鹰犬，科其罪责，必有攸归矣。

这真可谓语长心重了。然而谁肯觉悟？谈何容易觉悟？当南方要求袁氏退位，而袁氏尚未身故时，江苏将军主张联合未独立各省，公议办法。通电说："四省若违众论，固当视同公敌；政府若有异议，亦当一致争持。"正在南京开会，而袁氏病殁。长江巡阅使张勋，其时驻扎徐州，就邀各省代表到徐州开会。后又组织各省区联合会。于是全国的重心，既不在西南，连北政府也把握不住，而其余各方面的人，也无甚觉悟。就近之酿成复辟之役，和护法之战，远之则伏下军阀混战的祸根了。

◆ 第六章　二十一条的交涉 ◆

城门失火，殃及池鱼。这看似无妄之灾，其实不然、凡事总有因果的，不过人不能知罢了。当十九世纪末叶，中国的安全，久和世界大局，有复杂的关系，已见第四编第十九章。当这改革还没有成功的时候，在中国，是利于列强的均势的。而民国三年，即一九一四年，欧战爆发，各国都无暇顾及东方，日本大肆其侵略的野心，中国就要受着池鱼之殃了。

欧战的爆发，事在民国三年六月间。中国于八月初六日，宣告中立。日本借口英、日同盟，于八月十五日，对德国发出最后通牒。要求:(一)德国舰队，在日本、中国海洋方面的，即时退去，否则解除武装。(二)将胶州湾租借地全部，以还付中国的目的，于九月十五日以前，无偿无条件，交付日本。以二十三日为最后的限期。届期，德国无复，日本遂对德宣战。

胶州湾本非德国土地，日本即欲对德宣战，亦只该攻击胶州湾。乃日人于九月初二日，派兵由龙口登岸。中国不得已，划莱州龙口接近胶州湾的地方为战区。而与日本约，不得越过潍县车站以西。其时英国兵亦从崂山湾登陆，与日军会攻胶州湾。至十一月初七日，胶州的德人降伏。而日军先已于九月二十六日，占领潍县车站。十月六日，并派兵到济南，占领胶济铁路全线和铁路附近的矿产。中国提出抗议。日本说："这是胶州湾租借地延长的一部。"到青岛降伏后，又将中国海关人员，尽行驱逐。

中国于四年一月七日，要求英、日两国撤兵。英国无异议，而日本公使日置益，于十八日径向袁世凯，提出五号二十一条的要求。你道那五号二十一条：

【第一号】（一）承认日后日、德政府协定德国在山东权利，利益让与的处分。（二）山东并其沿海土地及各岛屿，不得租借割让与他国。（三）允许日本建造，由烟台或龙口接连胶济的铁路。（四）自开山东各主要城市为商埠——应开地方，另行协定。

【第二号】（一）旅顺、大连湾、南满、安奉两铁路的租借期限，均展至九十九年。（二）日本人在南满、东蒙，有土地所有权及租借权。（三）日人得在南满、东蒙，任便居住往来，经营工商业。（四）日人得在南满、东蒙开矿。（五）南满、东蒙，（甲）许他国人建造铁路，或向他国人借款建造铁路；（乙）以各项课税，向他国人抵借款项，均须先得日本同意。（六）南满、东蒙，聘用政治、财政、军事各顾问、教习，必须先向日政府商议。（七）吉长铁路，委任日政府管理、经营。从本条约画押日起，以九十九年为期。

【第三号】（一）将来汉冶萍公司，作为合办事业。未经日政府同意，该公司一切权利产业，中国政府不得自行处分；并不得使该公司任意处分。（二）汉冶萍公司各矿附近的矿山，未经该公司同意，不得准公司以外的人开采。此外凡欲措办，无论直接、间接，恐于该公司有影响的，必先经该公司同意。

【第四号】（一）中国沿岸港湾及岛屿，概不租借或割让与他国。

【第五号】（一）中国政府，聘日本人为政治、财政、军事等顾问。（二）日本人，在内地设立寺院、学校，许其有土地所有权。（三）必要地方的警察，作为中、日合办。或由地方官署，聘用多数日本人。（四）由日本采办一定量数的军械。或设中日合办的军械厂，聘用日本技师，并采买日本材料。（五）接连武昌与九江、南昌的铁路，及南昌、杭州间，南昌、潮州间铁路的建造权，许与日本。（六）福建筹办路矿，整理海口——船厂在内——和需用外资，先向日本协议。（七）允许日人在中国传教。

并要求严守秘密。如其泄漏，日本当另索赔偿。

中国以陆征祥、曹汝霖为全权委员。于二月初二日，和日本开始会议。日使日置益，旋因堕马受伤，乃即在日使馆中，就其床前会议。至四月十七日，会议中止。二十六日，日使提出修正案二十四条。声言“系最后修正。傥使中国全行承认，日本亦可交还胶澳”。五月一日，中国亦提出最后修正案，说明无可再让。七日，日本发出《最后通牒》。“除第五号中，关于福建业经协定外，其他五项，俟日后再行协议。其余应悉照四月二十六日修正案，不加更改，速行承诺。以五月九日午后六时为限。否则当执必要的手段。”中国政府，于五月九日午前，答复承认。到二十五日，由陆征祥和日使日置益，订立条约二十一条。

其后日人又于六年十月，在青岛设立行政总署。潍县、济南等处，都设分署。受理人民诉讼，抽收捐税，并于署内设立铁路科，管理胶济铁路及其附近矿产。中国抗议，日本置诸不理。到七年九月，才由驻日公使章宗祥和日本订立《济顺高徐预备借款契约》，并附以照会，许胶济铁路所属确定后，由中、日合办，而日本将胶济路沿线军队，除留一部于济南外，余悉调回青岛，并将所施民政撤废。中有“中国政府，欣然同意”字样。遂为巴黎和会我国交涉失败之一因。见第九章。

◆ 第七章　复辟之役和护法之战 ◆

袁世凯死后，北方连形式上的统驭，都失掉了。而南方的新势力，又未能完成。就酿成复辟之役和护法之战。

当民国六年之初，欧洲战事，德、奥方面，渐已陷入困境。德国乃于二月初，宣布无限制潜艇战争。我国提出抗议，无效，即提议对德绝交。参众两院，先后通过。于十四日宣布，因进而谋对德宣战。于是国务总理段祺瑞，召集各省、区督军、都统，在京开军事会议。于四月二十五日开会。一致主张对德宣战。五月初一日，通过国务会议。提出于众议院。初七日，众议院开委员会筹议。有自称公民团的，包围议院，要求必须通过。旋外交、司法、农商、海军四总长辞职。十九日，众议院决议："阁员零落不全，宣战案应俟内阁改组后再议。"是晚，各督军、都统，分呈总统和国务总理，反对国会所通过的宪法。说"如不能改正，即请解散，另行组织"。旋即先后出京赴徐州。二十三日，黎总统免国务总理段祺瑞职，以外交总长伍廷芳代理。二十九日，安徽宣告和中央脱离关系。于是奉天、陕西、河南、浙江、山东、黑龙江、直隶、福建、山西，纷纷继起。并在天津设立军务总参谋处。通电说："出师各省，意在另订根本大法，设立临时政府，临时议会。"六月初一日，黎总统令："安徽督军张勋来京，共商国是。"张勋带定武军五千，于初八日到天津。要求黎总统解散国会。十二日，伍廷芳辞职，国会解散。十四日，张勋入京。

七月初一日，张勋拥废帝溥仪在京复辟。黎总统避入日本使馆，电请冯副总统代行职务，以段祺瑞为国务总理。初四日，冯、段通电出师讨贼，段祺瑞在马厂誓师。以段芝贵、曹锟为司令，分东西两路进讨。十二日，我师复京城。

京师既复，黎总统通电辞职。冯代总统于八月初一日入京。十四日，布告对德宣战。

当国会解散后，广东、广西，即宣告军民政务，暂行自主。重大政务，径行秉承元首，不受非法内阁干涉。复辟之后，定后，有人主张："民国业经中断，可放初建时之例，召集临时参议院。"于是海军第一舰队，开赴广东。云南亦宣言拥护约法。八月二十五日，国会开非常会议于广州。议决《军政府组织大纲》：在临时约法未恢复以前，以大元帅任行政权，对外代表中华民国。选举孙中山为元帅。

此时两广、云、贵，完全为护法省份。四川、福建、湖南、湖北、陕西，也有一部分独立的。南北相持于湖南。六年十一月，南军攻入长沙、岳州。七年三月，复为北军所取。南方由两院联合会，修改《军政府组织大纲》："以政务总裁，组织政务会议，各部长都称政务员，由政务员组织政务院；以政务院赞襄总裁会议，行使军政府的行政权。"旋选出孙中山等七人为总裁。于六月初五日，宣告成立。推岑春煊为主席。国会于十二日在广州开正式会，并续开宪法会议。北方则召集参议院，修改《国会组织法》和《两院议员选举法》，据以选举、召集。八月十二日，选举徐世昌为大总统。于十月十日就职。南方不承认。由两院联合会委托军政府，代行国务院职权，以摄行大总统职务。

徐世昌就职后，通电南方，停战议和。八年二月六日，南北各派代表，在上海开议，至五月初十日而决裂。九年四五月间，北方驻扎衡阳的第三师长吴佩孚，撤防北上。七月间，在近畿和定国军冲突。定国军败。于是裁督办边防事务处，解散安福俱乐部。是为皖直之战。第三师撤防之后，南军即占领湖南。此时南北两方，均撤换议和总代表。而国会议员，已先于四月间离粤。通电："政务会议，不足法定人数。所有违法行为，当然不生效力。"七月初十日，国会在云南开会。撤岑春煊总裁之职，代以刘显世。八月十七日，议决国会，军政府移设重庆。十月十四日，又宣言另觅地点。是时陈炯明以驻扎漳、泉的粤军回粤。十月二十四日，岑春煊等通电解除军政府职务。二十六日，广东都督莫荣新，亦宣布取消自主。三十日，徐世昌据之，下令接收。并通令依元年《国会组织法》暨《两院议员选举法》筹办选举。是为"旧法新选"。孙中山等通电否认。回粤再开政务会议。十年一月十二日，国会再在广州开会。四月七日，议决《中华民国政府组织大纲》。选孙中山为大总统，于五月五日就职，军政府即于是日撤销。中山宣言："傥徐世昌舍弃非法总统，自己亦愿同时下野。"

此时北方曹锟为直鲁豫巡阅使，驻保定。吴佩孚为副使，驻洛阳。王占元为两湖巡阅使，驻武昌。张作霖为东三省巡阅使，兼蒙疆经略使，节制热、察、绥三区，驻沈阳。是年五月，以阎相文为陕西督军。命十六混成旅冯玉祥等入陕。八月，相文暴卒，以玉祥署理。七月末，在湘鄂籍军官，组织湖北自治军，湖南组织援鄂军，攻入湖北。北政府免王占元，以萧耀南为湖北督军，吴佩孚为两湖巡阅使。吴佩孚陷岳州，和湖南定约休战。川军入宜昌，亦被吴佩孚回军击退。十二月，吴佩孚电攻内阁拨借日款赎胶济路，及发行九千六百万元公债之事。奉天亦通电，"以武力促进统一"。十一年四五月间，直、奉两军，在近畿冲突。奉军败退出关。河南督军赵倜起兵，冯玉祥出关，把他打败。于是以冯玉祥为河南督军。免张作霖之职。六月初四日，东三省省议会举张作霖为联省自治保安总司令，吉、黑两督军为副司令。十月三十日，以冯玉祥为陆军检阅使，移驻南苑。

孙中山就职后，以陈炯明为陆军总长，兼粤军总司令。是年六月至九月间，陈炯明平定广西。八月初十日，国会通过北伐请愿案。孙中山在桂林，筹备北伐。十一年四月，中山将大本营移设韶关。陈炯明辞职，走惠州。中山命其办理两广军务，肃清土匪。五月，北伐军分三路人入江西。六月初二日，徐世昌辞职。曹锟等十五省督军电请黎元洪复位。元洪复电说：

诸公所以推元洪者，谓其能统一也，毋亦症结固别有在乎？症结惟何，督军制之召乱而已。督军诸公，如果力求统一，即请俯听刍言，立释兵柄。上至巡阅，下至护军，皆刻日解职，待元洪于都门之下，共筹国是。微特变形易貌之总司令，不能存留，即欲划分军区，扩充疆域，变形易貌之巡阅使，亦当杜绝。

旋以各督军、巡阅使，先后来电，均表赞同，于十一日先入都，十三日，撤销六年六月十二日解散国会之令。国会于八月初一日开会。宣言系继六年第二期常会。而浙督卢永祥又通电说河间代理期满，即系黄陂法定任期终了。广州国会，亦通电否认。孙中山则宣言：

直军诸将，应将所部半数，由政府改为工兵。其余留待与全国军队，同时以次改编。如能履行此项条件，本大总统当立饬全国罢兵。若唯知假借名义，以涂饰耳目，本大总统深念以前祸乱，由于姑息养奸，决为国民一扫凶残，务使护法戡乱之主张，完全贯彻。

这时候，在广西的粤军，先后返粤。六月十五日，围攻总统府。声言要求孙总统实践与徐同退的宣言，孙中山避居军舰。旋由香港赴上海。陈炯明复出任粤军总司令。北伐军回攻，不克。粤军退入福建，滇军退入广西。十月，徐树铮在延平设建国军政制置府。通电拥戴段祺瑞、孙中山为领袖人物。粤军退福建的，合驻延平的王永泉旅，攻入福州。徐树铮旋出走。北政府命长江上游总司令孙传芳入福建。是岁岁杪，在广西的滇、桂军声讨陈炯明。广东军队，亦有响应的。陈炯明再走惠州。十二年二月，中山返粤，以大元帅名义，主持军务。

护法的始末，大略如此，至国民政府成立，而后风云一变。

◆ 第八章　参战的经过和山东问题 ◆

中国和德、奥宣战的经过，已见第八章。当这时期，中国曾设立参战事务督办处，并借入参战借款二千万，练成参战军，但实际都用之于内争，对于欧战，不过曾招募华工赴欧而已。

这时候，日本正想独霸东洋。当中国对德提出抗议时，其公使即向我国外交部说："日本赞成中国的抗议，然而如此大事，中国竟不通知日本，甚为遗憾。"又向英、俄、法、意交涉，日本承认中国参战，各国却要保证日本接收德国在山东的权利。于是英法两国和日本都立有密约，俄、意亦经谅解。

八年一月十八日，欧洲和会在巴黎开幕。我国亦派代表参与，先是七年一月间，美总统威尔逊，曾提出和平条件十四条。中有外交公开、减缩军备、组织国际联盟等项。各国都认为议和的基本条件。所以我国对于和会，当时颇抱热望。曾作为希望条件，和《取消对日二十五条条约》，和《换文的陈述书》，一并提出。各国说："这不是和会权力所及。当俟国际联盟的行政部能行使权力时，请其注意。"

时英、美、法、意、日五国，别组所谓最高会议。一切事情，颇为其所垄断。关于山东问题，我国要求由德国直接交还，而日本则主张德国无条件让与日本，相持不决。到四月二十四日，最高会议开会，招我国代表出席。威尔逊朗诵英法两国和日本的《秘密换文》。又诵《中日条约》和《换文》的大要。问为什么有这条约？我国代表说:“是出于强迫。”威尔逊又问：“七年九月，欧战将停，日本决不能再压迫中国，为什么还有欣然同意的换文？”这消息传到我国，舆情大为激昂。于是有五月四日，北京专门以上学校学生停课，要求惩办曹汝霖、章宗祥、陆宗舆之举。风声所播，到处学校罢课，商店罢市，又有铁路工人，将联合罢工之说。政府乃于六月初十日，将三人罢免。是之谓“五四运动”。

当时山东问题，在和会中，交由英、法、美专门委员核议。卒因英法的袒日，依照日本的意思，将德国在山东的权利，让与日本。插入《对德和约》第一五六、一五七、一五八三条中，中国代表提出保留案。声明中国可以在《和约》上签字，但关于山东条项，须保留另题——始而要求于《和约》内山东条项之下，声明保留，不许。继而要求于《和约》全文之后，声明保留，不许。改为《和约》之外，声明保留，不许。再改为不用保留字样，但声明而止，不许。最后要求临时分函声明，不能因签字有妨将来的提请重议，不许。代表电告政府，说：“不料大会专横至此，若再隐忍签字，我国将更无外交之可言。”二十八日,《和约》签字，我国代表，就没有出席。于是对德战争，由大总统以《布告》宣布中止。至于《奥约》，则由代表于九月初十日签字。《国际联盟条约》，美国提出后，经各国同意，插入《和约》中，作为全约的一部，我国虽未签字于《德约》，而曾签字于《奥约》，所以仍为会员国之一。《德奥和约》，两国都应放弃因庚子拳匪在中国所得的权利和赔款，将专用的租界，改为各国公用。德国并须将庚子年所掠天文仪器交还。我国虽未在《德约》签字，德国仍照《约》履行。其后德、奥两国，于十年、十一年，先后和我国订立条约，亦改为平等关系，和从前的条约不同。

至于对俄国的问题，则最为复杂。原来俄国从革命以后，其所采取的政体，业已和各国格不相入。而俄又于七年二月间，对德国成立和议。于是德奥武装俘虏，在俄国大为活动。反俄的捷克军，为其所制。各国乃有共同出兵之议。中国亦追随其后，于七年三月、五月间，与日本订立《共同防敌海陆军协定》。而中国兵舰和英、美、法、意、日军舰，亦先后驶入海参崴。旋又联合俄国，组织一铁路委员会，将西伯利亚和中东两铁路，置于管理之下。此时各国的出兵，都不甚起劲。唯日本则拥立俄旧党谢米诺夫于赤塔、卡尔米哥夫于哈巴罗甫喀，并分兵占据海兰泡、阿穆尔、伊尔库次克。直至十四年三月，方才和俄国订约撤兵。而当共同出兵之时，日兵由中东路运出的甚多。吉、黑两省，大受骚扰。而铁路委员会的技术部长，且有共管中东铁路的提议，在华盛顿会议席上提出。经我国代表力争，方才作罢。这反是中国因参战所受的损失了。

《和约》既经批准，日本遂要求中国，直接办理交还胶澳交涉。中国舆论，都主张提出国际联盟，经政府拒绝，到十年十一月，华盛顿会议开会。我国决将山东问题提出。乃由英、美两国调停，在会外交涉。英、美两国，都派员旁听。直至十一年一月，才订成条约二十八条。胶济铁路，由我发国库券赎回，期限十五年。但五年之后，以先期六个月的知照，得随时为全部或一部的偿还。在偿款未清以前，用日人为车务总管和总司计。其高徐、济顺铁路，让归国际财团。烟潍铁路，中国如用本国资本筑造时，日本不要求并归国际银团办理。淄川、坊子、金岭镇三矿，由中政府许与中、日合组的公司。胶州湾由中国宣告开放。盐业及公产，都交还中国，其偿价为日金一千六百万元。其中二百万元为现款，余为十五年期的国库券。青岛佐世保间海电，亦交还中国。青岛一端，由中国运用，佐世保一端，由日本运用，而日兵于是年四五月之间撤退。

◆ 第九章　华盛顿会议和中国 ◆

华盛顿会议，是民国十年十一月十四日，在美国的华盛顿开会的。因为所议的都是太平洋问题，所以一称太平洋会议。

欧战以前，日、俄、英、美、德、法，在太平洋上，本来都有势力的。欧战以后，德国在海外的属地，业已丧失净尽。俄国承大革命扰攘之余，法虽战胜而疲乏已极，亦都无力对外。在欧洲方面，只有英国向来是称霸海上的，而和东方的关系最为密切，所以虽当大战之后，对于太平洋的权利，还是不肯放弃。美国和日本，则是大战期间，都得有相当利益的。所以这时候，太平洋上，遂成为此三国争霸的世界。

讲起地位来，则日本是立国于太平洋之中的。自中日旧俄两战后，南割台湾，北有旅、大租借地和南满、安奉等铁路。又承俄国革命之时，加以侵略。而德属太平洋中赤道以北的岛屿，战后议和，又委任他统治。其在西太平洋的势力，可谓继长增高。所以这时候，美国要召集这个会，主要的意思，就是对付他。

要讲华盛顿会议，却要先明白欧战以来中国的形势，二十一条的交涉，已见第七章。此项交涉，虽由兵力的迫胁，订立二十五条条约，然而未经我国国会通过，以法律论，本不能发生效力。但是虽然如此，日本在事实上，其势力却是伸张无已的。除山东问题，已见上章外，当六七两年，我国因忙于内战，所借日债颇多。吉长、吉会和所谓（一）开海、海吉，（二）长洮，（三）洮热，（四）洮热间一地点到某海口的铁路，均曾因此而订有借款或借款的预备契约。欧战停后，英、美两国，又提起中国铁路统一之议。因我国舆论不一致，未有具体办法。旋英、美、法、日四国，组织新银行团。于民国八年五月，在巴黎开会。十一日，订立《草合同》。规定:（一）除实业事务——铁路在内——已得实在进步者外，现存在中国的借款合同及取舍权，均归共同分配。（二）联合办理将来各种借款事务。后因日本提出满、蒙除外停顿。至九年，美银行团代表赴日，和日银行团谈判。日乃放弃洮热和洮热间到海口两路，而承认《草合同》。新银行团于以成立。但因我国没有统一的政府，所以借款之事，迄亦未能进行。

华盛顿会议开会后，分设限制军备和远东问题两委员会。限制军备委员会，由英、美、法、意、日五国组织。远东问题委员会，则更加中、葡、荷、比四国。当开会之初，我国代表，即提出大纲十条。后由美国代表罗德氏，总括为四原则。订立《九国公约》。所谓《九国公约》：第（一）条，系列举罗德氏四原则：（甲）尊重中国的主权独立和领土及行政的完全。（乙）给中国以完全而无障碍的机会，以发展并维持稳固的政府。（丙）确立、维持工商业机会均等的原则。（丁）不得利用现状，攫取特殊的权利；并不得奖许有害友邦安全的举动。第（二）条说缔约国不得缔结违背此项原则的条约。第（三）条：不得在中国要求优先权或独占权。第（四）条：不得创设势力范围和实际排他的机会。第（五）条：中国全部铁路，不得自行或许他国，对于各国为差别的待遇。第（六）条：中国不参加战争时，应尊重其中立权。此外还订立《九国中国关税条约》，见第十六章。其（A）撤退外国驻兵；（B）撤废领事裁判权；（C）关于中国的条约公开；（D）撤废在中国的外国邮政局；（E）无线电台；（F）中国铁路统一；（G）交还租借地诸议案，则或有结果，或无结果。

山东问题，即在会外解决，已见前章。二十一条件问题，又经我国代表在远东问题委员会中提出。日代表说："与会国要提出从前的损害，要求会议中重行研究和考虑，日本必不能赞成。但因《中日条约》和《换文》成立后，事势已有若干变迁。所以允将南满、东蒙的铁路借款权及以租税为担保的借款权，开放于国际财团，共同经营。其南满洲聘用顾问、教练，日本并无坚持的意思。原提案中的第五项，日亦将其保留撤回。中国代表仍声明不能承认。因此此问题在华会中，未能得有结果。其后十一年十一月、十二年一月间，众参两院，先后通过请政府宣布二十五条条约及《换文》无效案。乃由政府照会日本，声明废弃。

至于各国所订条约，有关东方大局的，则有英、美、法、日四国《海军协定》。订明相互尊重在太平洋中岛屿和殖民地的权利。如或发生争议，当请其他缔约国调停。此约既立，一九一一年七月十三日的《英日协约》，即因之而废。国联委任日本统治的德属岛屿，中有雅浦岛，为美国和西太平洋交通孔道。当时美国即提出保留。此时亦成立《协定》，规定使用无线电，日、美两国，处于同等地位，美人得在雅浦岛居住、置产、自由贸易。后来民国十二年，英、美、法、意、日五国，又有《海军协定》。十九年，又有《海军公约》。规定英、美、日三国海军的比例为五五三。虽然如此，日本在太平洋中形势，还较英、美为优胜。海军协定和公约的期限，都到一九三六年为止，所以大家都说：一九三六年是世界的危机，然而苟非中国强盛，谁能保证太平洋上风云的稳定。

◆ 第十章　军阀的混战 ◆

照第六、第八两章所说，民国成立以后，内争之祸，也可谓很厉害了。然而这还是有关大局的，其比较的限于一隅的，还不在内。现在且拣几件重要的说说：

民国以来，最安稳的，要算山西。他从民国十四年以前，简直没有参加过战争。阎锡山提倡用民政治，定出六政、三事，以为施政的第一步。教育、实业，都定有逐年进行的计划。又竭力提倡村自治。在当时，亦颇有相当的成绩。惜乎到后来，牵入战争漩涡，以前些微的成绩，也就不可得见了。次之，倒还是新疆。从民国十七年杨增新被杀以前，大体也还算安稳。此外就很难说了。

其中分裂最甚，而争战最烈的，要算四川。四川从袁氏帝制失败后，北政府所任命的将军解职。当时政府曾命蔡锷入川。但不久，蔡锷就病故了。代理的人，为川军所逐。其后滇军又打入四川。后来又被川军逐回。于是四川本省，分为一、二、三军，各有防地。北政府的势力，常常从汉中和宜昌一带——所谓长江上游侵入。而滇、黔两省，亦时和四川发生关系。各省军人，派别不一，离合无常。其失败的，往往要借助于人，而有野心的人，亦落得利用他，收为己助，或者借以扰乱敌方，所以其纷扰迄不能绝。西南如滇、黔，西北如甘肃，虽然因地位偏僻，对大局的关系较少，然而其内部，也都不能没有问题。

因为一切纷争，都起于军队太多和军人拥兵自重、争夺权利之故，于是有废督裁兵的呼声，并有联省自治的议论。联省自治之说，其由来也颇早。原来行省的区画，还沿自元朝。明、清两代的省区，虽然逐渐缩小，然而其区域，还是很大，犹足以当联邦国的一邦而有余。而自清末以来，已渐成外重之局。辛亥革命，亦是由各省响应的。民国成立以来，中央事权，迄未能真正统一。而以中国疆域的广大、交通的不便、政务的丛脞，一个中央政府，指挥统驭，也颇觉得为难。于是有创联省自治之议，希望各省各自整理其内部的。当民国八、九年间，也颇成为一部分有力的舆论。于是有起而实行的，省各自制宪法。其中以浙江省成立为最早，于十年九月九日公布。湖南省制宪最早，而公布较迟，事在十一年一月一日。既已公布省宪，自然用不着什么督军。于是浙江于布宪之日，即同时宣布废督。即未制省宪的省份，也有宣布废督的，如云南省是。然而名为废督，而军队仍未能裁，即督军之实，亦仍旧存在，不过换一个总司令或督办善后军务等等的名目罢了。所以还是无济于事。

又有想以会议之法解决国是的。当华府会议将开时，外人曾警告我速谋统一。于是有人想利用这个机会，促起国人的觉悟。主张华会开会之前，先在庐山开一个国是会议，其办法：分为国民会议和国军会议。国民会议，以制定国宪解决时局。国军会议，则议决兵额、兵制及裁兵问题。其所议决之件，再交国民会议通过。当时有力的军人，都曾发电赞成，然而后来竟就暗葬了。而上海一方面，又有国民所发起的国是会议。其议发动于商教联合会。于十一年三月十五日，在上海开会。议决其组织：为（一）各省省议会。（二）各省、区教育会。（三）各省总商会。（四）各省、区农会。（五）各省、区总工会。（六）各律师公会。（七）各银行公会。（八）各报界公会。其中（二）、（三）、（五）三项，都包含华侨团体。各推出代表三人。定名为中华民国八团体国是会议，于五月二十九日开会。旋组织国宪起草委员会。制成《国宪草案》，分送各方面。然后来亦未有何等影响。

此等解决时局之法，都是国民党第一次宣言所明指为无用的。我们且进而看国民党改组和国民政府成立以后的事实。

· 第十一章　中国国民党的改组和国民政府的成立 ·

二次革命失败以后，孙中山先生在海外组织中华革命党，这话在第四章中已经说过了。袁世凯死后，中华革命党的本部移于上海。八年十月十日，改称中国国民党。此时在国内还未明白组党。到十二年一月，才发表宣言，宣布党纲和总章，这一年十一月，中山先生鉴于苏俄革命的成功，由于组织严密，决意将国民党改组。于是月十一日，发表改组宣言。十三年一月二十日，开全国代表大会。议决将大元帅府改组为国民政府。发表宣言，表明主义政纲和对内对外的政策。六月，又在黄埔设陆军军官学校。又就原有的军队中，设立党代表，宣传主义。于是南方的组织，骤见精严，旌旗变色了。

当十二年六月间，北京军警包围总统府索饷。旋又全体罢岗。黎总统移居私宅办公。又被便衣队包围。并有人在天安门自称开国民大会，主张驱黎的。十三日，黎总统赴津，总统印信，由其妾危氏携带，住居法国医院。至天津，被邀于火车站。迫令打电话给危氏，将印信送国务院，然后放行。黎总统通电："离京系为自由行使职权起见，并非辞职。"并通告外国公使。北京一方面，则宣告总统辞职，由国务院摄行。议员亦分为两派：一部分赴上海开会，一部分留京，都不足法定人数。照《大总统选举法》，国务院摄职，只能以三个月为限，九月十二日，北京的国会，人数依然不足。到十月十日，就连国会也要任满了。于是由众议院提出延长任期案，通过。十月初五日，选举曹锟为大总统。初八日，通过《宪法》。初十日，曹锟就职。是日，《宪法》由众议院公布。曹锟既就职，以吴佩孚为直鲁豫巡阅使，萧耀南为两湖巡阅使，齐燮元为苏皖赣巡阅使。十三日，浙江和北京政府断绝公文往来。云南和东三省旋都通电讨曹。

十三年九月初旬，江苏和浙江开战。江苏方面，号称苏、皖、赣、闽四省联合，而浙江方面，则联合淞沪镇守使，组成浙沪联军。主力军相持于昆山。别将则在苏州、嘉兴间，宜兴、长兴间作战。至九月中旬，而奉直战事亦作。奉军于九月廿二陷朝阳。进攻山海关，陷九门口。吴佩孚亲临前敌指挥。自十月六日，大战开始。江、浙方面，孙传芳自福建入浙。九月十八日，陷杭州。卢永祥宣言：将浙江交还浙江人。把军队都撤至淞沪之间。十月九日，松江陷落。十三日，卢永祥下野。二十二日，冯玉祥自古北口回兵北京。和胡景翼、孙岳宣言组织国民军。冯为第一军，胡为第二军，孙为第三军。十一月二日，曹锟辞职。于是山东宣告中立。山西兵扼守正太路和京汉路的交点。国民一军占杨村，三军入保定。奉军陷滦州、山海关、秦皇岛，抵塘沽。吴佩孚自海道南下，经南京、汉口回河南。冯玉祥、张作霖会于天津，推段祺瑞为临时执政。段于十一月二十四日入京。

当直奉大战时，南方亦出兵北伐，分攻湖南、江西。北方政局既变，段祺瑞请孙中山北上。中山于十二月三十一日至北京。时孙中山主张开国民会议，以解决时局。段祺瑞就职后，亦宣言于一个月内，召集善后会议，以解决时局纠纷，三个月内，召集国民代表会议，以解决根本问题。并声言:“会议成功之日,即为祺瑞卸职之时。”孙中山以其所谓两会议者，人民团体，无一得与，命国民党员，勿得参与。十四年三月十二日，孙中山卒于北京。段祺瑞所召集的善后会议，于三月一日开会，仅议决军事、财政两善后委员会的条例而止。后来两委员会于十月五日开会。因时局纷乱，也就无从议起了。

段祺瑞就职后，裁巡阅使、督军。管理一省军务的，都改称督办军务善后事宜。以张作霖为东北边防督办。冯玉祥为西北边防督办。胡景翼督办河南军务善后事宜，孙岳为省长。免齐燮元，以卢永祥为苏皖赣宣抚使。齐走上海，组织苏浙联军。卢永祥以奉军张宗昌的兵南下。齐走日本。浙奉军在上海定约。浙军退松江。奉军退昆山以西。上海则彼此均不驻兵。时在十四年二月间。其时胡景翼的兵，自河北下河南。而镇嵩军的憨玉琨，已先据洛阳，东下郑县和开封。时政府又以孙岳为豫陕甘剿匪总司令。即以憨为副司令，命其退出。憨军退至洛阳以西。二月下旬，胡憨的兵冲突。三月八日，胡军入洛阳。镇嵩军援憨，不克，退入山西边境。四月初十日，胡景翼卒。乃以岳维峻督豫。于是国民二军的李云龙师入西安。冯玉祥亦让出南苑防地。至八月杪，遂以玉祥督甘，孙岳督陕。李云龙为帮办。直隶当段祺瑞就职后，即以卢永祥为督办。永祥南下后，改李景林。四月间，以张宗昌督山东。至是，又以杨宇霆督江苏，姜登选督安徽。时奉军张学良、郭松龄驻兵于京、津、山海关之间。自五卅案起后，奉军并驻扎到上海。

是年十月十五日，孙传芳自称浙闽苏皖赣五省联军总司令。发兵入江苏。上海的奉军即撤防。杨宇霆、姜登选亦北走。孙军入南京。渡江，取浦口、蚌埠。十一月十七日，入徐州。越四日，吴佩孚起兵汉口，称讨贼军总司令。其明日，郭松龄自称东北国民军，率兵出关。十二月二十三日，败死于巨流河。当郭松龄起兵时，近畿和热河的奉军都退出。旋直，鲁组织联军。十二月八日，国民一军和直军开战。二十四日，陷天津。李景林走济南。是时吴佩孚的兵，正作战于山东，三十一日，吴通电，停止讨奉军事。十五年一月一日，冯玉祥下野。十九日，奉军复占山海关。二十三日，东三省各法团制定《联省自治规约》，推张作霖维持东北治安。二月杪，吴佩孚兵入开封。三月，镇嵩军入洛阳。直鲁联军亦北上。二十三日，入天津。吴军亦占据保定。三十日，国民一军退出北京。四月九日，曹锟恢复自由。段祺瑞走东交民巷。十七日，复入执政府。二十日，复走天津。通电引退。五月一日，曹锟通电引退。十七日，国民军将领宣言："专意开发西北。未有适合民意的政府以前，一切命令，概不承认。"于是热河的国民一军亦退出。奉军以七月一日，攻占多伦，八月十九日，占张家口。吴军攻南口，不克。后由奉军会攻，于八月十四日占领。山西军以八月十八日占大同，九月一日占绥远，十日占包头。而镇嵩军攻西安，迄未能下。此时国民政府的北伐军，业已整队北上了。

◆ 第十二章　五卅惨案和中国民族运动的进展 ◆

近代的外侮和前代不同。前代的外侮，只是一个政治问题，近代则兼有经济、文化诸问题。非合全民族的力量奋斗，无以图存。这是孙中山先生所以要提倡民族主义的理由。从中山先生提倡而后，我民族就渐渐地觉悟；而其实际的运动，也就逐步进展了。

讲起中国民族运动的进展来，却要连带到一件伤心的历史。这便是民国十四年上海地方的所谓五卅惨案。原来从一八九五年，中、日订立《马关条约》以来，外人便有在我国设立工厂，以利用我国的原料和低廉的工价的，劳资之间，自然免不了有些纠纷。这一年五月十五日，日本人在上海所设的内外棉织会社，无故停工。工人要求上工。日人竟尔开枪。死顾正红一人，重伤者三十七人。被捕者无数。各学校学生大愤，起而援助。因此募捐和赴追悼会的学生，为租界捕房所拘捕者数人。三十日，学生大队游行讲演。又有二百余人被拘。群众聚观的，群趋捕房，要求释放。英捕头竟下令开枪轰击。当场死者四人。送至医院后因伤毙命者七人。六月一日，公共租界全体罢市。三四两日，外人所经营的事业和有关交通事业的华人，继之以罢工。英人调兵舰至沪。工部局宣布戒严。调海军陆战队和万国义勇队压迫。续有被枪伤、拘捕的人。于是罢课、罢工、罢市的风潮蔓延各处。到处游行讲演，以促民众的觉悟。提倡和英、日经济绝交。民族运动的气势，一时异常蓬勃。而惨案亦即继之而起。

其中最为重大的，要算广东的沙基惨案。次之则是汉口同重庆的事件。

汉口事件，发生于是年六月十日。因英商大古公司的船抵岸，船员和工人冲突，工人被殴伤。明日，工人二千余人，集队游行。英人调义勇队及海军陆战队，分布租界。并于要路架设机关枪。后因群众拥挤，竟尔开枪扫射，死者八人，伤者数十。其时英国的兵舰，并上溯到重庆。华人聚集观看，英人又调海军登陆，用刺刀驱逐。死伤多人。事在七月二日。沙基惨案，则发生于六月二十三日。当五卅惨案消息达到广东之后，广东即起一种抵制运动。香港工人，都回内地。英租界的工人，亦都回广州。这一天，广东开市民大会。会后游行。经过租界对岸的沙基。对岸外兵，突然开枪射击。继以机关枪扫射。华人死者五十，伤者百余。此外九江、汕头等处，还有较小的冲突。

当五卅惨案发生后，北京政府即行派员调查。英、美、法、意、比、日六国公使馆，亦派委员团赴沪调查真相。交涉于六月十六日，在上海开始。未几即行破裂。九月中，公使团提出司法调查之议，要求我亦派员。经我国拒绝。但彼仍自行派员。其结果，令上海总巡捕和捕头辞职，而略给死者家属恤金。我国否认。外人亦遂置诸不理。直到十九年二月，工部局径将银十五万元交给死者家属，这件事就算如此结局了。汉口方面，我国亦曾提出条件多款。其结果，则十四年十月间，仅将先决条件签字。英军舰撤退，巡捕的武装解除，太古公司在租界外的行栈码头撤销。英人并允赔偿损失。其余的交涉，就未有结果。重庆交涉，亦是如此。广东一方面对英抵制最久。华人设立罢工委员会，以谋罢工工人的善后。又设立工商检验处，以检查输入的货物。直到十五年十月十一日。乃由英人许我在海关抽收内地税，普通货物二·五，奢侈品加倍，以谋罢工工人的善后，而我许将工商检查处取消。

因五卅惨案而引起的民族运动，似乎是失败了，然而决非如此。因此惨案，而我国人的民族意识，格外发达。从此以后，民族运动就更有不断的进展。大之则如取消不平等条约呼声的加高，小之则如上海会审公廨的收回，以至国民军到达长江流域后，汉口、九江、镇江等地租界的交还，都是和五卅惨案很有关系的。

◆ 第十三章　国民革命的经过 ◆

当国民党改组后，十三年秋间，即乘北方骚乱之际，出兵北伐。旋因段祺瑞就临时执政职，邀请孙中山先生北上，乃又罢兵，已见第十二章。自中山先生卒后，北方的局势；骚乱更甚。北伐之举，乃到底不能不实现。

中山先生北上后，国民政府以十四年四月平东江。旋滇军回据兵工厂，桂军亦附和，政府迁于河南。六月初，党军和粤军还攻。广州于十二日恢复。国民党中央执行委员会，议决改组政府，废元帅，代以委员制，于七月一日成立。军队都改称国民革命军。党军和粤军回攻广州时，东江复为叛党所占。十一月，再把东江打平。十二月，平定高、雷、钦、廉和琼崖等地。广西亦依国民政府所定《省政府组织法》，组织政府。十五年一月，开第二次全国代表大会。六月五日，中央执行委员会召集临时会，通过迅速北伐案。以蒋中正为总司令。

先是国民革命军分为六军。后来广西归附，编为第七军。是时湖南纷扰，唐生智来求援，乃编为第八军。派四、七军往援。七月十二日，七、八两军克长沙。八月十二日，蒋中正到长沙。于是分兵为三：右入江西，左出荆、沙，而中路直攻武、汉。二十四日，吴佩孚自至汉口督战。国民革命军北进，破敌于汀泗桥、贺胜桥。九月初六、初七两日，连下汉阳、汉口、武昌亦被包围——后来到十月初十日降伏。正面的兵进展后，左路军亦于九月十五日达到沙市。其右路军，与苏、皖、赣、闽、浙五省联军相持于江西，争战最为剧烈。至十一月一七日，南昌陷落，江西平定。

北方的国民军，以是年七月进甘肃。九月十五日，冯玉祥游俄归来，抵五原，诸将仍推为总司令。进甘肃的兵，以十一月入陕。是月杪，遂解西安之围。至十二月初，而到达潼关。留守东江的兵，以十月入福建。至十二月而福建平定。浙江于十月间响应国民军，不克。十二月一日，北方推张作霖为安国军总司令，张宗昌、孙传芳为副司令。孙军撤退江北。张宗昌军复入沪宁线。国民革命军乃以湖南北的兵为西路，进攻河南。出福建的兵为东路，进浙江。江西的兵为中路，复分江左、江右两军，沿江东下。东路军以十六年一月入杭州。分兵为三：一沿沪杭铁路达上海，一出平湖抵苏州，一自宜兴进常、镇。均于二月中到达。而江左军亦于三月初下芜湖，江右军于十六日占当涂。至二十三日，遂入南京。西路军于五月中北上。冯玉祥亦进兵洛阳。是月末，进至郑州、开封，两路兵会合。

当这北伐顺利时，而南方有清党之事起。先是孙中山改组国民党时，第三国际共产党员，声明以个人名义加入。中山先生许之。但其后，共产党员，仍图在国民党中，扩充该党的势力。中山先生逝世后，第一届执行监察委员，就有在山西开会，议决肃清共产分子的。旋在上海别组中央党部。北伐之后，政治会议议决迁都武汉，而中央党部，则在南昌，委员也有前赴武汉的。到三月廿八日，中央监察委员在上海开会，议决清共。四月七日，中央政治会议议决迁都南京。于是宁、汉之间，遂成对立之势。直到七月十五日，武汉方面，亦举行清党，而宁、汉合作，乃渐告成。当宁汉分裂时，北军乘机占扬州和浦口。曾渡江占龙潭，给国民军打退。其时蒋中正辞总司令之职。国民政府乃命何应钦定江北，冯玉祥下徐州。山西亦于九月间出兵攻奉。奉军退守河北。

十七年一月八日，蒋中正再起为北伐军总司令。于是分各军为四集团，再行北伐。四月，北伐军下兖州、泰安。五月一日，入济南。至三日而惨案作。国民军乃绕道攻德州，进下沧州。六月三日，张作霖出关。四日，至皇姑屯车站，遇炸身死。东三省人推张学良继其任。至十二月二十九日，三省通电服从国民政府。于是国民政府的统一告成。其后虽尚不免纷扰，然真正的统一，总不难于不远的期间达到了。

◆ 第十四章　五三惨案和对日之交涉 ◆

中国的统一，是帝国主义者所不利的。所以要多方阻挠。如利用我国的内争，将借款军械等供给一方面等都是。而其尤露骨的，则莫如十七年的五三惨案。

当十六年五月间，国民革命军，奠定东南，渡江北伐。当时日本政府，便有乘机干涉的意思。乃借保护侨民为名，运兵到山东。经我政府迭次交涉，方才撤退。十七年四月，国民军既克兖州。日本阁议，又通过第二次出兵案。先将驻津日军三中队，调赴济南。又派第六师团，从青岛登岸到济。五月三日，在济南的日兵和我无端启衅。我国徒手的军民，被杀的不计其数。甚且闯入交涉公署，把特派交涉员蔡公时和职员十人、勤务兵七名，一齐杀害。中国为避免枝节起见，即将在济南的兵退出，只留一团驻守。而日本于初七日，又对我提出无理的要求：（一）高级军官，严行处分。（二）和日兵对抗的军队，解除武装。（三）我军离开济南和胶济铁路二十里。限十二小时答复。而又不待我答复，于初八日，径用大炮攻城。我守城的一团兵，奉命于十日退出。十一日，日兵入城。又大肆屠戮。并且扣留车辆，截断津浦路，强占胶济沿线二十里内的行政机关。

当日兵攻城之际，我政府即致电国际联盟，请其召集理事会，筹划处置，我愿承诺国际调查或国际公断等办法。但是国际联盟，并无适当的处置。日本却又径致《觉书》于我说："战争进展到京、津，其祸乱或及满洲之时，日政府为维持满洲起见，或将采取适当有效的处置。"日本此时，以为如此一来，北伐必然停顿，即使继续，也要经过长时间的斗争，日本于中取利的机会甚多。尤其兵争延及东北时，日本可以遂其所大欲。谁知国民革命军，依旧绕道北上。而且经此事变，我国人反有相当的觉悟，东北军也发出息争御侮的通电，于六月初，竟退出关。胶东的兵，于九月一日易帜。在天津以东的直鲁军，亦因关内外的夹击，于九月中旬解决。日人无可如何。十月初，乃和我国开始交涉。我国提出：（一）先行撤兵；（二）津浦通车；（三）交还胶济沿线二十里内的行政机关；（四）胶济路沿线土匪，由中国负责肃清等项。日人不愿意，交涉停顿。后来屡经波折，到十八年三月二十八日，才定议：日军于两个月内撤退。双方损害，则设共同委员会调查。议定之后，我方派出接收委员。日兵初定四月十八至二十五之间撤退。旋又说胶东匪乱甚炽，坊子以东，要议展期。我政府不赞成分期接收，索性将全部展缓。直至六月五日，日方才开始撤兵，至十六日而接收完毕。

在山东一方面，日人虽未遂其阻挠北伐的野心。然而对于东三省，则还是野心勃勃，所以有十七年六月四日，张作霖在皇姑屯车站遇炸之事。这一次的炸弹案，布置得很为周密，非经多数人长时间之布置不可。铁路警备森严，其断非张作霖的政敌或匪徒少数人所能为，不问可知了。经这一次阴谋，更促成东北的觉悟。于是有七月一日通电服从国民政府之举。日本又命其驻奉天的总领事劝告：易帜之事，宜观望形势。又派专使到奉，以吊丧为名，劝告奉方，不宜与国民政府妥协。奉方都不听从。三省实行易帜之后，东北一方面，收回权利的事，也逐渐进行，日人心怀愤恨，就伏下民国二十年"九一八"的祸根了。

◆ 第十五章　关税自主的交涉经过 ◆

中国自海通以来，和外国所订的不平等条约，可谓极多，而其最甚的，则无过于关税税率的协定。现在世界上，经济竞争，日烈一日。贸易上的自由主义，久成过去，各国都高筑关税壁垒，以保护本国的产业。独税率受限制的国，则不能然。所以旧式和新兴幼稚的产业，日受外力的侵略压迫，而无以自存。中国所以沦入次殖民地的地位，这是一个最大的原因。

中国关税，除（一）海关税率，协定为值百抽五外，（二）其内地税，并亦协定为值百抽二・五。（三）而英、法、俄、日，在陆路上的通商，还有减免，而且（四）海关税率，名为值百抽五，实际上，因货价的高昂，所抽还远不及此数。

改订税率之议，起于一九〇二年。这是义和团乱后订定和约的第二年。因赔款的负担重了，所以这一年的《中英商约》，许我于裁厘之后，把进口税增加到百分的一二・五，出口税增加到百分的七・五。其所裁的厘，则许办出产、销场、出厂三税，以资抵补。一九〇三年《中美商约》、《中日商约》，一九〇四年《中葡商约》，规定大致相同。这一次的失策，在于将裁厘作为加税的交换条件。不但有损主权，而且裁厘在事实上猝难办到。事后，果因中国人惮于裁厘，外人，则其货物运销中国，本有内地半税，以省手续，事实上厘金所病，系属中国商人，所以也不来催问。这一次条约，就如此暗葬了。至于海关估价，则《辛丑和约》，订定将从价改为从量，即于一九〇二年实行。然而所估的价，仍不能和实际符合。

还有一件事，也是很有损于主权的，那便是税务司的聘用。当中外通商之初，海关税本由外国领事代收。到一八五一年，才废其制，由华官自行征收。一八五三年，上海失陷，清朝所派官吏逃去，仍由英、美领事代课。其明年，上海道和领事商定，聘用英、美、法人各一，司理征税事务。是为税务司的起源。此时的外人，系由上海道聘用。一八五八年，《中英通商章程善后条款》规定：中国得邀请英人，帮办税务。然仍订明由中国自由邀请，“毋庸英官指荐干预”。而且法、美二约，亦有同样的条文，并非英人独有的权利。一八六四年，总理衙门公布《海关募用外人章程》。自此以后，各关税务司，遂无一华人。而一八九六、一八九八两年的英、德借款，《合同》均订明：“此项借款未还清时，海关章程，暂不变更。”英人又要求：“英国在华商务，在各国中为最大时，总税务司必须任用英人。”亦于一八九八年，经总署答复允准。于是中国所用的税务人员，其地位，就俨然发生外交上的关系了。

辛亥革命，外人怕债权无着，由公使团协议，将关税存放外国银行。非经总税务司签字，不能提用，即偿付外债的余款——所谓关余，亦系如此。于是中国财政上，又多一重束缚。民国六年，中国因参加欧战，要求各国修正海关税则。经各国允许，于次年实行。这一次的修改，据专家估计，亦不过值百抽三·七而已。巴黎和会开会时，我国曾提出关税自主案，被大会拒绝。华盛顿会议时，又经提出。其结果，乃订成《九国中国关税条约》。订明批准后三个月，中国得召集与约及加入各国，开一关税会议，实行一九〇二年的《中英商约》。在此约未实行以前，得在海关征收一种值百抽二·五，其奢侈品，则加至值百抽五的附加税。至于估计物价，切实值百抽五，则不待此约的批准，即可实行。约中并订明中国海、陆边关的税率，应行画一。其后关税会议，于民国十四年，由段政府召集。十月初二日，在北京开会。我国又提出关税自主案。十一月十九日，通过：各缔约国，承认中国享受关税自主的权利，允解除各该国与中国间各项条约中关税的束缚。并允许中国国定关税条例，于一九二九年一月一日，发生效力。

而中国政府，申明裁厘之举，与国定税率，同时施行。同时，中国拟定七级税则，实际上得各国的承认。至于海关附加税问题，则未能议决而段政府倒。关税会议，于十五年七月三日，由各国代表，宣告停顿。

国民政府定都南京后，一方面宣告取消不平等条约，并宣布于十六年九月一日，实行关税自主，同日裁厘。届时未能实行。十七年七月，政府和美国先订立《整理关税条约》。约中订明："前此各约中，关于关税的条文作废，应用自主的原则。"自此以后，德、那、荷、英、瑞、法六国的《关税条约》，先后订成。而比、意、丹、葡、西五国，是年亦均订有《友好通商条约》。约文规定，大致相同。政府乃将七级税公布，于十八年二月一日实行。其后裁厘之举，于二十年一月一日实现。同时废七级税，另定新税率。关税自主，到此才算真实现了。关税既已自主，其他一切，自然不成问题。况且陆路边关税率中日间早于民国九年，订立协定，申明和海关一律。中英、中法间，亦于十七年《换文》，申明旧办法于十八年作废。俄国则参战后另订新约，本系彼此平等。自更不成问题。税务司虽仍任用，而从前约束，既已失效，亦可解为我国自由任用了。关税自主，本系国家应有的权利，而一经丧失，更图恢复，其难如此。此可见外交之不可不慎，而民国创业的艰难，后人也不可不深念了。

· 第十六章　废除不平等条约的经过 ·

废除不平等条约，可以有两种办法：其（一）是片面的宣告。其（二）是共同或个别的谈判。中国在国际间，不平等条约的造成，全由前清政府昧于外情之故。至其末造，则外力的压迫已深。帝国主义者，是很难望其觉悟的。无论共同或个别的谈判，都很难望其有效。所以国民政府，于定都南京后，即毅然发表废除不平等条约的宣言。十七年七月七日，更照会各国公使，请其转达各该国政府，定为三种办法：（一）旧约期满的，当然废除另订。（二）未满期的，以相当的手续，解除重订。（三）已满期而未订新约的，另定临时的适当办法。旋颁布临时办法七条。此项照会，既经发出后，和我订立条约的，十七年有比、意、丹、葡、西五国。十八年有希、波二国。十九年有捷克和法国的《越南通商专约》。至土耳其的《友好条约》，则系二十三年四月订成的。在此诸国以外，德、奥与俄，战后的条约，本已平等，其余各国，虽然新约尚未订成，然废除不平等条约，既经我国定为政策，此后自然要本此进行，平等条约的订立，只是时间和手续的问题了。

不平等条约，贻害最大的，要算（一）关税协定，（二）领事裁判权，（三）租界，（四）租借地，（五）内河航行五端。关税交涉，已见前章。取消领事裁判权的动机，也起于《辛丑条约》。见第四编第十八章。巴黎和会中，我国亦曾提出撤销领判权，给大会拒绝。华盛顿会议中，又经提出。

乃议决：由各国各派代表，组织委员会，调查在中国的领判权的现状和中国法律、司法制度、司法行政的情形后再议。此项委员会，于十五年一月，在北京开会，至九月十五日而毕。撰有《调查报告书》。对于撤销领判权，仍主缓办。国民政府和意、丹、葡、西所订条约，均有于十九年一月一日，放弃领判权的条文。《比约》则规定另订详细办法。如详细办法尚未订定，而现有领判权诸国过半数放弃，比国亦即照办。五约均附有（一）中国于十九年一月一日以前，颁布民、商法。（二）放弃领判权后，外人得杂居内地，经营工商业，享有土地权——但仍得以法律或章程，加以限制。（三）彼此侨民捐税，不得较高或有异于他国人的条件。墨西哥未定新约，但该国政府，于十八年十一月，宣言将领判权放弃。

租界的设立，本不过许外人居住通商。但是因中国人的放弃和外国人的侵夺，而行政、司法、警察等权，往往受其侵害。这还是事实。到一八九六年的《中日通商口岸议定书》就索性将管理道路、稽查地面之权，明定其属于该国领事，这更可称为不平等条约之尤了。而在事实上，妨害我国主权尤甚的，则要算上海的租界。上海租界的市政，属于工部局。其根据，系一八九六年的《洋泾浜章程》。此章程由外人纳税会通过，经各国领事认可，驻扎北京的公使批准。工部局董事，系由纳税人选举，而纳税人年会，则由领事团召集。是以各国的外交代表，和其照料商务的领事，而干涉起我国的市政来了。民国以来，除德、奥、俄三国在天津、汉口的租界，因欧战而取消外，其余一切，都因仍旧贯。到国民军到达长江流域以后，英国在九江、汉口的租界，才和中国订结协定交还。镇江的英人，于当时退出，后亦申明愿将租界交还中国。于十七年十一月十五日交还。比国的天津租界，则于十八年八月交还。英国在厦门的租界，亦于十九年九月，以协定声明取消。现在所有的，除日本最多外，只英在广州、天津、营口，法在广州、汉口、上海、天津和鼓浪屿、上海、芝罘，还有公共租界而已。

内河和沿海的航行权，各国通例，都是保留之于本国人的。这不但以权利论，应为本国人民所独享，即在国防上，亦有很重要的关系。而前清政府，不明外情，一八五八年的《天津条约》，许英人在长江航行。各国援最惠国之例，群起攘夺，而长江航权，遂非我所独有。一八九五年《马关条约》，开苏、杭为商埠，后四年，遂颁布《内港行轮章程》。华洋轮船，照章注册的，一律准其通航。外人在华航行权，遂愈加推广。至于沿海，则条约未订立以前，外人业已自由航行，更其不必说了。前清所订的条约，只有一八九九年的《中墨条约》，申明“不得在国内各口岸间，往来贸易”，然而无补于事。民国现在，虽亦未能将已丧失的航行权，即时收回。然十八年的《中波条约》，十九年的《中捷条约》，均订明将内河和沿海的航权保留。其余各国，重订条约时，亦可渐谋改正了。

租借地在法律上，本来和割让地显然有别。但在事实上，则外人据之，亦未免隐然若一敌国。中国的有租借地，自德人之于胶州湾始，而旅、大、威海、九龙、广州湾，就纷纷继起了。欧战之际，胶州湾又为日人所据。其后因山东问题的解决而交还。至于华盛顿会议中，中国代表要求各国交还租借地，则只有英国允将威海卫交还，其后于十九年四月实行。至英于九龙，日于旅、大，则均声明不肯放弃。法于广州湾，当时虽声明愿与各国同行交还，然迄今亦仍在观望之中。

不平等条约的内容，其荦荦大端，要算前列的几件。此外，和外人得在中国境内驻兵；又如因画定势力范围，而得有筑路，开矿之权；又如外人在中国游历、传教，中国政府，负有特别保护的义务等都是。总而言之，凡其性质超过于国际法的范围，而又系片面性质的，都可称为不平等条约。一概荡涤净尽，而达于完全平等之域，现在固尚有所未能。然既已启其端倪，则此后的继续进行，只看我政府和国民的努力了。

◆ 第十七章　中俄的龃龉 ◆

最近的外交，中、俄之间，关系要算最为复杂了。俄国侵害中国的权利，中东铁路要算是其大本营。当民国七年时，中国曾因俄国新旧党的冲突，把中东路的护路权收回。俄人曲解《中东铁路合同》，握有哈尔滨的市政权，亦经我国于九年三月，将其废除，改为东省特别区。俄国自革命以后，备受各国的封锁，很想有一国能和他通商。曾于八年、九年，两次宣言：愿放弃旧俄帝国以侵略手段在中国取得的特权和土地，抛弃庚子赔款，无条件将中东路交还中国。此时中、俄关系，很有改善的希望。而中国因和协约国取一致的步骤，始终未能对俄开始交涉。直到九年九月间，才将旧俄使、领待遇停止。此时距离俄国的革命，为时已有三年半了。此时在蒙古一方面，既因旧俄的侵扰，而远东军占据库伦。而中东路则自共同出兵以来，列强颇有借端干涉的趋向。我国乃于九年一月间和道胜银行代表，另订合同。规定：铁路人员，除督办归我外，余均中、俄各半。否认中、俄以外的第三国，和铁路有关。俄政府管理铁路之权，由中国政府代为执行，以正式承认俄国，商有办法之日为止。其对俄国通商，则仅是年四月间，新疆省政府曾和俄国订立《局部通商条约》。十年五月间，呼伦贝尔善后督办，亦曾和远东共和国，订立《境界交通协定》。此外迄无何等办法。而十一年，远东共和国派来中国的代表，也否认苏俄曾有交还中东铁路的宣言。直到十三年，远东共和国早已合并于苏俄，而英、意两国，也都承认苏俄了。我国和苏俄的交涉，才逐渐开展。于是年五月，订定《中俄解决悬案大纲》及《暂行管理中东铁路两协定》。《解决悬案大纲》中:（一）俄国许抛弃帝俄时代在中国所取得的特权和特许，（二）及庚子赔款。（三）取消领事裁判权，（四）及关税协定。（五）帝俄时代，与第三者所订条约，有妨中国主权的，一概无效。（六）承认外蒙古为中国领土的一部分，尊重中国的主权。（七）彼此不容许反对政府的机关和团结，并不为妨碍对方公共秩序，及反于社会组织的宣传。（八）劝签字后一个月，举行会议，解决外蒙撤兵、重行画界、赔偿损失、通商航行诸问题。（九）中东路许我出资赎回，亦于此会议中商定办法。其后此项会议，至十四年八月始开。而其时东三省对中央独立，三省的事，事实上和中央政府商量无效。俄人乃又于九月中，和奉天派出的人，订立协定，是称《奉俄协定》。

十六年四月，北京方面，派兵搜查俄使馆。旋又搜查天津的驻华贸易处等。俄国召还北京的代理公使，以示抗议。是年十一月，共产党起事于广州。政府认苏俄有援助的嫌疑，于十二月十四日，对苏俄领事，撤销承认。苏俄在中国各地方的国营商业机关，亦勒令停止营业。十八年五月二十七日，苏俄驻哈领事馆集会。我国认为有煽动嫌疑，派员搜查逮捕。七月十日，又另派中东路督办。撤换苏俄正副局长。将苏俄职员多人解雇。并查封其国营商业机关。苏俄遂于七月十八日，对我绝交，时我国仍愿和平处理。训令驻芬兰公使，因回任之便，赴哈调查，转赴满洲里和俄人商洽。而俄国无人前来。哈尔滨交涉员虽和俄国领事接洽过几次，亦不得要领。旋因苏俄驻德大使，有愿意交涉的表示，政府亦饬我国驻德公使，藉德人居间与俄商洽。至十月中，亦决裂。自八月中旬以后，俄兵即时侵我国境界。我国军人防御，很为勇敢，但因边备素虚，又后援不继，同江、满洲里，于十月、十一月中，相继陷落。而外蒙之兵，亦陷呼伦贝尔。十二月，因英、美两国，劝告息争，乃派员在伯力开豫备会议。二十二日，将《草约》签字。中东路回复七月以前的状况。彼此恢复领事。定于明年一月二十五日，在莫斯科开正式会议。其后此项会议，久无进步。直到日本占据东北以后，外交上的形势一变。二十一年十二月十三日，乃由中、俄两国出席军缩会议的代表，在日内瓦互换文件复交。

◆ 第十八章　日本的侵略东北 ◆

在中华民国革命造行的程途中，可谓重重魔障，然而其严重，要未有若民国二十年九月十八日，日人侵略东北之甚的。

日人的侵略东北，本系处心积虑之举。近年以来，我国对于东北的开发，颇有进展。盗憎主人，乃更引起日本的猜忌，而促成其积极侵掠之举。是年六月间，因长春附近的朝鲜农民，强毁我国的民田筑坝。该处日本驻军，遂枪杀我无辜民众，酿成所谓万宝山惨案。日人又在朝鲜境内，鼓动排华风潮，华人被杀的无算。然仍未能引起我国的衅端。至九月十八日夜，日人乃将南满铁路，自行炸毁一段，诬为我军所为，径向我国沈阳的驻军进击。我军奉命无抵抗退出。日人乃进占沈阳。其在长春、安东等地的驻军，同时发动。不数日间，而辽、吉两省间的要地，悉为所占。

国际公法，不必说了。华府会议《九国条约》，有保持中国领土，行政完整的义务。便是一九二八年八月二十七日在巴黎所立的《非战公约》，日本也与我国共同签字的。日本此举，其为蔑弃国际信义，自不待言。我国因国力悬殊，且为爱护和平起见，不愿诉之武力，乃诉之于国际的信义。除对日本提出抗议外，即电日内瓦代表，要求根据《盟约》第十一条，召集理事会。行政院开会后，一面通知中、日两方，避免事态的扩大。一面通知美国。旋决议：令日兵撤回铁路线内，尽十月十四日撤尽。

而日本悍然不顾。一面派兵进攻黑龙江。一面要求我国在锦州所设的辽宁行署，撤退关内。我黑省的兵，奋力抵抗，日人颇受损失。旋因援绝，于十一月十八日，退出省垣。日军犯锦，我军亦不战而退。至二十一年一月一日，日兵遂陷锦州。我关外仅存的行政机关，遂又被破坏。而日兵又先于二十年十一月间，勾通汉奸，扰乱天津，挟废帝溥仪而去。

先是国联行政院，于十月十三日开会。邀请美国列席。二十四日，以十三票对日本一票议决，令日兵于下次开会，即十一月十六日以前，全行撤退。而日军置若罔闻。及期，行政院在巴黎开会。乃议决：由国际联盟，派遣委员团，到东北调查。及锦州陷落，美国乃照会日本，不承认任何事实上所造成的情势为合法。日人仍置若罔闻。时日本又派兵舰，在我沿江、沿海一带，肆行威胁。二十一年一月十八日，借口该国僧人被殴，要求我上海市政府：惩凶、道歉、抚恤、取缔反日运动。市府业经接受，日领事亦宣称满意了。乃日军于二十八夜，突然进攻。我驻沪的十九路军，奋勇抵抗。日兵大败。乃续调大军，扩大战事。延及吴淞、太仓、嘉定一带，并派飞机，到苏、杭等处轰炸。因我军抵抗甚力，日军累战皆北，乃又续调精锐，拼命进犯。直至三月一日，我军因人少，不敷分布，浏河被袭，乃自动撤至第二道防线。这一役，我军虽未能始终保守阵地，然以少数之兵，抗数倍之众，使日军累次失利，列国评论，多认战事胜利，当属华军。而国民自动接济饷需的，其数亦超过千万，亦足以表示我国的民气，而寒敌人之胆了。

当日兵进攻淞、沪时，我国代表，曾在国联提出援用《盟约》第十条和第十五条，国联乃议决：成立上海国际调查团，以英、德、法、意、西领事为委员，并邀美国加入。三月三日，国联大会开会，十一日，通过上海、东北问题，均适用《盟约》第十五条。限日兵于五月十日以前，恢复去年九月十八日以前的原状。此正式决议案，如中国接受，而日本拒绝，则《盟约》第十六条自然生效。又通过：以十九国的委员，组织特别委员会，负责处理纠纷，并建议调解方案。十九国委员会于十六日开会。十九日，议决：令日兵撤退。将地方交还中国警察。在上海组织共同委员会证明。其间又屡经顿挫，直到五月五日，《上海停战协定》，方才签字。

日人在上海寻衅时，又派军舰到首都附近，肆行威胁。我政府为保中枢的安全，以便长期抵抗起见，乃于一月三十日，迁都洛阳。四月七日，并在洛阳召开国难会议，至十二月一日，才迁回南京。仍继续长期抵抗的宗旨，努力进行。

日人为遮掩耳目起见，乃肆其掩耳盗铃之技，于三月九日，在长春拥废帝溥仪，建立伪满洲国。以溥仪为终身执政。我国的税关、邮局以及盐务等机关，次第为所攘夺。并将直属日皇的关东军司令，受外务、拓殖两省监督的关东长官及派遣伪国的大使，实际上任用一人，使其监督领事。并与伪满签订所谓《议定书》，将前此和中国所订的不平等条约，关涉东北的，勒令承认履行。并借口共同防卫，允许日军驻扎伪国境内。然而东北正式军队和民众，奋起抗日的，所在都是。屡次攻破城邑，击败日、伪军。日人势力所及，实在只是铁路沿线罢了。

是年春间，国联所派调查团东来。于四月二十一日，开始调查。至六月四日而完毕。在北平制作报告，于九月四日完成。报告书的总括是：

日本的军事行动，不能认为合法的自卫。

伪满洲国，并非由真正自然的民意所产生。

主张召集顾问会议，设立特殊制度，以治理东北。我国表示不能完全接受。日人则痛诋调查团认识不足，坚持既成事实。到二十二年二月二十四日，国联开非常大会，通过十九国委员会的报告书，决定不承认伪国，而依调查团《报告书》，觅取解决办法，日人老羞成怒，就竟于三月二十七日，退出国际联盟了。

其时日本又一意孤行，宣言热河当属满洲国，以长城为国境。二十二年一月三日，攻陷山海关。二月二十一日，日、伪军入寇热河，至三月一日，而承德陷落。我军分退多伦及长城各口。日伪军又跟踪追击，并进犯滦东。我军在喜峰口等处，亦曾与敌以重创，然因军备之悬殊，至五月间，卒将长城各口放弃，东路亦仅守滦西。至是月三十一日，乃成立《塘沽协定》。我军退至延庆、昌平、通州、香河等地，日军撤至长城。中间地方，定为非武装区域，仅由警察维持治安。热河既陷，则东北的义军，更陷于势孤援绝之境。然而矢志抵抗者仍不绝。

日人既志得意满，乃于二十三年三月一日，拥溥仪僭号于长春。议定所谓满洲经济计划，把东北的利源，要想一网打尽。吉会铁路，既于二十二年八月完成。中东铁路，又想用非法手段从俄国手里夺取。此外添筑铁路、公路，继续经营葫芦港等，还正在计划进行，在日人的意思，以为东北就是如此，算夺到手了。

◆ 第十九章　国民政府的政治 ◆

政治制度，是没有绝对的好坏的，要视乎其运用之如何。民国肇建，本系仿效欧、美成例，行三权分立之制。以国会司立法，并监督政府；以大理院以下的法院掌司法；以国务院掌行政的。因国民未能行使政权，遂至为野心家所利用。纪纲不立，政争时起。国事紊乱，外患迭乘，中山先生鉴于革命之尚未成功，乃有以国民造党，以党建国，以党治国，然后还付之于国民之议。

中山先生的革命方略，是分军政、训政、宪政三时期的。军政时期，由党取得政权。训政时期，代国民行使。经过此时期后，将政权还付国民，则入于宪政时期。在训政时期中，代人民行使政权的是国民党；行使治权的，则是国民政府。政纲和政策，发动于国民党，由国民政府执行之。二者之间，则以政治会议为连锁。

国民党的组织，以全国代表大会为最高机关。在闭会期间，则其权力属于中央执行委员会，而以中央监察委员会监察之。次于全国的，为省和特别市，未改省而与省相等的区域及海北总支部。再次则县及重要市镇和国外支部。更次则区与区分部及国外分部。都以其代表或全体大会为最高机关。平时则权力属于执行委员会，而以监察委员监察之。亦与中央党部同。党部不直接干预政治，然对于同级政府的施政方针或政治有疑义时，得请其改正、解释或呈请上级执行委员会，转请其上级政府办理。所以党的监督权，是兼及于行政的。

国民政府初成立时，设委员若干人，推一人为主席，若干人为常务委员。其下分设各部。十七年十月，公布《组织法》。行政、立法、司法、考试、监察五院次第成立。各部均属行政院。司法则改前此的四级三审制为三级。二十一年五月，国民会议开会，制定训政时期的约法。其后又经中央执行委员修正。于是国民政府的组织，亦随而变更。设主席一人，委员二十四至三十六人。各院皆设院长及副院长，均由中央执行委员会选任。主席不负实际政治责任。五权由各院分别行使。惟遇院与院间不能解决的事务，则由主席团解决之。主席并对外代表中华民国。此外直属于国民政府的，还有军事委员会、训练总监部、参谋本部、军事参议院、全国经济委员会、建设委员会等。

地方制度，民国以来，还是沿袭前代的省制的。但废去府直隶州厅，而成为初级制。民国初元，各省的军民长官，称为都督和民政长。三年，改称将军、巡按使。六年，又改称督军、省长。统辖几省军事的，又有巡阅使、经略使等名目。裁兵议起，则督军改称督理或督办军务善后事宜。省与县之间，又曾设立道尹。国民政府所颁布的《省政府组织法》，亦取委员制。以一人为主席，其下分设民政、财政、教育、建设、实业各厅，厅长即就委员中任命。首都及人口百万以上或政治经济有特殊情形的为特别市，与省同属行政院。其人口在三十万以上或在二十万以上，而营业、土地等税占全收入之半数以上的，则为普通市，不属县而直隶于省。市设市长，县设县长，其下都分设各局，以理庶政。未能设县的地方，则立设治局，置局长。其交通便利或向来自治较有成绩之地，则设县政建设实验区。其区域或一县或合数县不定。得设立区公署。不设道尹，唯近年苏、皖、赣、鄂等省，设立行政督察专员。

县在建国大纲中，本定为自治单位，其下分为若干区。区之下为乡镇。镇之下为闾，闾之下为邻。邻五家。闾五邻。乡指村庄，镇指街市，大约在百户以上，而不得超过千户。全县分十区至五十区。区及乡镇，各设公所。区长、乡长、镇长，本应由人民选举，但在未实行前，区长得由民政厅就考试合格人员中委任，乡，镇长由人民加倍选出，由县长择任。闾邻长则都由民选。市以二十间为坊，十坊为区，亦有区长、坊长、闾、邻长及区坊公所。区、坊、乡、镇，亦各有监察委员。到一县的区长都由民选时，即得成立县参议会。

以上所说，都系训政时期的办法。国民政府的政治，是以人民自治为目的的。所以到一县自治完成之后，其人民即得行使选举、罢免、创制、复决四权，县长由人民选举，并得选出国民代表一人，组织代表会，参与中央政事。一省的县都完成自治时，即为宪政开始。省长亦由人民选举。全国有过半数省份，达到宪政开始时期，则开国民大会，决定宪法颁布。宪法颁布之后，中央统治权归国民大会行使——即国民大会，对中央政府官吏，有选举、罢免之权，对中央法律，有创制复决之权——是为宪政告成。全国国民，即依宪法行大选举。国民政府，于选举完毕后三个月解职，授权于民选的政府，是为建国的大功告成。

以上所说，为国民政府施政的纲领。至于目前的政务，则最要的，自然要推军财两端。民国的军制，本以师为单位，合若干师，则称军。国民政府北伐时，曾合所有的军队，编为四集团军。十八年的编遣会议，全国定设六十五师。但其后编遣迄未能就绪。兵制之坏，由于招募乌合。所以军人程度不一，而散遣之后，亦往往无家可归。二十年六月，国民政府颁布《兵役法》。常备兵役，分为现役、续役、正役三种。民年二十至二十五，得为现役兵，期限三年，退为正役兵六年。再退则为续役，至年四十岁止。其年自十八至四十五，不服常备兵役的，则服国民兵役。平时受规定的军事教育。战时由国民政府以命令征集。海军，当民国初年，曾按江防、海防，分为第一第二队舰。护法战起分裂。十八年编遣会议，议决海军重行编制，乃复归于统一。空军起于民国以来，北京政府即设立航空署。国民政府，亦经设立，直隶于军政部。我国陆军，苦于兵多而不能战；海、空军则为力甚微，殊不足以御外侮，这是我国民不可不亟思努力的。

财政本苦竭蹶，而自帝制运动以后，中央威权失坠，各省多不解款，遂致专恃借债，以资弥补。欧战以前，所举最大的债，为善后大借款，已见第五章。欧战期间，各国无暇顾及东方，则专借日债。自九年以后，并日债亦不能借，则专借内债。国民政府，将中央和地方的税款画清。中央重要的收入，为关税、盐税、统税、烟酒税、印花税、矿税等。田赋画归地方，和契税、营业税等，同为地方重要收入。病商的厘金，已于二十年裁撤。二十三年,又开财政会议。限制田赋的附捐。并通令各省，裁撤苛捐杂税。预算亦在厉行。但在目前，收支还未能适合。时时靠内债以资补直，其为数亦颇巨。

◆ 第二十章　现代的经济和社会 ◆

讲起现代的经济和社会来，是真使我们惊心动魄的。帝国主义者的剥削我们，固然不自今日为始，然而在现代，的确达到更严重的时期了。这个，只要看民国以来，贸易上入超数字的激增，便可知道。假如以民国元年的一万零三百万为百分，民国三年，便超过了一倍。四年至八年，正值欧洲大战凋敝之时，美国、日本等，都因此而大获其利，我国却仍未能挽回入超的颓势。九年以后，其数即又激增。此后十年之间，常在二万万两左右。十九年增至四万万。二十年超过五万万。二十二年，又超过七万万。甚至合一切项目，还不能保持国际收支的平衡，而要输出现银了。

新式工业，当欧战时期，颇有勃兴之象，但因基本工业不兴，又资本人才，两俱阙乏，所以所振兴的，都不过是轻工业。欧战以后，不但外货的输入，回复到战前的景象，抑且因世界不景气之故，而群谋对我倾销，我国新兴的工业，遂大受其压迫。而且所输入的，都是日用必须之品。我国的天产，向称独占市场的，如丝茶等，则无一不受排挤而失败。大豆近来称为出产的大宗，然而从东北沦陷后，偌大的产地，又丧失了，而且失掉了很广大的国内市场。长此以往，我国的工商业，将何以支持呢？

我国是号称以农立国的。全国之民，业农的总当在百分之八十左右。据近岁的调查，自耕农不过百分之五十二。其余半佃农占百分之二十二，佃农占百分之二十六。即自耕农的土地面积，也是很小的。农民的生活，本来已很困苦了。加以二十年来，内战不息，兵燹时闻，租税加重。微薄的资本不免丧失，或者壅塞不能流通，又或因求安全之故而集中于都市农村的资本，益形枯窘。谷价低落，副业丧失，而日用之品，反不免出高价以求之于外。就呈现普遍破产的现象了。

天灾人祸，帝国主义者的剥削，农村之民，日益不能安居，纷纷流入都市。都市中的劳动者，日渐增加，劳资问题，遂随之而日趋严重。

虽然如此，总还有一部分人，度其奢侈的生活的。尤其大都市的生活程度和穷乡僻壤，相去天渊。遂贻以旧式生产，营新式消费之讥。

经济是社会组织的下层。其余一切机构，都是建筑在这基础上面的。经济组织而生变化，其他一切，自亦必随之而生变化。况且喜新骛奇，是人们同具的心理。又且处于困苦之中，总要想奋斗以求出路。所以近数十年来，文化变动的剧烈，亦是前此所未有。自由平等之说兴，而旧日等位上下之说，不复足以维系人心。交通便利了，人们离乡背井的多了，而旧日居田园长子孙之念渐变；甚且家族主义，因之动摇，而父子、夫妇间的伦理，都要发生问题。新兴的事业多了，成功之机会亦多，而旧日乐天安命的观念渐变。物质的发达甚了，则享乐的欲望亦增，旧日受人称赏的安贫乐道，或且为人所鄙夷。凡此种种，固然是势所必至。亦且人们能随环境为转移，不为旧习惯所囿，原是件好事。然而旧时共信的标准，既已推翻；现代必须的条件，却又未能成立；就不免有青黄不接之感了。混乱、矛盾，这就是我们现在的社会现象。我们的出路在哪里呢？

要发展国家资本，总免不了利用外资的。所以孙中山先生，很早就订定《实业计划》。想利用列国的资本和技术，来开发中国。这不但有益于中国，亦且有益于世界。苦于二十年来，列强则忙于争城夺地，竞事扩张军备。中国亦内战不息，借入的外资，大部用诸不生产之地。到后来，就连借外债而谈不到了。而我国的经济建设，亦就更无端绪。直到民国二十年，国民政府，才设立了一个全国经济委员会。国府要人，都被任为委员。所以其所计划，容易见诸实行。设立之初，即致电国际联盟行政院，请其为技术上的合作。国联亦很为赞成。即派联络代表来华，并供给了许多技术人员。从全国经济委员会设立以来，努力于经济的建设。对于复兴农村、整治水利、改进交通三端，尤其注意。现在和国联，虽不过是技术上的合作，然进一步而谋利用外资，亦非不可能的。资力雄厚，进步就自然更快了。

农村的建设，最重要的是经济的流通。现在国民政府所努力指导农民的，则是合作事业。从十七年合作运动委员会设立以来，各地方的合作事业，便日有进展，尤其是江、浙两省，农民银行业已成立，而其放款，是以合作社为限的，所以尤其兴盛，截至二十二年止，注册的已有二千七百余了。劳工团体的组织，亦是近年的事，民国十一年，第一次全国劳动大会，才开会于广州。其后第二、第三次大会，相继举行。工会的兴盛，要算十六年为最。十七年以后，又逐渐加以整理。《工会》、《工厂》、《工厂检查》、《劳资争议处理》及《团体协约》诸法，亦已次第颁布。果能循序进行，自可达到平和革命的目的，而免却阶级斗争的危险了。

◆ 第二十一章　现代的教育和学术 ◆

使社会变动的根本，到底是什么？要问这句话，我们在现在只得回答道是文化。而教育和学术是文化变动的根源。所以这两者和社会的关系是非常密切的。

中国的新式教育，虽然导源清末，然既存有奖励章程，则仍然未脱科举的意味。所以正式的新教育，实在要算从民国时代开始。民国的厘定学制，事在元年七月间。先是，已把清代的奖励章程停止。又通令：凡学堂都改称学校。至是，将旧制的初等小学，改称国民学校。其期限为四年，国民学校以上为高等小学，其期限为三年。更上为中学，四年。大学分文、理、法、商、工、医六科。预科二年，本科三年，相当于高等小学的，有乙种实业学校；相当于中学的，有甲种实业学校；期限均同。和高小及中学相当的补习学校，则期限均为二年。师范较中学，多预科一年。和大学相当的高等师范，期限为三年；专门学校为四年；均有预科一年。十一年，又将学制改革。把教育分做三个阶段。小学教育，初级四年，高级二年。中学教育，初级高级各三年。师范、职业学校同。大学六年，专门学校四年，高师改为师范大学。十一年的学制，得设单科大学。十八年，又改大学为文、理、法、教育、农、工、商、医各学院。医科年限五年，余均四年。有只学院的，乃得称大学，否则称独立学院、专门学校，期限为二或三年。又增特别、幼稚、简易各种师范。特别师范，招收高级中学毕业生，期限一年。幼稚师范，收初级中学毕业生，期限二年或三年。简易师范，初级中学毕业生一年。高级小学毕业生四年。私人不准设立师范学校。自大学以上为研究院，为研究学术的机关。其期限无定。此外如民众学校及各种补习学校、图书馆、博物馆、美术馆、讲演所、体育场等，则均属于社会教育的范围。留学外国的，自清季即甚盛。其时因路近费省，又文字较易学，往日本的最多。民国以来，则赴欧、美者渐众。其中公私费的都有。因庚子赔款，美国首先退还，规定作为派遣学生赴该国留学之用，所以赴美者尤盛。

中国对于社会科学的研究，本来亦很精深。惟对于自然科学，则较诸欧、美各国，瞠乎其后，而欧美各国，对于社会科学，其研究方法，亦有取自自然科学的。中国对于自然科学，既然落后，对于社会科学的研究方法，自亦不逮他人了。这是今日急当采取他人，以补我之所不足的。西学初输入时，中国人未能认识其真价值，只是以应用的目的，去采取他。所以有所谓“中学为体，西学为用”之说。此时所得，只是一点微末的技能罢了。戊戌以后，渐知西人政治、法律、经济、教育诸端，都有可取之处。然仍未能认识科学的真价值。科学的认识，不过是近二十年来之事。到此，才算能真知道西人的长处。所以中国人和西人交接虽早，而其认识西人则甚迟。知道科学方法之后，则一切学问，都可以焕然改观。所以近来研究之家，所利用的材料，虽然有时甚旧，然其结论，亦就和前人判然不同了。这才是中国学问真正的进步。现在还正值开始。将来研究得深了，或者突飞进步，能有所新发现，以补现今东西洋学术的不足或者竟能别辟途径，出于现世界上所有的学术以外，都未可知的。

研究学术和普及教育，都要注意于其工具。工具是什么？这是一时很难列举的，然而语言、文字，要为其中最重要的一种。我国的语言，实在是很统一的。但因地域广大，各地方的方音不同，所以词类语法，虽然相同，而出于口，入于耳，还是彼此不能相喻。又历代的言语，不能没有变迁，而文人下笔，向来务效古语，于是普通的文字，亦为普通人所不能了解。虽亦有径用口语，笔之于书的，然其范围甚狭，只有佛家及理学家不求文饰的语录、官府晓谕小民的文告、慈善家劝导愚俗的著述以及本于说书的平话用之而已。感于中国文字认识之难，而思创造音符以济其穷者，久有其人，如清末劳乃宣所造的官话字母，便是其一例。民国以来，教育部知道汉字不能废弃，而读音则不可不统一。乃召集一读音统一会，分析音素，制定符号，以供注音之用。于七年公布。八九年间，又有人创新文学之论，谓著书宜即用现在的口语。于是白话文大为风行。此事于教育亦是很有利的。但其功用还不止此。因为文学思想，本是人人所同具。但是向来民众所怀抱的感想，因限于工具，无从发表，而埋没掉的很多。从白话文风行以来，此弊亦可渐渐革除了。所以最近的文学，确亦另饶一种生趣，这都是不可否认的事实。但是旧文学亦自有其用，谓其可以废弃，则又系一偏之论了。

第六编

结　论

A BRIEF HISTORY
OF
CHINA

◆ 第一章　我国民族发展的回顾 ◆

少年人的思想，总是往前进的。只有已老衰的人，才恋恋于已往。然则一个民族，亦当向前迈进，何必回顾已往的事呢？然而要前进，必先了解现状；而要了解现状，则非追溯到既往不可。现在是决不能解释现在的。这话，在第一编第一章中，业已说过了。然则我民族已往的发展；又何能不一回顾呢？

外国有人说："中华民国，是世界上的怪物。"因为世界非无大国，而其起源都较晚；古代亦非无大国，然而到现在，都早已灭亡了。团结数万万的大民族，建立一个世界上第一等的大国；而文明进步，在世界上亦称第一等；这是地球之上，中华民国之外，再没有第二个国家的。我国民族，能成就如此伟大的事业，这岂是偶然的事呢？我们试一回顾已往的发展：

当公元前三千年以前，我国民族，栖息于黄河流域的时代，已经有高度的文化了。这就是传说上所谓巢、燧、羲、农之世。当这时代，我民族的疆域，还不甚大。与我同栖息于神州大陆之上的民族很多。其后黄帝起于河北。黄帝一族的武力，似乎特别强盛。东征西讨，许多异民族，都为我所慑服了，然而这一族，也不是专恃武力的，同时亦有较高度的文化。此时我国民族，行封建政体。凡封建所及之处，即是我国民族足迹所及之处。星罗棋布于大陆之上，各据一定地点，再行向外发展。武力文化，同时并用。至于战国之末，而神州大陆之上，可以称为国家的，都因竞争而卒并于一。至此，而我国为一大国的基础定；我民族融合神州诸民族，而形成一大民族的基础亦定。

秦、汉以后，中国本部之地，既已统一了，乃再行向外发展。其中汉、唐时代，是我国民族，以政治之力，征服异民族的。五胡乱华，以及辽、金、元、清的时代，则不免反受异族的蹂躏。但因我国文化程度之高，异族虽一时凭藉武力，荐居吾国，卒仍不能不为我所同化。此诸族者，当其荐居中国之时，亦能向外拓展，大耀威棱。这并非他们有此能力，实在还是利用我国的国力的。所以还只算得我民族的事业。当此时代，我国力之所至，西逾葱岭，东穷大海，南苞后印度半岛，北抵西伯利亚的南部。亚洲的地理，若依自然的形势，分为五区，则其中部及东部，实在是隶属于我国的。我国今日，本部以外的疆域，都戡定于此时代之中。这是说国力所及。至于人民的足迹，则其所至较此尤远。地球之上，几于无一处不达到。现在南洋、美洲，都有很多的华侨。便是西伯利亚，西至欧洲，亦都有华人流寓。其形势，亦从这时代已开其端。虽然政治之力，尚未能及于此诸地方，这是我民族不尚武力的结果。最后的胜利，本未必属于武力，我民族自然发展所及之处，真要论民族自决，恐未必终处于异族羁轭之下的。若论内部的文化，则我国当此时代，有很完密的政治制度，很精深的学术，很灿烂的文明，都为异族所取法。不但已同化于我的民族，深受吾国文化之赐，即尚未同化于我的民族，其沐浴吾国文化的恩惠，亦自不少，如朝鲜、日本、安南等，都是其最显著的。这实在是我民族在发展的过程中，对于世界最大的贡献。

世界的文明，一起源于美洲，一起源于亚洲的东部，一起源于亚洲南部的大半岛。而一起源于亚、欧、非三洲之交。除西半球的文明，因距旧世界太远，为孤立的发达，未能大发扬其光辉外，其印度半岛的文化，当公元一世纪至七世纪之世，即与我国的文化相接触、相融合的，当其接触融合之时，彼此都保持平和的关系，绝无侵掠压迫的事实发生。乃至最近四世纪以来，我国的文化，和西洋的文化接触，就大不然了。他们的文化，是挟著武力而来的；而且辅之以经济之力。我民族遂大受其压迫。土地日蹙，生计日窘，不但无从发展，几乎要做人家发展的牺牲了。然而这只是一时的现象。须知一种文化的转变，是必须要经过相当的时间的。其体段大，而其固有的文化根底深的，其转变自不如浅演的小民族之易。然而其变化大的，其成就亦大。我国民族，现在正当变化以求适应于新环境的时候。一旦大功造成，其能大有造于世界，是可以豫决的。到这时代，我民族的发展，就更其不可限量了。我国民族，是向不以侵略压迫为事的。我国而能有所贡献于世界，一定是世界的福音。所以我国民族的发展，和我国民对于世界的使命，两个问题，可以合而为一。

然则我国民对于世界的使命安在呢？请看下章。

第二章　中国对于世界的使命

罗素说："东西洋人，是各有长处的。西洋人的长处，在于科学的方法。东洋人的长处，在于合理的生活。"这句话，可谓一语破的，自来谈东西洋异点的人，没有像这一句，能得其真际的了。

准其有科学方法：所以对于一切事物，知之真切。然后其利用天然之力大，然后其制服天然之力强。以此种方法，施之于人事，则部勒谨严。布置得当。不论如何精细的工作，伟大的计划，都可以刻期操券，而责其必成。西洋人近兴，所以发扬光大者，其根本在此。这真是中国人所阙乏，而应当无条件接受他的。

然而人与人相处之间，其道亦不可以不讲。《论语》说得好："信如君不君，臣不臣，父不父，子不子，虽有粟，吾得而食诸？"利用天然之力虽大，制服天然之力虽强，而人与人之相处，不得其道，则其所能利用的天然，往往即成为互相残杀之具。以近代科学之精，而多用之于军备，即其一证——假使以现在的科学，而全用之于利用厚生方面，现在的世界，应当是何状况呢？

若论人与人相处之道，则中国人之所发明，确有过于西洋人之处。西洋人是专想克服外物的，所以专讲斗争。中国人则是专讲与外物调和的。不论对于人，对于天然，都是如此。人和物，本来没有一定界限的。把仁爱之心，扩充至极，则明明是物，亦可视之如人。近代的人，要讲爱护动物，不许虐待，就是从这道理上来。把为我之心，扩充至极，则明明是人，亦将视之如物。他虽然亦有生命，亦爱自由，到与我的权利不相容时，就将视同障碍的外物，而加以排除、残害，当作我的牺牲品了。天然之力，实在是无知无识的，我们应得制服他，利用他，以优厚人生。而中国一味讲调和，遂至任天然之力，横行肆虐，而人且无以遂其生。人和人，是应得互相仁偶的。而西洋人过讲扩充自己，遂至把人当作牺牲品而不恤。这实在都有所偏。中国人的对物，允宜效法西洋，西洋人的对人，亦宜效法中国。这两种文化，互相提携，互相矫正，就能使世界更臻于上理，而给人类以更大的幸福。采取他人之所长，以补自己的所短；同时发挥自己的所长，以补他人之所短。这就是中国对于世界的使命。

中西文化的异点，溯其根源，怕还是从很古的时代，生活之不同来的。西洋文化的根源，发生于游牧时代。游牧民族，本来以掠夺为生的，所以西洋人好讲斗争。中国文化的根源，则是农耕社会。其生活比较平和。而人与人间，尤必互相扶助，所以中国人喜讲调和。中国人最高的理想，是孔子所谓大同。这并不是一句空话，而是有历史事实，以为之背景的。其说，已见第一编第二章。文化不是突然发生之物。后来的文化，必以前此的文化为其根源。出发时的性质，往往有经历若干年代，仍不磨灭的。大同的社会，在后来虽已成过去。然而其景象，则永留于吾人脑海之中，而奉为社会最高的典型。一切政治教化，均以此为其最后的鹄的。这是中国人的理想，所以能和平乐利的根源。

中国人既以大同为最高的典型，所以其治法，必以平天下为最后的目的，而不肯限于一国。而其平天下的手段，则以治国为之本；治国以齐家为本，齐家以修身为本，凡事无不反求诸己，而冀他人之自然感化；非到万不得已，决不轻用武力。这又是中国人爱尚平和的性质的表现。其目的，既然不在发展自己，而是要求“万物各得其所”

的平，则决无以此一民族，压迫彼一民族；以此一阶级，压迫彼一阶级之理。所以中国的内部，阶级比较的平等，经济比较的平均；而其对于外国，亦恒以怀柔教化为事，而不事征伐。既然不讲压迫，则必然崇尚自由。自由，就没有他人来管束你了，就不得不讲自治。我国政体，虽号称专制，其实人民是极自由；而其自治之力，也是极强的。这个，只要看几千年来政治的疏阔，就是一个很大的证据。我们既不压迫人，人家自乐于亲近我。所以不论什么异族，都易于与我同化。我国的疆域，大于欧洲；人口亦较欧洲为众。他们几千年来，争夺相较，迄今不能统一。我国则自公元前两世纪以来，久以统一为常，分裂为变。人之度量相越，真不可以道里计了。

以欧洲近世文明的发展，而弱小民族，遂大受压迫，国破、家亡，甚而至于种族夷灭。这种文明，到底是祸是福？至少在弱小民族方面论起来，到底是祸是福？实在是很可疑惑的了。此种病态的文明，岂可以不思矫正？要矫正他，非有特殊的文化，和相当的实力，又谁能负此使命。中国人起来啊！世界上多少弱小的民族，待你而得解放呢。